中国现代语法

王力 著

作者简介

王力(1900—1986),字了一,广西博白县人。中国语言学家、教育家、翻译家、散文家、诗人,中国现代语言学奠基人之一。

内容简介

《中国现代语法》由王力所著,全书共六章,通过摘引归纳《红楼梦》及《儿女英雄传》书中的语句,分别探讨了分造句法、语法成分、替代法和称数法、特殊形式、欧化的语法等重要理论问题,是读者学习现代汉语语法的优秀读本。《中国现代语法》和《中国语法理论》是由一部书发展而来的,原来是1940年王力先生在西南联合大学所编的一部讲义,叫作《中国现代语法》。后来据闻一多先生建议分为两部,专讲理论的一部名为《中国语法理论》,专讲规律的一部名为《中国现代语法》,本书即据此而来。

目 录

朱 序	1
自 序	10
例 言	1
导 言	3
第一章 造句法（上）	**9**
第一节　字和词	9
第二节　词类	13
第三节　词品	20
第四节　仂语	27
第五节　句子	32
第六节　句子形式和谓语形式	37
第七节　叙述句	44
第八节　描写句和判断句	50
第九节　复合句	57
第二章 造句法（下）	**71**
第一节　能愿式	71
第二节　使成式	80
第三节　处置式	86
第四节　被动式	92
第五节　递系式	97

第六节　紧缩式 ··· 106
　　第七节　次品补语和末品补语 ································· 113
第三章　语法成分 ··· 123
　　第一节　系词 ··· 123
　　第二节　否定作用 ·· 132
　　第三节　副词 ··· 140
　　第四节　记号 ··· 150
　　第五节　情貌 ··· 162
　　第六节　语气 ··· 172
　　第七节　语气末品 ·· 188
　　第八节　联结词 ··· 195
　　第九节　关系末品 ·· 205
第四章　替代法和称数法 ··· 213
　　第一节　人称代词 ·· 213
　　第二节　无定代词、复指代词等 ······························ 220
　　第三节　指示代词 ·· 229
　　第四节　疑问代词 ·· 241
　　第五节　基数、序数、问数法 ·································· 253
　　第六节　一、一个 ·· 268
　　第七节　人物的称数法 ··· 279
　　第八节　行为的称数法 ··· 297
第五章　特殊形式 ··· 307
　　第一节　叠字、叠词、对立语 ·································· 307
　　第二节　并合语、化合语、成语 ······························ 315
　　第三节　拟声法和绘景法 ·· 321
　　第四节　复说法 ··· 329
　　第五节　承说法和省略法 ·· 336
　　第六节　倒装法和插语法 ·· 345
　　第七节　情绪的呼声和意义的呼声 ···························· 354

第六章　欧化的语法 · · · · · · **363**
第一节　复音词的创造 · · · · · · **363**
第二节　主语和系词的增加 · · · · · · **371**
第三节　句子的延长 · · · · · · **377**
第四节　可能式、被动式、记号的欧化 · · · · · · **384**
第五节　联结成分的欧化 · · · · · · **391**
第六节　新替代法和新称数法 · · · · · · **398**

附　录 · · · · · · **409**
一　语音 · · · · · · **409**
二　文字 · · · · · · **414**
三　标点和格式 · · · · · · **417**

主要术语、人名、论著索引 · · · · · · **433**

朱　序

现在所谓语法或文法，都是西文"葛郎玛"的译语；这是个外来的意念。我国从前只讲词、词例，又有所谓实字和虚字。词就是虚字，又称助字；词例是虚字的用法。虚、实字的分别，主要的还是教人辨别虚字。虚字一方面是语句的结构成分，一方面是表示情貌、语气、关系的成分。就写作说，会用虚字，文字便算"通"了，便算文从字顺了。就诵读说，了解虚字的用例，便容易了解文字的意义了。这种讲法虽只着眼在写的语言——文字——上，虽只着眼在实际应用上，可也属于语法的范围，不过不成系统罢了。系统的"语法"的意念是外来的。

中国的系统的语法，从《马氏文通》创始。这部书无疑的是划时期的著作。著者马建忠借镜拉丁文的间架建筑起我国的语法来，他引用来分析的例子是从先秦至韩愈的文字——写的语言。那间架究竟是外来的，而汉语又和印欧语相差那么远，马氏虽然谨严，总免不了曲为比附的地方。两种文化接触之初，这种曲为比附的地方大概是免不了的；人文科学更其如此，往往必须经过一个比附的时期，新的正确的系统才能成立。马氏以后，著中国语法的人都承用他的系统，有时更用英国语法参照；虽然详略不同，取例或到唐以来的文字，但没有什么根本的变化。直到新文学运动时代，语法或国语文法的著作，大体上还跟着马氏走。不过有些学者也渐渐看出马氏的路子有些地方走不通了，如陈承泽先生在《国文法草创》里指出他"不能脱模仿之窠臼"（8面），金兆梓先生在《国文法之研究》里指出他"不明中西文字习惯上的区别"（自序1面），杨遇夫先生（树达）在《马氏文通刊误》里指出他"强以外国文法律中文"

（自序2面），都是的。至于杨先生论"名词代名词下'之''的'之词性"，以为"助词说尤为近真"（《词诠》附录一），及以"所"字为被动助动词（所字之研究，见《马氏文通刊误》卷二），黎劭西先生（锦熙）论"词类要把句法做分业的根据"（《新著国语文法》订正本7面），及以直接用作述语的静词属于同动词（同上162面）等，更已开了独立研究的风气。脱模仿之窠臼是不容易的；知道哪些是模仿之窠臼，自然可以脱离，苦的是不知道。这得一步步研究才成。英国语法出于拉丁语法，到现在还没有完全脱离它的窠臼呢。

十年来我国的语法的研究却有了长足的进步。我们第一，该提出的是本书著者王了一先生（力）。他在《清华学报》上发表了《中国文法学初探》和《中国文法里的系词》两篇论文（并已由商务印书馆合印成书），根据他看到的中国语的特征提供了许多新的意念，奠定新的语法学的基础。他又根据他的新看法写成《中国现代语法讲义》，二十八年由国立西南联合大学印给学生用。本书就用那讲义做底子，重新编排并增补而成。讲义是二十六年秋天在长沙动笔的；全书写定整整经过五个年头。就在二十七年，陆志韦先生主编的《国语单音词词汇》的序论跟样张等，合为一册，由燕京大学印出。序论里建议词类的一种新分法，创改的地方很多，差不离是一种新的语法系统的样子。陆先生特别看重所谓助名词——旧称量词，本书叫作称数法，认为汉缅语的特征。向来只将这种词附在名词里，他却将它和代名词、数名词同列在指代词一类里。这种词的作用和性质这才显明。到了去年，又有吕叔湘先生的《中国文法要略》上册出版（商务）。这部书也建立了一个新的语法系统。但这部语法是给中学国文教师参考用的，侧重在分析应用的文言；那些只有历史的或理论的兴趣的部分，多略去不谈。本书是《中国现代语法》，著作的立场和陆先生、吕先生不一样；著者王先生在他那两篇论文（还有三十年在《当代评论》上发表的《中国语法学的新途径》一篇短文）的基础上建筑起新的家屋。他的规模大，而且是整个儿的。

本书所谓现代语，以《红楼梦》为标准，而辅以《儿女英雄传》。这两部小说都用的纯粹北京话。虽然前者离现在已经二百多年，后者也有六七十年，可是现代北京语法还跟这两部书差不多，只是词汇变换得厉害罢了。这两部书是写的语言，同时也是说的语言。从这种语言下手，可以看得确切些：第一，时代确定，就没有种种历史的葛藤。《马氏文通》取例，虽然以韩文为断，但并不能减少这种葛藤。因为唐以后的古文变化少，变化多的是先秦至唐这一大段儿。国语文法若不断代取例，也免不了这种葛藤，如"我每、我们"之类。近年来丁声树先生、吕叔湘先生对于一些词的古代用例颇有新的贡献（分见"中央研究院"《史语所集刊》及华西大学《中国文化研究所集刊》），足以分解从前文法语法书的一些葛藤；但是没有分解的恐怕还多着呢。第二，地域确定，就不必顾到方言上的差异。北京话一向是官话，影响最广大，现在又是我国法定的标准语，用来代表中国现代语，原是极恰当的。第三，材料确定，就不必顾到口头的变化。原来笔下的说的语言和口头的说的语言并非一种情形；前者较有规则，后者变化较多。小说和戏剧的对话有时也如实地记录这种口头的变化，不过只偶一为之。说话时有人，有我，有境，又有腔调、表情、姿态等可以参照，自然不妨多些变化。研究这种变化，该另立"话法"一科；语法若顾到这些，便太琐碎了。本书取材限于两部小说，天然不会牵涉到这些。范围既经确定，语言的作用和意义便可以看得更亲切。王先生用这种语言着手建立他的新系统，是聪明的抉择。而对于这时代的人，现代语法也将比一般的语法引起更多的兴趣。本书又采取陆志韦先生的意见，将代词和称数法列为一章。称数法最为复杂纷歧，本书却已整理出一个头绪来。其中分析"一"和"一个"两个词的意义和用法最精细；这两个词老在我们的口头跟笔下，没想到竟有那么多的辨别，读了使人惊叹。

本书也参考外国学者的理论，特别是叶斯泊生和柏龙菲尔特。这两位都是语言学家,对于语法都有创见。而前者贡献更大,他的《英国语法》和《语法哲学》都是革命的巨著。本书采取了他的词品的意念。词品的意念应用于着重词序的中国语,可以帮助说明词、仂语、谓语形式、句子形式等的作用,并且帮助确定词类的意念。书中又采取了柏龙菲尔特的替代法的理论(见《语言》一书中),特别给代词加了重量。代词在语言里作用确很广大,从前中外的文法语法书都不曾给它适当的地位,原应该调整;而中国语的替代法更见特征,更该详论。书中没有关系代词一目,是大胆的改革。关系代词本是曲为比附,不过比附得相当巧妙,所以维持了五六十年。书中"语法成分"一章里有"记号"一目,从前认为关系代词的"的"字,名词、代词和静词下面的"的"字;还有文言里遗留下来的"所"字,从前认为关系代词,杨遇夫先生定为被动助动词,这些都在这一目里。这是个新意念,新名字。我们让印欧语法系统支配惯了,不易脱离它的窠臼,乍一接触这新意念,好像没个安放处,有巧立名目之感。继而细想,如所谓关系代词的"的"字和"所"字,实在似是而非——以"所"字为被动助动词,也难贯通所有的用例;名词下面的"的"字像介词,代词下面的像领格又像语尾,静词下面的像语尾,可又都不是的。本书新立"记号"一目收容这些,也是无办法的办法,至少有消极的用处。再仔细想,这一目实在足以表现中国语法的特征,决不止于消极的用处。像上面举出的那些"的"字和"所"字,并无一点实质的意义,只是形式;这些字的作用是做语句的各种结构成分。这些字本来是所谓虚字;虚字原只有语法的意义,并无实质的意义可言。但一般的语法学家让关系代词、助动词、介词、领格、语尾等意念迷惑住了,不甘心认这些字为形式,至少不甘心认为独立的形式,便或多或少的比例起来;更有想从字源上说明这些事的演变的。这样反将中国语的特征埋没了,倒不如传统的讲法好了。

本书没有介词和连词,只有联结词;这是一个语法成分。印欧语里有介词一类,为的介词下面必是受格,而在受格的词都有形态变化。中国语可以说是没有形态变化的，情形自然不同。像"在家里坐着"的"在"字，"为他忙"或"为了他忙"的"为"字，只是动词；不过"在家里、为他"或"为了他"这几个谓语形式是限制次品的"坐着"与"忙"的末品罢了。联结词并不就是连词，它永远只在所联结者的中间，如"和、得（的）、但、况、且、而且、或、所以"，以及文言里遗留下的"之"字等。中国语里这种词很少，因为往往只消将两个或两个以上的成分排在一起就见出联结的关系，用不着特别标明。至于"若、虽、因"一类字，并不像印欧语里常在语句之首，在中国语里的作用不是联结而是照应，本书称为关系末品，属于副词。本书"语法成分"一章里最先讨论的是系词。这成分关系句子的基本结构，关系中国语的基本结构，是一个重大的问题，王先生曾有长文讨论。据他精细研究的结果，系词在中国语里是不必要的。那么，句子里便不一定要动词了。这是中国语和印欧语根本差异处。柏龙菲尔特等一些学者也曾见到这里，但分析的详尽，发挥的透彻，得推王先生。经过这番研究，似乎便不必将用作述语的静词属于同动词了。

　　系词的问题解决了，本书便能提供一种新的句子的分类。从前的文法语法书一般的依据印欧语将句子分为叙述、疑问、命令、感叹四类。印欧语里这四类句子确可各自独立，或形态不同，或词序有别。但在中国语里并不然。这种分类只是意义的分别，只有逻辑的兴趣，不显语法的作用。本书只分三类句子：叙述句、描写句、判断句。叙述句可以说是用动词作谓语；描写句可以说是用静词作谓语；判断句可以说是用系词"是"字作谓语（这一项是就现代语而论）。这三类句子，语法作用互异，才可各自独立。而描写句见出中国语的特征，判断句见出中国现代语的特征；这些特征是值得表彰的。书中论简单句和复合句，也都从特征着眼。简单句是"仅含一个句子形式的句子"，复合句是"由两个以上的分句联结而成者"。先说复合句。复合句中各分句的关系不外平行（或等立）和主从两型。本书不立主从的名称，而将这一型的句子分别列入条件式、让步式、申说式、按断式四目。这个分类以意义为主，有逻辑的完整。王先生指出在中国语里这些复合句有时虽也用关系末品造成，但是用意合法的多。因此他只能按意义分类。至于一般所谓包孕句，如"众人知贾政不知理家"，本书却只认为简单句。因为句中只有一个句子形式"贾政不知理家"，而"众人知"并没有成为一个句子形式。"贾政不知理家"这个句子形式这里只用作首品，和一个名词一样作用。

　　书中论简单句，创见最多。中国语的简单句可以没有一个动词，也可以有一个以上的动词，如上文举过的"在家里坐着"便是一例。这也是和印欧语根本差异处。这是谓语形式的应用。谓语形式这意念是个大贡献。这给了我们一个全新的句子的意念，在简单句的辨认，也就是在句子与分句的辨别上，例如"紫鹃……便出去开门"，按从前的文法语法书，该是一个平行的复合句，因为有两个动词、两个谓语。但照意义看，"出去、开门"是连续行为，是两个谓语形式合成一个"完整而独立的语言单位"；这其实是简单的。再举一个复杂些的例，"东府里珍大爷来请过去看戏放花灯"，就意义上看，更显然是一个简单句；"来、请"是连续行为，"过去、看戏、放花灯"也是的。五个谓语形式构成一个简单句的谓语。一般的语法学家也可以比附散动词（即无定式动词）的意念来说明这种简单句。但印欧语的散动词往往有特别的记号或形态，中国语里并无这种词，中国语其实没有所谓散动词。只有谓语形式可以圆满地解释这种简单句。本书称这种句子为递系式，是中国语的特殊句式之一。

　　递系式以外，本书还列举了能愿式、使成式、处置式、被动式、紧缩式五种特殊句式，都是简单句。从前的文法语法书也认这些为简单句，但多比附印欧语法系统去解释。如用印欧语里所谓助动词解释能愿式的句子"也不能看脉"里的"能"字，被动式句子"我们被人欺负了"里的"被"字；用散动词解释能愿式句子"那玉钏儿先虽不欲理他"里的"理"字，使成式句子"就叫你儒大爷爷打他的嘴巴子"里的"打"字；用介词解释处置式句子"我把你膀子折了"里的"把"字,紧缩式句子"穷的(得)连饭也没的吃"里的"的(得)"字。其实这些例子除了末一个以外,都该用谓语形式解释。那紧缩式句子里的"的(得)"字,本书认为联结词,联结的也还是谓语形式。这五种句子其实都是递系式的变化。有了谓语形式这意念,这些句式的结构才可以看得清楚,中国语的基本特征也才可以完全显现。书中并用新的图解法表示这些结构,更可使人了然。书中又说到古人文章不带标点,遇着某一个意义可以独立也可以不独立时,句与分句的界限就不能十分确定;我们往往得承认几种看法都不错。这是谨慎而切用的态度,关系也很大。

新文学运动和新文化运动以来,中国语在加速地变化。这种变化,一般称为欧化,但称为现代化也许更确切些。这种变化虽然还只多见于写的语言——白话文,少见于说的语言,但日子久了,说的语言自然会跟上来的。王先生在本书里特立专章讨论欧化的语法,以见眼光远大。但所谓欧化语的标准很难选择。新文学运动到现在只有二十六年,时间究竟还短;文学作品诚然很多,成为古典的还很少。就是有一些可以成为古典,其中也还没有长篇的写作。语法学家取材自然很难;他若能兼文学批评家最好。但这未免是奢望。本书举的欧化语的例子,范围也许还可以宽些,标准也许还可以严些;但这对于书中精确的分析的结果并无影响。"欧化的语法"这一章(第六章)的子目便可以表现分析的精确,现在抄在这里:

一、复音词的创造;二、主语和系词的增加;三、句子的延长;四、可能式、被动式、记号的欧化;五、联结成分的欧化;六、新替代法和新称数法。

看了这个子目,也就可以知道欧化的语法的大概了。中国语的欧化或现代化已经二十六年,该有人清算一番,指出这条路子哪些地方走通了,哪些地方走不通,好教写作的人知道努力的方向,大家共同创造"文学的国语"。王先生是第一个人做这番工作;他研究的结果影响将来中国语的发展，一定不在小处。

　　本书从造句法讲起，词类只占了一节的地位，和印欧语的文法先讲词类而且逐类细讲的大不同。这又是中国语和印欧语根本差异处。印欧语的词类，和形态和作用是分不开的，所以在语法里占重要的地位。中国语词可以说没有形态的变化，作用又往往随词序而定，词类的分辨有些只有逻辑的兴趣，本书给的地位是尽够了的。本书以语法作用为主，而词、仂语等都在句子里才有作用。所以从造句法开始。词类里那些表现语法作用的，如助动词（"把"字、"被"字等）、副词、情貌词、语气词、联结词、代词，都排在相当的地位分别详论。但说明作用，有时非借重意义不可。语句的意义固然不能离开语句的结构——就是语法作用——而独立，但语法作用也不能全然离开意义而独立。最近陈望道先生有《文法的研究》一篇短文（《读书通讯》五十九期），文后附语里道："国内学者还多徘徊于形态中心说与意义中心说之间。两说都有不能自圆其说之处。鄙见颇思以功能中心说救其偏缺。"功能就是作用。可惜他那短文只描出一些轮廓，无从详细讨论；他似乎是注重词类（文中称为"语部"）的。这里只想举出本书论被动句的话，作为作用和意义关系密切的一例。书中说被动句所叙述的，对句子的主格而言，是不如意或不企望的事。这确是一个新鲜的发现；中国语所以少用被动句，我们这才了然。本书虽以语法作用为主，同时也注重种种用例的心理；这对于语文意义的解释是有益处的。

　　本书目的在表彰中国语的特征，它的主要的兴趣是语言学的。如上文所论，这一个目的本书是达到了。我们这时代的人对于口头说的也是笔下写的现代语最有亲切感。在过去许多时代里，口头说的是一种语言（指所谓官话，方言不论），笔下写的另是一种语言；他们重视后者而轻视前者。我们并不轻视文言，可是达意表情一天比一天多用白话，在现实生活里白话的地位确已超出文言之上。本书描写现代语，给我们广博的、精确的、新鲜的知识，不但增加我们语言学的兴趣，并且增加我们生活的兴趣,真是一部有益的书。但本书还有一个目的。书中各节都有定义,按数目排下去,又有练习、订误和比较语法,是为的人学习白话文和国语,用意很好;不过就全书而论,这些究竟是无关宏旨的。

朱自清

三十二年三月　昆明

自 序

我研究中国语法，已经二十一年了。就研究的历程而论，大约可分为四个时期：

第一个时期是妄的时期。我二十岁做高等小学的国文教员。地处偏僻，风气未开，有些学生的年纪比我大，然而他们的国文（文言文）还没有达到通顺的程度。当时我在父亲的书架上看见了周善培的《虚字使用法》，觉得很有趣，就拿来稍为改编，参加一些自己的意见，教给学生，我满以为只要他们对于虚字会用了，国文也就可望通顺，以至于雅驯了。谁知结果是大失所望。不用心的学生不必说，其中有一两个学生绝对信仰我的教法，结果是他们的虚字用得无可指摘，然而文章变了生涩硬凑，倒反不如其他学生来得自然。由现在看来，当时我是误解了语法的功用，以为它可以令人文章好。

第二个时期是蔽的时期。我因家贫失学十年，没有念中学，直到二十三岁，才到上海入某私立大学，我的英语也是从那时候才学的。我对于英语的语法特别感兴趣，喜欢拿《马氏文通》比着读。二十五岁入清华国学研究院，我的论文题目就是《中国古文法》。这论文虽曾博得先师梁任公先生的好评（"卓越千古，推倒一时"），然而由现在看来，除了死文法和活文法的分别，及词有本性、准性、变性的说法颇有可取之外，其余也就殊无足观。当时的毛病是只知有词不知有句；只知斤斤于词类的区分，不知中国语法真正特征之所在；只知从英语语法里头找中国语法的根据，不知从世界各族语里头找语法的真诠。当时我尽管批评别人削足适屦，"以英文法为楦"，其实我自己也只是以五十步笑百步而已。

第三个时期是疑的时期。二十六岁入巴黎大学，论文题目仍想要做中国语法。中国学院院长格拉奈先生（Granet）劝我不要做，因为这不是三五年做得出来的，而且不能像《马氏文通》那样做。于是我改学实验语音学了。回国后，在清华教的是语言学、语音学和中国音韵学，也没有工夫研究中国语法。这样，我对于中国语法的研究似乎是停止了八九年，其实我因语言学里有语法部分的缘故，脑子里仍旧常常考虑到中国语法上的问题。民国二十五年，我在《清华学报》上发表了一篇《中国文法学初探》，才算正式回到中国语法的园地。在这一篇文章里，我对于以前的中国语法学（连我自己的在内）表示很大的怀疑。然而当时我的破坏力虽大，建设力却不足；批评人家的地方虽大致不错，而自己创立的理论却往往陷于观察不确。

第四个时期是悟的时期。这时期可说是从民国二十六年我在《清华学报》发表《中国文法中的系词》的时候起。我开始觉悟到空谈无补于实际，语法的规律必须是从客观的语言归纳出来的，而且随时随地的观察还不够，必须以一定范围的资料为分析的根据，再随时随地加以补充，然后能观其全。二十六年夏，中日战事起，轻装南下，几于无书可读。在长沙买得《红楼梦》一部，寝馈其中，才看见了许多从未看见的语法事实。于是开始写一部《中国现代语法》，凡三易稿。二十七年秋，在国立西南联合大学担任"中国文法研究"，始将此稿印为讲义。后来觉得仍未满意，所以另行排比，重加修改。又相信闻一多先生的话，把它分为两部书：一部专讲规律，一部专谈理论，相辅而行。直至二十八年冬，才各完成上册，又至三十一年夏，才各完成下册。现在先将专讲规律的一部《中国现代语法》付印；至于专谈理论的一部《中国语法理论》，希望也跟着出版。

这样说来，我对于中国语法，是由妄而蔽，由蔽而疑，由疑而悟的。悟了，够不够呢？自然是不够的。悟了，是脱离了迷津，是走上了正当的途径，却不是已经达到了完善的境界。中国语法学者须有两种修养：

第一是中国语史学（Chinese philology）；第二是普通语言学（General linguistics）。缺一不可。若只精于中国语史学（如所谓小学），而不精于普通语言学，就只知道从古书中大事搜罗，把若干单词按照英语的词类区分，成为一部"新经传释词"。若只精于普通语言学，而不精于中国语史学，就只知道运用若干术语，把中国的语法事实硬凑上去，成为别开生面的削足适履。即以现代语法而论，若没有历史的根据，也难免于穿凿附会，所以叶斯泊生《现代英语法》的全题是《以历史为根据的现代英语法》（A Modern English Grammar on Historical Principles）。我对于中国语史学和普通语言学都不能精，自然不敢相信我的研究是完善的。不过，十余年研究的结果，总该让它有一个问世的机会，在识者的品评之下，试看我所谓悟者是否真悟。

在这里，我应该首先感谢吾师赵元任先生，当年他对于我的《中国古文法》不曾给予一句褒语，这是消极地不奖励我走上蔽的道路。他在那篇论文上所批的"说有易，说无难"六个字，至今成为我的座右铭。前年我在西南联大所编的讲义上册，又承他给予很多的指正；在本书里，他所指正的地方大致都改了。

我又应该感谢李方桂、冯芝生（友兰）、朱佩弦（自清）三位先生。李先生替我看了本书导言至第三章第二节，冯先生看了第一章，朱先生看了全书，都能不吝指教。

此外，旧同学张清常、张琨两先生替我校阅原稿，清华大学中国文学系研究助理何善周先生替我誊正，也都是值得道谢的。

博白王力序于昆明
民国三十二年一月二十六日

例　言

一、本书以说明规律为主，不涉及理论方面。著者另撰《中国语法理论》一书，和本书相辅而行。

二、本书以不自造例子为原则；因为自造的往往不自然，有时候甚至乖曲事实，造出些不常见的例子。又以专找一部书的例子为原则；因为恐怕语言夹杂，南腔北调，成为一部四不像的语法。我们尽先在《红楼梦》里搜寻，因为《红楼梦》是著名的文学作品，又是用北京话写的，合于国语的条件。但是，《红楼梦》叙述事情的部分也和口语相差颇远，甚至诌文的会话（像贾政对宾客的会话）也不算真正的口语，所以我们又尽先在家常的谈话里找。有时候，《红楼梦》找不着适当的例子，没办法，只好暂时自造，或在《儿女英雄传》找些来充数。

三、例子的次序，一律以罗马字母标出。例子底下的数目字系表示《红楼梦》的回数，如（24）即表示《红楼梦》第二十四回。

四、本书里的图解不多，而且占很不重要的地位，因为图解并不是语法的本身。偶然作几个图解，不过表示本书的学说既和一般语法书不同，连图解法也就和一般的图解法不同罢了。

导　言

（一）什么是语？

语言是表达思想或情感的工具。凡属人类，都有表达思想和情感的需要，因此，也都有他们的语言。最低级的语言是用姿势表示的；现在咱们摇头表示否定，招手表示使来，都是姿势语言的残留。人类最普通的语言是用口说的，可以称为口语，也就是狭义的语言。口语虽然便利，但是不能传远或传久，于是开化的或半开化的民族又创造文字来代替口语。文字也是语言之一种，可称为书写的语言，或文语。

语言是社会的产品，所以每一个社会自有它的特殊语言。民族和民族之间，语言的歧异更大；咱们往往以语言的不同去证明民族的不同。每一个民族的语言，我们称为族语。一个族语虽然往往就是一国的国语，例如中国；但也可以有两个以上的国家共用一个族语，例如英美。在语言学上，我们只以族语为单位，不以国语为单位。普通所谓中国语，严格地说该称为汉语。

（二）什么是语法？

语法就是族语的结构方式。语言有三个要素：（1）语音，就是每一民族用以表达思想或情感的那一套声音；（2）词汇，就是把某一定的语音去表示某一定的概念；（3）语法，就是把许多概念联结起来，用某一定的方式去表示事物的关系，例如"白马"念成paima，这是语音；用这语音去表示那白色的马，这是词汇；"白"字必须放在"马"字的前面，若放在后面又是另一种意思，这是语法。语法比语音、词汇更能成为族语的特征，所以咱们又可以拿语法的相同去证明民族的相同，例如华北方言和吴、粤、闽、赣各地的方言相比较，语音和词汇虽然相差颇远，而语法的歧异却是微乎其微，于是咱们可以断定，凡依照这种语法说话的人，都是汉族。

语法和文法、话法都不相同。文法是文章的结构方式，也就是属于上文所谓书写的语言的；话法是属于上文所谓口语的。语法则包括口语和文语而言。文法和话法并不是平行进化的。有时候，文法已演进至某阶段，而口语尚未采用此法，例如"素来多病的我"，是新兴文法所容许的，而一般人的口语里并未有它。有时候，话法已演进至某阶段，而咱们在文章尚未肯直写下来，例如"他们没来呢还"，是北京的话法所容许的，而在一般人的笔下并未发现它。本书叫作"语法"，就是兼顾文和话的[①]。

（三）什么是中国语法？

假如有一个英国人跟您学习中国语法，您告诉他："马"是名词，"白"是形容词，"跑"是动词，等等，又告诉他：在"狗咬吕洞宾"这句话里，"狗"是主语，"咬"是动词，"吕洞宾"是目的位，等等，那英国人一定大失所望，因为您只套取了英语语法的一些术语，并没有把中国语的结构方式告诉他。将来他在中国住得久些，他会问您："呢"和"吗"有什么分别？为什么咱们能说"我把他打了一顿"而不能说"我把他爱"？又为什么咱们能说"他被我打了一顿"而不能说"他被我赏了十块钱"？这些问题，才真正地问到结构的方式了。如果您不能解答这些问题，您就不算懂得中国语法；您只晓得套取英语语法的一些术语罢了。

语法既是族语的结构方式，可见离开了族语结构的特征，就没有语法。

---

① 这里所谓文和话，不是普通所谓文言和白话。普通所谓文言和白话是不同时代的，这里所谓文和话是同时代的。

许多语法学上的术语,只是帮助说明族语特征的一种工具;如果只知道套取语法的术语,而不知道说明特征,就等于不曾谈到某族语语法的本身。每一个族语自有它的个别的语法,和别的族语的语法决不能相同。民族和民族之间,血统关系越微,语法的相似点也越少。咱们想要为全世界创造一种普遍的语法固然是不可能;就是想要抄袭西洋族语的语法来做汉语的语法,也是极不自然、极不合理的事;许多琐碎的区分,对于汉语是多余的,而汉语结构中许多主要的特征,却因为无从抄袭而没有表彰出来。因此,本书的目的在于表彰中国语法的特征,汉语和西洋语言相同之点固不强求其异,相异之点更不强求其同,甚至违反西洋语法书中的学说也在所不计。西洋语法书是为西洋语言而设的,它的学说不能适用于汉语,不足为它的缺点,正像我们的书是为汉语而设的,我们的学说不能适用于西洋语言,也不足为我们的缺点一般。

我们所谓中国语法,是以国语为标准的;我国所定的国语,又是以北京曾受教育的人的语言为标准。我们并不否认各省的方言都有中国语的资格,恰恰相反,在语言学上,方言一律平等,咱们不能说北京话比别的方言更优良,也就不能说只有北京的方言才配称为中国语。不过,假使我们把各省方言的语法分别叙述,就成了一部语言学上的专门著作,一般人不会发生兴趣的。而且我们的力量也不够做那样一部书,因为还有大部分的方言没有经过详细的调查。因此,与其把三五种方言同时叙述,倒不如专就标准语加以发挥。这样可以清楚些,详尽些。有时候,我们在一节的终结,加上"比较语法"一项,希望大略地引起读者对于方言的兴趣,同时,也可以使非国语区域的人注意到自己的语法和国语的语法不同之点,以便学习国语。

(四)什么是中国现代语法?

我们所谓现代,并不是指最近的十年或二十年而言。《红楼梦》离开现在二百余年了，但我们仍旧承认《红楼梦》的语法是现代的语法，因为当时的语法和现在北京的语法是差不多完全相同的。

反过来说，欧化的语法却不完全够得上称为中国现代语法，因为它往往只在文人的笔下发现，尚未为口语所采用；纵或在口语中采用，也只限于知识社会的一小部分的人。由此看来，欧化的语言在现代只能算是一种特别语。我们的《中国现代语法》是以中国大多数人的语言为对象，不是以少数文人的文章为对象的，所以除了另辟一章专论这种特别语之外①，其余各章都不提及欧化的语法。

为什么要另辟一章呢？因为欧化的势力一天比一天增加，它虽够不上称为中国现代语法，谁也不敢说它不变为中国将来的语法。现代语里有这样一种大势力，自然不能完全撇开不提。另辟一章，是希望读者把中国固有的语法和欧化的语法辨别清楚，这在史的观念上是必要的。

现代有所谓文言文和白话文的分别。表面上看来，文言是古代语，白话是现代语。其实单就词汇而论，已经界限不清；若就语法而论，则现代人写出的文言文，一百个当中总有九十几个是不懂古代语法的，他们只知道依照现代语法而运用多少古代词汇。因此，咱们实在不必有文言文法和白话文法的分别。真正能合古代语法的文言文，我们索性把它当作古代文章看待，将来另著的《中国古代语法》或《中国语法史》中，自有它的地位；至于一般报纸杂志上的文言文，既然大多数是依照现代语法而写的，我们就不必另眼相看。只有几个代词（如"其、之"）和几个虚词（如"于、所"）是古代语法的残留，未为现代语法所完全淘汰，所以本书把它们一并叙述。

（五）为什么要研究中国现代语法？

语法书并不能令人的文章做得好，或语言说得漂亮；它只能令人的文章做得通，或语言说得合乎族语的结构。实际上，依照一般大众的话

---

① 第六章专论欧化的语法。

法写下来的文章总是通的，因此，一个道地的北京人对于本书只有语言学上的兴趣，并不能希望从这里得到任何实用上的利益。如果不是道地的北京人尤其是江、浙、闽、赣、粤、桂各省的人，写起国语的文章来，或说起国语来，有时候会不能适合国语的语法，在这情形之下，本书可以帮助他们做到"通"的地步。

有时候，道地的北京人写起白话文来也不通，这因为他们对于现代白话文所采用的古代词汇，如"其、之、于、所"之类，不明其语法上的用途，以致既不合一般大众的话法，又不合古代的文法。所以我们对于"其、之、于、所"等词的用法，叙述得特别详细些。

在语法上，无所谓对不对，只有所谓合不合。不通的文章并不能说是不对，因为我们不承认有模范语法的存在；语法只是语言习惯之一种，它是约定俗成的东西，没有绝对的是非可言。不过，族语既是社会的产品，自然应该依照社会的习惯，不然就是不合，不合就是不通。语法书是语言学的一部分，并不仅为眼前的实用而设；然而在消极方面，它能令人不至于违反社会的语言习惯，使族语的恒性比较的不容易丧失，也就很切合实用。

总之，语法书是跟着族语演进的，它不能是一成不变的金科玉律。今日咱们所认不合语法的句子，数十年后，语言演变到某阶段时，也许它正是很合语法的。由此看来，语法书并不能阻止族语的演化。它只能告诉每一个人："现在咱们的语法是如此的：在整个族语没有演化以前，个人的小违犯就是不通，大违犯就会令大家不懂你的话。"语法书对于一般人的用处，就是在此。

第一章　造句法（上）

第一节　字和词

　　诸位天天写字，字是什么，似乎用不着解释了。其实不然。诸位也许只知道书本上每一个方块是字，却不知道口语里每一个音也可称为字，例如"他低声说了两个字"，或"他今天见我，对于那件事，一字不提"，这是口语里的字，和书本没有关系，和笔墨也没有关系的。

　　这样，为什么书本上的每一个方块，和口语里每一个音却会是一样的名称，都叫作字呢？原来书本上一个方块就是口语里一个音的代表；当咱们要把口语写成文字的时候，每一个音就用一个字表示。咱们念书的时候，遇着每一个方块，必先念出一个音（明念或默念），然后去了解它的意义。由此看来，每一个方块和每一个音可以说是一样东西的两种形式，难怪它们的名称相同了。

　　我们讲语法的人所谓字，虽然可以把上面所说的两种形式都包括在内，但在大多数情形之下，往往只指口语里的一个音而言。因为我们把口语看得比文字更重要；文字只是记录语言的一种工具而已。

　　有时候，一个字就有一个意义，例如"马"是四蹄兽之一种，"剑"是古代兵器之一种，等等。但是，有时候却是两个字才能有一个意义，例如"葡萄"是水果之一种，假使你单说一个"葡"字，是没有意义的。在语法上，我们把能代表一个意义的语言成分叫作词，"马"是一个词，"剑"也是一个词。但"葡"只是一个字，不是一个词；"萄"也只是一个字，不是一个词。必须"葡萄"合起来，才可认为一个词。由此看来，有些词是由一个字构成的，咱们可以把它们叫作单音词；另有些词是由两个字合成的，咱们可以把它们叫作双音词。

咱们怎样才能辨认双音词①呢？例如"糊涂"，它是不是双音词呢？我们说是的。固然，"糊"字独立时也有意义（如"糊窗户"的"糊"是粘的意思），"涂"字独立时也有意义（如"把这两个字涂掉"的"涂"是用墨抹去的意思）；但是，它们独立时所有的意义都和"糊涂"的意义没有关系。譬如您说"糊涂"，并不是粘上而又用墨抹去的意思，只是不清楚的意思。反过来说，当你想要表示不清楚的意思时，必须"糊涂"二字合用，不能单用"糊"字，也不能单用"涂"字，所以"糊涂"是双音词。

又如"身体"，它是不是双音词呢？也是的。若把二字拆开，"身"就是"体"，"体"就是"身"，如果把它们合起来，也只有一个意义。咱们把两个意义相同的字（如"身体"），或意义相似的字（如"保养"）合起来说，听话的人都容易听得懂些。譬如您劝您的朋友"保养身体"，总比"养身"容易听得懂。然而"保养身体"就只等于"养身"的意思。所以"身体"是双音词，"保养"也是双音词。

又如"故意"，它是不是双音词呢？也是的。咱们的祖宗只说"故"（如"明知故犯"），咱们说"故意"，也可以使听话的人容易听得懂些。不过，"故"和"意"的意义非但不相同，而且不相似，只能说"意"字和"故"字在意义上稍有关系，所以和"身体"不能认为同类。又如"桌子"和"石头"，它们是不是双音词呢？也是的。"桌子"只是"桌"，并不是桌的儿子；"石头"只是"石"，并不是石的头。"子"和"头"是黏附于事物名称的后面，表示这是一件东西的。我们把"子、头"一类的字叫作记号，等到第三章第四节里再详细讨论它。

又如"这么、那么"，它们是不是双音词呢？也是的。这种"么"字也是一种记号。不过"这么"和"这"的意思并不相同，"那么"和"那"

---

① 双音词大约可分九类。以下每举一例，即代表一类。

的意思也不相同，所以它们和"桌子、石头"不能认为完全同类。又如"芥菜"，它是不是双音词呢？也是的。"芥"是菜之一种。"芥"是小类名，"菜"是大类名。单说"芥"未尝不可以，但是为了使听话人更容易听懂，咱们就把大类名黏附在小类名的后面。然而"芥菜"合起来只有一个意义，所以它是双音词。

又如"兄弟、妻子"，它们是不是双音词呢？咱们可以说，在古代，它们不是双音词；在现代的国语（北京话）里，它们却是双音词。《孟子》里说"兄弟妻子离散"，"兄"是哥哥，"弟"是弟弟，"妻"是女的配偶，"子"是儿子。这里的"兄、弟、妻、子"都是单音词。但是，在现代国语里，"兄弟"只是指弟弟而言，"妻子"只是指女的配偶而言，它们就变了双音词了。

又如"先生"，它是不是双音词呢？这要看情形说话。譬如说"先生者为兄，后生者为弟"，这里的"先生"当然不是双音词，因为"先"有"先"的意义，"生"有"生"的意义。但是，如果你说"这位先生很会教书"，这"先生"就是双音词了，因为这"先生"只有一个意义的缘故。

又如"妹妹、慢慢"，它们是不是双音词呢？也是的。"妹妹"只等于说"妹"，所以是双音词。"慢慢"和"慢"的意思虽不完全相等（"慢慢"的意思重些），而"慢慢"也只有一个意义，所以也是双音词。但是，咱们要注意："试试、看看"之类却并不是双音词，因为它们是"试一试、看一看"的缩体。

咱们若要辨别双音词，最好的办法就是试把一个字插进那原来的两个字的中间。假使可以插进一个字，仍旧有可解说，就不能认为双音词，例如"说话"不是双音词，因为咱们可以插进一个字，如"说大话、说好话"，等等。假使插进一个字就说不通，那么决不能不认为双音词，例如"故意"，"故"和"意"的中间是不能插进任何一个字的。

说到这里，大家总可以明白什么是双音词了。无论单音或复音（双音、三音等），如果它只有一个意义，我们就叫它作一个单词。不过，诸位也许会发生一个疑问:"火车、轮船、银行、图书馆"之类,是不是可认为单词呢?若说是单词,它们却能包含两个意义,例如用"火"的"车"、有"轮"的"船"、存"银"的"行"、藏"图书"的"馆",等等;若说不是单词,它们却常常联结在一起,专指一种事物而言。究竟该怎样辨别呢?这一个疑问,问得很好。但是,咱们须知,"火车"并不仅仅是用火的车,而是用汽力推进的一种陆路交通工具;"轮船"并不仅仅是有轮的船,而是用汽力推进的一种水上交通工具;"银行"并不仅是存银的行,而是一种金融机关;"图书馆"不仅是藏图书的馆,而是一种学术机关。由此看来,咱们如果把它们拆开,当作两个意义去解释,倒反得不着它们的完整意义,所以咱们该把它们认为只有一个意义,也就是把它们认为一个单词。不过,这种单词究竟和普通的复音词不甚相同:它们显然是由两个词复合而成的,所以我们把它们叫作复合词。

"呢、吗、之、于"一类的字也可认为单词。它们是语言结构的工具。它们虽对于实物无所指,然而它们自有语法上的意义,例如"呢、吗"能表示疑问,"之、于"能联结某词于另一个词,等等。它们既是有一个意义的,所以也得称为词。

词和字的关系,可说明如下表:

词 { 单音词——由一个字构成
复音词 { 双音词(如"葡萄")
三音词(如"图书馆")
四音词(如"帝国主义") } 由两个以上的字构成

定 义

定义一:每一个音所代表的语言成分,叫作字①。

---

① 依语音学上说,中国普通所谓一音该称为一个音段。但是音段的道理不很容易懂,所以仍沿旧名。

定义二：语言的最小意义单位，叫作词。

练 习

试在下面的一段话里面，指出哪一些是复音词：

还听见他家里许多人说，千真万真有些呆气。大雨淋的水鸡似的，他反告诉别人下雨了，快避雨去罢。你说可笑不可笑？时常没人在跟前，就自哭自笑的。看见燕子，就和燕子说话；河里看见了鱼，就和鱼儿说话。见了星星月亮，他不是长吁短叹的，就是咕咕哝哝的。且一点刚性儿也没有，连那些毛丫头的气都受到了。爱惜起东西来，连个线头儿都是好的；糟蹋起来，那怕值千值万，都不管了。（35）

第二节　词类

（一）假定您看见一匹马，您叫它"马"，"马"就是它的名。又假定您看见一张桌子，您叫它"桌子"，"桌子"就是它的名。我们把"马"和"桌子"都叫作名词，因为它是实物的名称。人为万物之灵，可见人也算是物之一种，因此，"人"字也是名词。

名词所代表的物，大多数是看得见摸得着的。但是，社会的组织，如"政府、团体、会议"等，虽然看不见摸不着，也该认为名词。哲学上或科学上对于某一类事物所给予的名称，如"道德、因素"等，也该认为名词。

名词所代表之物，往往是一个通名，例如"马"字，并非专指某一匹马，而是泛指一切的马。但是咱们普通所谓人名或地名，却是专指某一个人或某一个地方而言，例如"孙中山"专指一个人，"上海"专指一个地方。我们把这种名词叫作专名[①]；专名和通名是对立的。

[①] "张先生"也是专名。中国虽有许多张先生，但当咱们谈及张先生时，必系专指某一位张先生而言。

此外还有"个、只、张、把"一类的字,我们也把它们认为名词之一种,叫作单位名词,因为它们是表示人、物的单位的。等到第四章里,我们再详细讨论它们。

(二)假定您先看见一匹马,再看见两匹,共成三匹。这一、二、三便是实物的数目。我们把一切的数目字都叫作数词,连"半、双"等字都包括在内。

(三)假定您看见一匹马,您觉得这马是白的。这"白"就是那马的德性。又假定您和一个朋友相处,您觉得他是好人,这"好"就是那人的德性。咱们往往拿这些表示德性的词去形容人、物,所以这一类的词叫作形容词。

(四)假定您注意到一只鸟在飞,这"飞"乃是那鸟的一种行为。又假定您注意到一个人在读书,这"读"乃是那人的一种行为。凡行为都是一种动态,所以我们把这种表示动态的词叫作动词。

不过,我们还要把动词的范围扩大些,凡词之表示某一种事件者,我们把它们都叫作动词。人、物的每一种行为都可称为事件,但是咱们不能倒过来说世上每一个事件都是行为,例如说"张先生病了",这"病"是一个事件,却不是一种行为。又如说"他昨天死了",这"死"也是一个事件,不是一种行为。在中国语法里,我们把"病、死"一类的字都叫作动词,因为它们虽不表示一种行为,却能表示一个事件的缘故。

有一种词,它们虽不能表示一种行为,却能帮助一个动词而表示一种行为的性质,如"我把这一只鸡卖掉","把"字帮助"卖"字,表示这卖的行为是我对于这鸡的一种处置。又如"我被他骂了一顿","被"字帮助"骂"字,表示这骂的行为不是我所施行的,而是我所遭受的。这种词,我们把它们叫作助动词。因为它们是从动词变来的,所以也归入动词一类。

实词　我们对于名、数、形容、动四种词,给它们一个总名,叫作实词。大致说起来,除数词表示数目之外,名词是表示实物的,形容词是描写实情的,动词是叙述实事的[①]。实词之中,每一个词都有它的理解,它们都能给予咱们一种实在的印象,所以实词也可称为理解成分。假使语句中没有实词,就会失掉语言的价值,因为没有实词,则对于实物、实情、实事都无所指,而语言就毫无意思了。因此,正常的句子里至少必须有一个实词;没有实词就造不成一个句子。

(五)另有些词,它们能表示程度、范围、时间、可能性、否定作用等,然而它们并不能单独地指称一种实物、一种实情或一件实事。它们必须附加于形容词或动词,方能表示一种理解。这样,可说是比形容词或动词更次一等,所以我们把它们叫作副词,例如:

很　最　更　甚　太　忒　颇　稍　略　都　只　总　另
已　曾　未　才　方　忽　渐　再　必　果　可　能　配
也许　不　别

副词可说是介乎虚实之间的一种词。它们不算纯虚,因为它们还能表示程度、范围、时间等;然而它们也不算纯实,因为它们不能单独地表示一种实物、一种实情或一种实事。

(六)另有些词,它们本身并不表示某一类的实物、实情或实事,然而在某一些情形之下,它们却能代替名词、形容词或动词的用途。由此看来,它们的本身是虚词,而它们所代替的却是实词。这种词,叫作代词。

代词之中有所谓人称代词,如"我、我们、你、你们、他、他们、自己、

[①] 严格地说,名词该称为"体词",形容词该称为"德词",动词该称为"事词"。但是,"名、形容、动"的名称沿用已久,也不必更动了。

人家"之类。有所谓指示代词,如"这、那"之类。又有所谓疑问代词,如"谁"字,和人称代词相当;如"哪"字,和指示代词相当。其余的详细分类,待第四章再述。

就大多数的情形而论,代词是代替名词的,所以也有人叫它作代名词。然而有些代词却是代替形容词的,例如有人劝您安静看戏,您就做出安静的样子,对他说:"我这么看戏,还不算安静吗?"这里的"这么",就是代替"安静"的。又有代词却是可以代替动词的,例如先生对学生说:"你们应该运动,不然,身体就不容易强健了。"这"然"字就是代替"运动"的。所以我们只称为代词,不称为代名词。

(七)"是"字和"像、似"等字应自成一类。在论理学上,"是"字叫作系词。我们在本书里也把"是"一类的字,叫作系词。"像"一类的字,叫作准系词,这且待第三章里详谈。

(八)"与、和、且、况、之、于"一类的字,它们能把某一词联结于另一词,或把某一词群联结于另一词群,所以我们把它们叫作联结词(参看第三章第八节)。

(九)"吗、呢、罢、呀"之类,它们能表示全句的语气,我们把它们叫作语气词(参看第三章第六节)。

虚词　联结词和语气词都是纯粹的虚词。实词好比人身的骨干;虚词之中,联结词好比脉络,语气词好比颜色。

副词、代词、系词、联结词、语气词,以及记号(见于第三章第四节),都可称为语法成分。语法成分是和理解成分对立的,因为它们对于实物、实质、实情都无所指。但是,假使没有它们,语言就缺乏简洁性、明白性,及种种细微的情绪表现。因此,我们以为理解成分和语法成分,都是语言的要素。

词的种类,大致可如下表:

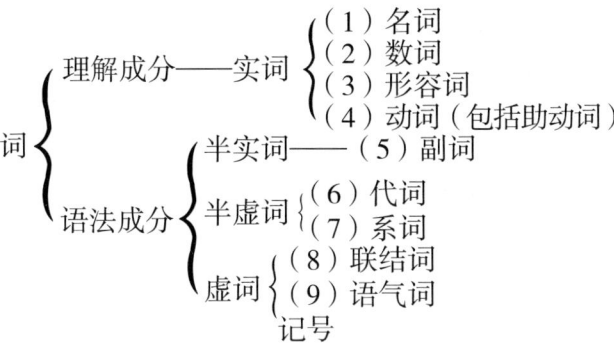

词的分隶　词虽可以分类,但每一个词不一定仅隶属于一类。有时候,一个词可以分隶于二类或三类,我们把这种情形叫作词的分隶。

研究词的分隶,首先该避免误分。"他不在家"的"在",和"他不在家吃饭"的"在",都是动词,咱们只能说它们所处的地位不同(前者处于主要地位,后者处于次要地位),却不能认为两类。"吃奶"的"奶",和"我从小奶了他这么大"的"奶",都是名词,咱们只能说它们的职务不同(前者是名词的正常用法,后者是名词的变性),也不能认为两类。此外,"贤人"的"贤"和"不论贤愚"的"贤","他劝我"的"劝"和"我信他的劝"的"劝",都只是职务的不同[①],不是词类的不同。

咱们要看词之应否分隶,不该看它是否有两种地位或职务,而该看它是否有两种相差颇远的意义,例如"花木"的"花"和"花了两千块钱"的"花",意义相差很远,咱们就可以把"花"字分隶于名、动两词。咱们也不必追究这两种"花"字是否同一来源,只看一般人不会觉得它们的意义有相似处,就可认为词的分隶了[②]。现在举一些例子来看:

(甲)分隶名、动者

[①]　职务的不同就是词品的不同,参看下节。

[②]　当然,意义不相似者,词类也可以相同,例如"木石"的"石"、"三石米"的"石"、"石先生"的"石",都是名词。

我写信：我不信　　　　　　三点一刻：刻图章

　　觥筹交错：筹款贩济　　　　看戏：宝钗戏彩蝶

　　阳湖学派：派到各处　　　　做活：活不了

　　卖报的孩子：报仇雪恨　　　张先生：向人张口

（乙）分隶名、形者

　　公侯：公事　　　　　　　　精力：精细

　　乌啼：乌衣　　　　　　　　晚上：来晚了

　　太平洋：洋货

（丙）分隶动、形者

　　生儿子：生手　　　　　　　约会：隐约

　　端上来：端正

（丁）分隶名、虚或形、虚者

　　各得其所：一无所长　　　　雄才大略：所见略同

　　谨守规则：学而不思则罔　　别的事：你别去

　　有时候，因为词性不同的缘故，就连语音也发生了歧异。在古代传下来的词汇里，以声调的歧异为最常见的现象，例如：

　　种：上声，名词；去声，动词

　　量：去声，名词；平声，动词

　　传：平声，动词；去声，名词

　　盛：平声，动词；去声，形容词

　　好：上声，形容词；去声，动词

　　恶：入声，形容词；去声，动词

　　相：平声，代词；去声，名词

　　在现代的词汇里，仅靠声调的歧异以表示词性之不同者，虽也不是没有：

　　臊：平声，形容词（腥也）；去声，动词（羞也）

罢：去声，动词（罢手、罢工）；轻声，语气词

然而大多数都是音素上发生歧异的，例如：

还：huán，动词；hái，副词

都：dū，名词（国都）；dōu，副词

和：hé，形容词；hàn，联结词[①]

的：dí，名词（目的），又形容词（的确）；de，记号

了：liǎo，动词；le，记号

着：zhuó（着落），zháo（着凉），zháo（睡着、打着），都是动词；zhe，记号

么：ma，语气词；me，记号

这样不同音的字，咱们尽可认为绝不相同的两个词。它们的语音和意义都不相同，只有文字上相同罢了。假使没有文字的记载，咱们听见声音不同的两个字，怎能知道它们本是一个词的呢？根据这个理由，凡不同音的字都该认为不相同的词；即使它们的意义十分相近，写起来又是同形，也该分隶于两个词类了，例如：

学：xué，名词；xiào，动词

背：去声，名词；又阴平声，动词（负也）

扇：去声，名词；又阴平声，动词（亦作"搧"）

多：阴平声，形容词；又阳平声，副词（如"多好"）

定 义

定义三：凡实物的名称，或哲学、科学上的名称叫作名词。

定义四：凡词之表示数目者，叫作数词。

定义五：凡词之表示实物的德性者，叫作形容词。

定义六：凡词之指称行为或事件者，叫作动词。

[①] 按：北京土话连词"和"有 hàn 一音，现在一般都念 hé。

定义七：凡词，仅能表示程度、范围、时间、可能性、否定作用等，不能单独地指称实物、实情或实事者，叫作副词。

定义八：凡词本身能表示一种概念者，叫作实词。

定义九：凡词本身不能表示一种概念，但为语言结构的工具者，叫作虚词。

练　习

下面一些词，试指出它们各属于什么词类：

人　他　侬　伪　九　奇　吗　于　弱　棋　弃　用
在　空　北　舞　又　铁　头

第三节　词品

咱们说话，单说一个词的时候是很少的。若说到两个词以上，这些词就联结起来。但是，它们并不是处于同一的地位。譬如您说"白马"，"马"是主要的一个词，"白"只是黏附于"马"，以表示这马的属性的（这不是红马）；又如"飞鸟"，"鸟"是主要的词，"飞"只是黏附于"鸟"，以表示这鸟的属性的（这不是栖止的鸟）。由此看来，它们的地位是有等级的，所以我们把这种地位叫作品。在这两个例子里，我们把"马"和"鸟"叫首品，把"白"和"飞"叫作次品。

假定您又说"纯白之马和高飞之鸟"。"纯"是黏附于"白"，以表示白的程度的；"高"是黏附于"飞"，以表示飞的方式的。于是它们的地位又比"白"和"飞"更次一等，我们把它们叫作末品。

假定您又把上面那些例子改为"马白、鸟飞"，或"马纯白、鸟高飞"等，次序是变了，语法上的意义也不同了[①]，然而它们的品仍是不变的。

为了使大家彻底了解，让我们再举出两个例子：

[①] 参看下文第四、第五两节。

壮士骑马　　　　　猎人打鸟

　　这里的"壮"和"猎"是次品，"骑"和"打"也是次品。"士"和"人"是首品，"马"和"鸟"也是首品。咱们怎么知道这里的"士"和"人"是首品呢？因为"士"字的前面有次品"壮"字黏附着；"人"字的前面有次品"猎"字黏附着。咱们怎么知道这里的"马"和"鸟"也是首品呢？因为"马"字的前面可以再加次品，说成"壮士骑白马"一类的句子；"鸟"字的前面也可以再加次品，说成"猎人打飞鸟"一类的句子。

　　实词是对于实物有所指的，所以实词都是有品的；虚词只是语法的工具，对于实物无所指，所以虚词都没有品，例如在"纯白之马"里，"之"字只是联结的工具，不能有品。

　　副词，我们在上节里称它为半实词，它是偏于实的一方面的，所以也能有品。代词，它虽是半虚词，但它所代替的却是实词，所以也能有品。

　　词在字典里的时候，分类不分品；词在句子里的时候，分品不分类。但是，词类和词品是有关系的；这种关系，说出来是很有趣的。现在我们把名词、数词、形容词、动词、副词、代词这六个词类和刚才所说的三个词品的关系，分别叙述如下：

　　（一）名词以用于首品为常，例如：

　　　老人　小狗　白纸　铅笔　好书　美酒　强国　大山
　　　中学生　好儿子

　　　鸡啼　狗叫　鸟飞　兔走　弟弟哭　妈妈笑　孔子生
　　　颜渊死　学生念书　厨子烧水

　　但也有用于次品的。这种由名词做成的次品，大致可分为五类：

　　（1）首品所指的东西，是属于次品所指的东西的，例如：

　　　人心　鸡脚　马头　屋顶　月光　语法　雨量　体温　楼上
　　　手下　县长　节礼　鸟窠

（2）首品所指的东西，是由次品所指的东西造成的，例如①：

　　布鞋　土墙　藤篮　木箱　金镯子　枇杷露　薄荷糖　葡萄酒

（3）首品所指的东西，是为了次品所指的东西而造的，例如：

　　脸盆　鸟枪　信纸　水缸　酒壶　茶杯　墨盒　笔筒　烟盒子

（4）次品所指的东西，是借来形容或譬喻首品所指的东西的，例如：

　　丸药　砖茶　鬼脸　贼眼　狼心狗肺

（5）首品所指的东西，是借来形容或譬喻某物（次品）所造成的东西的，例如：

　　肉丸子　枣泥　糖葫芦　胡椒面

名词有时候也可以用于末品；但在现代语里这种情形很是少见。现在略举几个例子：

　　面谈　鬼混　根究　瓜分　狼吞虎咽

（二）数词以用于次品为常，例如：

　　一个人　两匹马　三辆车　一千棵树　半桶水

数词用于首品是很少见的，例如：

　　减半　成双　上万

数词用于末品，在古代是颇常见的（如"三过其门而不入"），现代却没有这种用途了。

（三）形容词以用于次品为常，例如：

　　大树　黄狗　单身　高地　长脚　圆桌　糙米
　　淡水　快车　古人　新人物　懒学生　脏衣裳　狗大
　　猫小　棉花轻　铁重　他富　我穷　王康懒惰　李恒聪明

但也有用于末品的。这种末品，多数是用来表示某种行为的方式的，例如：

---

① （2）（3）（4）大部分的例子采自陆志韦先生的《国语单音词汇》63~64页。

快跑　慢走　长住　轻放　单打　新来　细问　乱翻
小看人　大吃一顿

偶然也借来形容某种德性，例如：

上好　大富　大红　嫩黄　淡红　真厉害　好大架子

还有一种形容词末品，是黏附于次品的后面的①，例如：

弄脏了手　教坏了他　修理好了

形容词有时候也可以用于首品；但多数是双音词，或平行的两个形容词，例如：

我喜欢他的聪明　我们不怕辛苦　懒惰没有好处
咱们应该战胜困难　我并不是贪图富贵　分不出真假来
不识好歹

偶然也可以用单音词，但是得依照习惯，例如：

吃苦　描红　不怕穷

（四）动词以用于次品为常，例如：

飞禽　走兽　猎人　飞机　包车　熏鸡　烧鸭　逃兵　睡狮
保证人　猫叫　老鼠逃　张德死了　他的妻子哭他　我走了
你怕他吗　我不来了

但也可以用于末品。这种末品，也有黏附于次品的前面的，也有黏附于次品的后面的。

（1）黏附于次品的前面的，普通只有"要、想、敢"一类的字②，例如：

我要走了　我想买一部书　你敢打他吗

偶然也用"飞、走"一类的字来形容某一种行为，或说明某一种方式，例如：

飞跑　死守　分用

---

① 参看下文第二章第二节。
② 参看下文第二章第一节。

（2）黏附于次品的后面的，普通有"起来、下去、出去、开、过"一类的词①，例如：

　　拿起来　拉出来　放下去　推出去　推开　吃过

又有"死"字，可以黏附于形容词次品之后，作为末品：

　　脏死啦　热死啦

有时候，动词也可以用于首品；但多数是双音词，或平行的两个动词，例如：

　　我赞成他的主张　他的思想很好　我没有把握
　　人人都应该受教育　他们都等候政府的救济
　　我不顾他的死活　胜败是兵家的常事

偶然也可以用单音词，但是得依照习惯，例如：

　　不听他的劝　挨了一顿打

名词、形容词、动词，这三种词是纯粹的实词，凡纯粹的实词在原则上是可以用于三品中的任何一品的。这种情形，在文雅的话里，或古代语里，更为常见。现在举出一些例子如下②：

（甲）名词用于三品

　　首　自成首尾：身为首相：首当其冲
　　虎　如虎添翼：高坐虎帐：虎踞一方
　　道　豺狼当道：山阴道上：道听途说
　　云　扈从如云：高髻云鬟：云游天下

（乙）形容词用于三品

　　苦　含辛茹苦：苦心孤诣：苦谏不从
　　独　君子慎独：独力难支：师心独往

---

① 参看下文第二章第二节。

② 每一组的例子是按照首品、次品、末品的次序的，如"自成首尾"的"首"是首品，"身为首相"的"首"是次品，"首当其冲"的"首"是末品。

静　山居习静：静境宜人：静观万物
高　立异鸣高：高轩临山：北窗高卧
先后　承先启后：先天后天：先进后进
阴阳　燮理阴阳：阴宅阳宅：阳奉阴违

（丙）动词用于三品

飞　道被飞潜①：龙城飞将：驿马飞递
蛰　春雷惊蛰：蛰虫始振：蛰伏待时
死　贪生畏死：人孰不死：死守孤城
退　不知进退：急流勇退：六鹢退飞

（五）副词因为不是纯粹的实词，所以只能用于末品，例如：

（A）你要做官发财都容易。（47）

（B）人人只说我傻。（57）

（C）给了更好，不给也没妨碍。（46）

（D）我就来。（27）

但是咱们别以为副词就等于末品。咱们只能说一切副词都是末品，却不能反过来说一切末品都是副词。有些末品是形容词、名词或动词，其中尤以形容词用于末品者为最多。所以副词和末品并不相等。

有时候，副词黏附于另一个末品的前面，例如：

（A）模样又极标致，言谈又极爽利，心机又极深细。（2）

（B）咱们岂不多添几个人，越发有趣了？（49）

这里的"又、岂、不"等副词，我们仍把它们叫作末品，不另立名称。

（六）代词能用于三品。其用于首品者，是最常见的情形，例如：

（A）你有什么事？（14）

（B）我也做个好事。（25）

---

① 意思是说：道德施及于空中之鸟与渊中之鱼。这是古人解释《诗经》"鸢飞戾天，鱼跃于渊"的话。

（C）我私自来瞧瞧他。（77）

（D）竟把你许了他，岂不好？（66）

人称代词用于次品的时候，是表示某人或某物属于这代词所代表的人或物[①]，例如：

（A）我到你婆婆那里瞧瞧。（11）

（B）给你老爷斟酒。（22）

（C）我们太太又多病。（56）

（D）薛蟠先去辞了他母舅。（48）

指示代词"这么着"，疑问代词"怎么着"，及古代指示代词"然"字，也都可认为次品，例如：

（A）妹子快别这么着！（68）

（B）原该这么着才是。（92）

（C）我只以理待他，他敢怎么着我？（65）

（D）不然，风闪着还了得！（57）

代词用于末品者，只有指示代词"这么、那么"，及疑问代词"怎么"，例如：

（A）熬了这么大年纪。（55）

（B）有什么事这么要紧？（45）

（C）那么厉害的人，你不怕他吗？

（D）你怎么不怨宝玉外头招风惹草呢？（54）

咱们必须彻底了解词类和词品的分别。词类是每一个词独立的时候所应属的种类；词品是词和词发生关系的时候所应属的品级。咱们研究语法的时候，词品比词类更重要，因为在语言里，词是不能独立的，是必须互相发生关系的。

[①] 这种代词次品往往带着记号"的"字。参看第三章。

定 义

定义十：凡词在句中，居于首要的地位者，叫作首品。

定义十一：凡词在句中，地位次于首品者，叫作次品。

定义十二：凡词在句中，地位不及次品者，叫作末品。

练 习

试在下面的两段话里，指出哪一些词是首品，哪一些词是次品，哪一些词是末品：

(A) 好俊梅花！你们也会乐，我也不饶你们。（50）

(B) 你还嘴硬！有证又有凭，只和你厅上讲去。（58）

第四节 仂语

次品和首品联结，或末品和次品联结，或同品相联结，都可以只等于一个单词的用途。试拿现代的联结语和古代的单词相比较，就可以明白这个道理，例如"小牛"等于"犊"，这是次品和首品的联结等于首品；"微笑"等于"哂"，这是末品和次品的联结等于次品。这种联结，是把两个以上的词造成一种复合的意义单位，我们把这种意义单位叫作仂语。仂语可分为两大类：第一是主从仂语，第二是等立仂语。

主从仂语必须有一个中心，其余的词都是修饰这一个中心的。我们把修饰的成分叫作修饰品。所谓修饰，在大多数情形之下，乃是对于意义范围的一种限制[①]。当我们说"白马"的时候，那些不是白色的马（红马、黄马……）都不在我们所说的范围之内；所以"白马"的范围比"马"的范围小。这是"马"的范围受了限制。当我们说"舅舅家里的白马"的时候，"白马"的范围又受了限制。那些不是舅舅家里的白马（姑夫家里的白马、叔叔家里的白马……）都不在我们所说的范围之内，所以"舅

[①] 非限制的修饰语如"脏唐臭汉"（63），"我们那个棉花耳朵的爷"（69），这类的例子不多。

舅家里的白马"的范围又比"白马"的范围小。在这两个例子里，"马"字都是仂语的中心，而这整个仂语是和"马"字同品的，马是首品词，"白马"和"舅舅家里的白马"都是首品仂语，简称首仂。

主从仂语又可分为三大类：（一）次品和首品联结者；（二）末品和次品联结者；（三）三品联结者。

（一）次品和首品联结者，又可分为两种：

（甲）次品加首品等于首品

试拿一些现代联结语和古代首品单词相比较，如下：

　　小牛：犊　山顶：巅　车夫：御　八尺：仞　矮人：侏儒

又可以拿中国语和英语相比较，如下：

　　母马：mare　小锁：locket　海贼：pirate　诗人：poet

　　葡萄酒：wine　红萝卜：carrot

组合式　凡次品加首品等于首品者，叫作组合式。由组合式所构成的整体，就是首仂。仂语里的修饰品，叫作加语。

递组式　我们从上文里可以明白：仂语是不同品的词构成的；构成以后，它的用途只能等于一个单词。因此，首仂本身仍旧可以和别的词或别的仂语联结，成为较复杂的组合。这种组合，我们叫它作递组式。现在试把几种最常见的递组式叙述如下：

1. （次品＋首品）＋首品＝仂语，例如：

　　马车夫　红萝卜汤　山顶的花　海贼的船

这些递组式，用数学上的括弧来表示，更容易明白：

　　〔马车〕夫　〔红萝卜〕汤　〔山顶〕花　〔海贼〕船

2. 次品＋（次品＋首品）＝仂语，例如：

　　小汽车　大红袍　烂羊头　厚的棉袄

若用括弧表示，就是：

　　小〔汽车〕　大〔红袍〕　烂〔羊头〕　厚〔棉袄〕

3.（次品＋首品）＋（次品＋首品）＝仂语，例如：

诗人妙语　古寺钟声　战士的寒衣　花园的春色

若用括弧表示，就是：

〔诗人〕〔妙语〕　〔古寺〕〔钟声〕　〔战士〕〔寒衣〕

〔花园〕〔春色〕

这种递组式是可以任意延长的，如：

大礼堂前面的草地　姑母家里的桃树上的蜂窠

尤其是机关、会社或书籍的名称，往往用得着很长的递组式，例如：

中国人民政治协商会议　国立西南联合大学

平民教育促进会　中国现代语法

（乙）次品加首品等于次品

试拿一些现代联结语和古代次品单词相比较，如下：

种田：耕　织布：织　打水：汲　打鱼：渔　看牛（羊）：牧

说话：言　告状：讼　打仗：战　吐痰：唾

又可以拿中国语和英语相比较，如下：

说话：speak　唱歌：sing　走路：walk　抽烟：smoke

下雨：rain　放光：shine　撒谎：lie

在这个情形之下，可以说是用首品来修饰次品。因为整个仂语的作用只等于一个动词，而动词又是以用于次品为常的，所以在这种联结语里，次品该认为主要的成分。首品只是一种补充的成分。现在再举一些例子：

吃饭　喝酒　梳头　洗脸　念书　舞剑　跑马　开船　寄信　写字

当次品和首品联结的时候，咱们怎能知道首品做主要成分，或是次品做主要成分呢？大致说起来，如果次品是一个形容词，就是首品做主要成分（如"小牛"）；如果次品是一个动词，就是次品做主要成分（如"种田"）。偶然也有次品是动词，却是以首品为主要成分的，如"飞鸟"和"流水"；但是，咱们仍可以有一个标准：如果次品和首品之间可以插进一个"的"

字，那首品就是主要成分（"飞的鸟、流的水"）。

动词后面的首品仍可以被修饰，这样，就构成了复杂的仂语，例如：

说大话　下大雨　走小路　写长信　喝葡萄酒　剿海贼　骑白马

（二）末品和次品联结者，又可分为两种：

（甲）末品在前者

末品和次品联结，所构成的仂语乃是一种次仂，依通常的规则，末品是放在次品的前面的。试拿一些现代联结语和古代次品单词相比较，如下：

微笑：哂　快走：奔　远望：眺　斜看：睨　大叫：吼

细看：察　轻摸：抚

又可以拿中国语和英语比较，如下：

微笑：smile　痛哭：lament　最好：best　更强：stronger

这种末品可以是形容词（如"微笑"），也可以是副词（如"最好"），偶然也可以是动词（如"痛哭"）。

（乙）末品在后者

末品在后的次仂，是近代才产生的形式。跟在动词后面的动词和形容词，可认为末品。试拿一些现代联结语和古代次品单词相比较，如下：

拿起来：提　放下：置　走上去：登　想起来：忆

弄坏：毁　弄错：误　弄脏：污

又可以拿中国语和英语相比较，如下：

放宽：enlarge　睡着：sleep　拿起来：lift

抽出来：extract　找着：find

在这种联结语里，末品因为在次品的后面，可以叫作末品补语（参看第二章第一、二、七诸节）。

末品和次品联结所构成的仂语，可以受否定副词的修饰。这样也成了复杂的仂语：

不很长　不大好　不更坏　没细看　不再来

放不下　打不破　睡不着　拿不起来

（三）三品联结者，系末品修饰次品，其所构成的次仿再修饰首品。在现代语里，这种组合往往用得着一个"的"字，例如：

最强的国家　颇聪明的人　微笑的脸　远行的人

三品组合也是一种复杂的仿语。但它和递组式不同：递组式是由首仿转成次品，三品组合不是由首仿转成次品。

最后，我们谈到等立仿语。等立仿语就是同品联结，例如"张先生和李先生"，是两个首品相联结；它可认为一个复合的意义单位，因为若用代词就等于"他们"。甚至"张先生或李先生"也可认为一个复合的意义单位，因为咱们若用代词，可以译成"他们当中的一个"。

试拿一些现代联结语和古代单词相比较，如下：

父母：亲　夫妇：偶

又可以拿中国语和英语相比较，如下：

父或母：parent　兄或弟：brother　姊或妹：sister

父母：parents　弟兄：brothers　姊妹：sisters

次品和次品联结，亦可认为等立仿语，例如：

高大　精巧　富强　温厚平和　打骂　吃喝　歌舞　读唱

哭笑　好坏

*　　*　　*

在理论上，我们说仿语的用途等于一个单词；但是，咱们切不可误会，以为每一个仿语都能有一个古代单词或一个英语单词和它相当。复杂的仿语，即使在古代或在英语里，也往往仍是仿语，如"走小路"在古代至少须用两个词："由径"；"不很长"在英语里仍须用三个词：not very long。像"说得太过"等于英语单词 exaggerate，这类例子是很少的。

但是，咱们另有一个法子辨认仿语。在主从仿语里，仿语的品必与其中心词的品相同，例如"小牛"的"牛"是首品，"小牛"也就是首仿；

"微笑"的"笑"是次品,"微笑"也就是次仂。在等立仂语里,仂语的品必与其所包含的实词的品相同,例如"父母"里面的"父"和"母"都是首品,"父母"也就是首品了。

定 义

定义十三:凡两个以上的实词相联结,构成一个复合的意义单位者,叫作仂语。

定义十四:凡仂语,其中有一个中心词者,叫作主从仂语。

定义十五:凡主从仂语,除中心词外,都是修饰品。

定义十六:凡次品和首品联结,等于首仂者,叫作组合式。

定义十七:组合式中的修饰品,叫作加语。

定义十八:凡仂语,系同品组合者,叫作等立仂语。

练 习

试用数学上的括弧,表示下列诸仂语中各词的相互关系:

新花园　好国民　贫民生活　好大胆

烈士的遗志　中国农村经济状况

第五节　句子

词和词的联结,可以有两种作用:第一种作用是使它们共同表示一种意义,结果往往是使这意义更完全,更有确定的范围。上节所说的仂语就是属于这第一种作用的。至于第二种作用,却是借此陈说一件事情。因为作用不同,所以联结的方式也不同。在中国语里,就普通说,是以词的次序之不同,来表示联结方式之不同的,例如:

飞鸟:鸟飞　大国:国大

"飞鸟"和"大国"一类的结构是所谓组合式,它们只能表示一种意义,不能陈说一件事情。当您说"飞鸟"或"大国"的时候,对话人会觉得您的话没有完，会追问您："飞鸟怎么样？"或"大国怎么样？"至于"鸟飞"和"国大"一类的结构就不同了：我们叫它们作连系式，它们确能陈说一件事情。你说这些话的时候，是想把鸟飞的事情或国大的事情告诉人家。"鸟飞"和"国大"都是完整的一句话①。因此，我们把那些由连系而成的语言形式叫作句子。

当咱们说话的时候，至少须说一句话。除非为了特别原因把话打断，否则咱们决不会只说半句话的。所以句子是语言的单位。

主语和谓语　句子虽是语言的单位，但是咱们仍可把它的结构再加分析。依普通的说法，句子可分为两部分：主语，谓语。

假定咱们等候一个朋友，忽然看见他已到门前，我向您说道："来了。"这"来了"就是把他已到门前的事实简略地报告您，我的意思已算完整。这样，我的话是有所谓的，所以这"来了"可称为谓语。

又假定咱们没有等候谁，而我突然叫道："来了。"您一定茫然不懂。于是您问道："谁来了？"我答道："张先生来了。"这"张先生"就是一句的主脑，可称为主语。

由此类推，在"鸟飞"里，"鸟"就是主语，"飞"就是谓语；在"国大"里，"国"就是主语，"大"就是谓语。就普通说，中国语里的主语是放在谓语的前面的。

现在咱们可以用一种图解法把句子分析。先画一道横线，再画一道颇短的直线，把那横线分为两部分。左一部分代表主语，右一部分代表谓语，如下：

<u>鸟</u>|<u>飞</u>　　　<u>国</u>|<u>大</u>　　　<u>张先生</u>|<u>来了</u>

如果说话人和对话人都知道谓语所说是谁（或什么），则主语可以不用。这样，图解起来，主语的部分只好用一个空括弧，例如：

---

① "国大"的"国"必须是指某一国而言，例如："秦始皇时代，国大兵强。"

```
   ( )  │ 来了
```

复杂的主语 简单的主语是由一个首品词构成的，如上文所举的"鸟、国、张先生"。复杂的主语则是一个仂语，其中至少包括一个次品词和一个首品词。图解起来，我们在主语部分的底下画一道斜线（向右斜），把次品词写在斜线的右边，例如"三哥来了"，可分析写：

```
  哥  │ 来了
 /三
```

当我们图解递组式的主语的时候，只把中心的词写在上面，其余的修饰品，有写在一条斜线的右边的，有分为几条斜线的，要看情形而定，例如"江苏省立第一中学的校长来了"和"我们的新校长来了"，可分析如下：

```
   校长 │ 来了       校长 │ 来了
  /江                /我 /新
  /苏                /们 /
  /省                /的 /
  /立
  /第
  /一
  /中
  /学
  /的
```

如果递组式里面含有末品词，可在次品斜线左边加一条折线，再把这末品写在这折线的右边，例如"花园里最大的一棵树枯了"，可分析如下：

```
        树 │ 枯了
  /花  ___大/一
  /园  /最 /
  /里 /   /的/棵
```

复杂的谓语 简单的谓语是由一个次品词构成的。为便于称呼起见，我们叫它谓词。如上文所举，"鸟飞"的"飞"、"国大"的"大"，都是谓词。"来了"和"枯了"的"了"字是一个后附号，附属于"来"或"枯"的，应该和"来"或"枯"认为一体，所以仍是简单的谓语。复杂谓语的构成，则有下列的三种原因：第一，是谓词次品的前面还有末品，例如"鸟高飞"

和"国很大",可分析如下:

$$\frac{鸟｜飞}{/高} \qquad \frac{国｜大}{/很}$$

第二,是谓词次品后面有一个形容词或动词,和这次品合为一体。它们虽也该认为末品,但是它们和刚才所说的末品不很相同。图解起来,我们把这些词(次品及末品)都放在横线的上面,用短线隔开,例如"他说错了"和"他就哭起来",可分析如下:

$$\frac{他｜说—错}{}(了) \qquad \frac{他｜哭—起来}{/就}$$

第三,如果谓词原是一个动词,而且这种动作是影响到某一事物的,咱们往往需要把那受影响的事物同时说出,例如"他吃梨","梨"字在谓词的后面,是"吃"的对象,叫作目的位(参看本章第七节)。如果没有"梨"字,他吃什么,无从知道,就不能算是完整的一句话了。图解起来,我们把这目的位放在横线的上面,谓词的后面,再用一条直线把它们隔开(注意使这直线不穿过横线)。如下:

$$\frac{他｜吃｜梨}{}$$

递系式 如果一次连系还未能把意思充分地表达,可以再加另一次的连系在后面,这叫作递系式(详见第二章第五节),例如:

(A)他出去开门。

"出去"是初系,"开门"是二系。

(B)我叫他打你。

"叫他"是初系,"打你"是二系。

图解的时候,要看二系所述的行为是否属于主语的。在(A)例里"出去"和"开门"是同一人的行为,所以该分析如下:

$$\frac{他｜出去\ldots 开｜门}{}$$

在（B）例里，"叫"和"打"不是同一人的行为，所以该分析如下：

我 | 叫 | 他………… | 打 | 你

有时候，还可用三系式、四系式、五系式等，例如：

（A）袭人催他去见贾母、贾政、王夫人。（9）

"催他"是初系，"去"是二系，"见贾母、贾政、王夫人"是三系。

（B）我叫他出去买点心给你吃。

"叫他"是初系，"出去"是二系，"买点心"是三系，"给你"是四系，"吃"是五系。

图解如下：

袭人 | 催 他………… | 去 … 见贾母/贾政/王夫人

我 | 叫 他………… | 出去 … 买 点心 … 给 你………… | 吃

无主句 当说话人和对话人都知道谓语所说的是谁（或什么）的时候，主语可以不用，这是上面说过的。但是，有时候，主语非但不是显然可知的，而且恰恰相反，它是不可知的。咱们只纯粹地叙述某一事件，或陈说一种真理，谓语尽够用了，纵使要说出主语也无从说起，或虽可以勉强补出主语，也很不自然，例如：

（A）下雨了。

（B）不怕慢，只怕站。

（C）有一个人在窗户外面。

（D）是我害了他。

这种句子，图解起来，主语的部分就只好空着，连空括弧也不该用了，例如：

```
  ___|下|雨|(了)         ___|有|人············|在|外面
                            /|一              /|窗
                            /|个              /|户
```

若拿句子来比一篇文章，主语好比题目，谓语好比整篇的文章。有文章没有题目，倒还可以；有题目没有文章，就等于不曾说话。因此，一个句子里可以没有主语，却绝对不能没有谓语。

定 义

定义十九：凡两个以上的实词相联结，能陈说一件事情者，叫作连系式。

定义二十：凡完整而独立的语言单位，叫作句子。

定义二十一：凡首品或首仂，能为句子的主脑者，叫作主语。

定义二十二：句子里担任陈说事情的部分，叫作谓语。

练 习

试图解下列诸句：

（A）我去。

（B）你好吗？

（C）他念书。

（D）东方牛奶厂的牛奶不好。

（E）刮风了。

（F）还有谁相信你？

第六节　句子形式和谓语形式

为叙述的便利起见，我们把每一个连系式叫作句子形式，又把每一个复杂的谓语叫作谓语形式。

一个句子形式可以是一个句子，如"张先生教书"；又可以是句子的一部分，如"张先生教书的学校在重庆"。在前一个例子里，我们说这句子形式是处于绝对的地位的；在后一个例子里，我们说这句子形式是处于被包含的地位的。当它处于被包含的地位的时候，这句子形式就只具有句子的形式，并不能成为真正的一个句子。

当一个句子形式不能成为真正的句子的时候，在理论上它只能有一个单词的用途，所以句子形式也能有品。我们把它们分别地叫作首品句子形式、次品句子形式、末品句子形式。

首品句子形式往往是用于目的位的，例如：

（A）我们不知道张先生来。

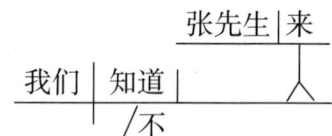

（B）不说贾府依旧唱戏，单说薛姨妈回去。（85）

次品句子形式总是用为修饰品的，而且往往只用于修饰处所，或修饰时间，例如：

（A）二人来至袭人堆东西的房门。（15）

（B）仗着主子好的时候儿，任意开销。（106）

有时候，也可以表示人物的德性，但这句子形式中的首品必须是其所修饰的首品所领有的东西，例如：

（A）我看见一个年轻貌美的女子。

"年"是"女子"的"年"，"貌"是"女子"的"貌"。

（B）昨天看了一本思想很新的书。

"思想"是"书"中的"思想"。

有时候，次品句子形式所限制的就是它自己的动词的目的位，例如：

（A）我见二爷时常带的小荷包有散香。（43）

（B）上面设着寿昌公主于含章殿下卧的宝榻。（5）

（C）昨日冯紫英荐了他幼时从学过的一个先生。（11）

最后说的这一种句子形式是不完全的，因为它的动词的目的位是由它所限制的首品兼任的。

关于末品句子形式，待第九节再谈。

现在讲到谓语形式。谓语形式专指复杂的谓语而言。我们不把简单的谓词叫作谓语形式，因为简单的谓词离开主语的时候，是和单词没有分别的。

一个谓语形式可以是一个谓语，如"我在家里，父亲在店里""我们朝南，你们朝北"；又可以是谓语的一部分，如"我在家里念书""父亲在店里做生意""我们朝南走，你们朝北站着"。在前一类的句子里，我们说那些谓语形式是整个的谓语；在后一类的例子里，我们说它们已经变为谓语的一部分，不是整个的谓语了，它们只不过仍具有谓语的形式罢了。

当一个谓语形式不能成为整个谓语的时候，在理论上，它只能有一个单词的用途，所以谓语形式也能有品。我们把它们分别地叫作首品谓语形式、次品谓语形式、末品谓语形式。

首品谓语形式可以是主语，例如：

（A）办事要紧。（85）

（B）撂在水里不好。（23）

（C）吃个双分儿也不为过。（36）

也可以是目的位，例如：

（A）我不喜欢赌钱。

有时候，谓语形式可以凝结为首品复合词，等于一个名词的用途，例如：

　　拂尘　押柜　兜肚　主席　督学

次品谓语形式是加于首品的前面的，例如：

　　（A）再不必起赎我的念头了。（19）
　　（B）先教他写容易写的字。
　　（C）这是洗干净了的衣服。

有时候，次品谓语形式可以和一个名词凝结为复合词，其总和也只等于一个名词的用途，例如：

　　压岁钱　压轴戏　望夫山　望乡台　摩天岭

末品谓语形式最值得咱们注意，因为它是中国语法的大特色。同是一个谓语形式，在某一个句子里它是真正的谓语，在另一个句子里它只是一个末品。在下面每一对的例子中，上例是真正的谓语，下例是由谓语变成的末品：

　　他在书房里：他在书房里看书。

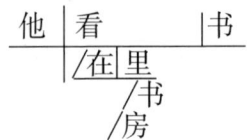

　　这房子朝南：这人朝南走。
　　我的心向你：他向你开口要钱。
　　他靠左边：他靠左边走。

我们用筷子，不用刀叉：我们用筷子夹菜，不用刀叉。
哥哥拿笔，妹妹拿针：哥哥拿笔写字，妹妹拿针缝衣裳。
我完全依照你的意思：我完全依照你的意思办理。
今天我替你：今天我替你上课。
我做这事，实在是为你：我做这事，实在是为你造福。

又在下面每一对的例子中，虽然谓语的结构稍有不同，仍可以从上例悟到下例的谓语形式是末品。

我对他不住：我对他生气。

```
我│生    │气
  │/对│他
```

我到了上海：我到上海去。
我比不上他：我比他差些。

在原则上，每一个谓语形式都可用为末品（参看下文）。表示处所者，用动词"在、朝、向、对、靠、到"等；表示方式者，用动词"用、拿、依、照"等；表示原因者，用动词"替、为"等；表示比较者，用动词"比"字。此外，又有表示范围者，用动词"除"字，例如：

（A）除了怡红院，也竟还有这么一个院落！（56）
（B）除了这几个，难道还有几个不成？（49）
（C）除了这个没有了。（77）

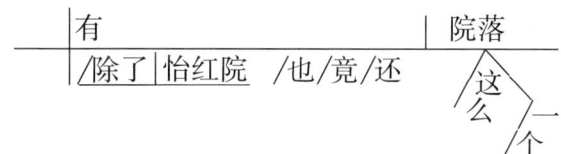

凡两种行为同时说出，其中有一种行为是主要的（在后），另一种行为可认为这一种行为的实现方法。那么，这非主要的一种行为就变成了末品谓语形式，例如：

（A）便趁时拐骗起来。（4）

（B）贾母倚阑坐下。（40）

（C）大家侧耳听了一听。（20）

（D）忽见袭人招手叫他。（25）

（E）你放心去罢。（20）

（F）我若死了时，变驴变狗报答你。（72）

有时候，末品谓语形式的动词后面可以黏附一个"着"字或"了"字①，例如：

（A）我忍着痛说话。

（B）你照着我的话做事。

（C）他靠着河边走。

我	说	话
	/忍着	痛

（D）只见贾蓉捧了一个小黄布口袋进来。（53）

（E）他也随后带了妹子赶来。（49）

末品谓语形式又可以是复杂的，例如：

他伏在桌子上写字。

"在桌子上"已经是一个末品谓语形式，是补充"伏"的意义的；轮着"伏在桌子上"又是一个末品谓语形式，是描写"写字"的情形的。所以叫作复杂的末品谓语形式。

此外，有些谓语形式却是专用于末品的。它们虽形似谓语，却不做真正的谓语，例如：

（A）我从杭州回来。

我	回来	
	/从	杭州

---

① 关于"着"和"了"的分别，参看第一节。上文"除了"的例子，也是这一类。

（B）才打学房里回来，吃了要往学房里去。（91）

（C）大家都往前头来见了王子腾的夫人。（70）

（D）这十来个人，从小儿什么话儿不说，什么事儿不做？（46）

（E）咱们当面说清楚。

由上文看来，咱们可以明白：一个句子里，除了无主句和不用主语的句子之外，至少须有一个句子形式，然而一个句子形式却不一定就是一个完整的句子；一个谓语里，除了由一个单词构成的谓语之外，至少也须有一个谓语形式，然而一个谓语形式却不一定就是一个完整的谓语。凡句子里还包孕着句子形式者，我们把它叫作包孕句①。凡谓语里还包孕着谓语形式者，我们把它叫作包孕谓语。

定　义

定义二十三：凡连系式，不论其是否成为一个完整的句子，一律叫作句子形式。

定义二十四：凡复杂谓语，不论其已否变为谓语的一部分，一律叫作谓语形式。

定义二十五：凡句子里包孕着句子形式，其中没有语音的停顿者，叫作包孕句。

定义二十六：凡谓语里包孕着谓语形式者，叫作包孕谓语。

练　习

试图解下列诸句：

（A）他到了岳飞大破金兵的朱仙镇。

（B）我不知道你到过西湖。

（C）你比他好。

（D）他带着伤打仗。

---

① 但有些句子形式是主从的或等立的，则称为复合句，不称为包孕句。参看第九节。

第七节　叙述句

现代中国语里的句子，可以分为三类：

（一）叙述句；（二）描写句；（三）判断句。

这三类句子的界限是颇清楚的。大致说起来，叙述句是以动词为谓词的；描写句是以形容词为谓词的；判断句是在主语和谓语之间，加系词"是"字为连系的工具的。本节先讲叙述句。

叙述句是用来叙述一个事件的，譬如张先生生了一个小孩，你知道了，你告诉你的母亲说："张先生生了一个孩子。"这种告诉法就叫作叙述，你是把张先生生小孩这一个事件叙述给你母亲知道。凡被叙述的事件，普通说是有发生的时间的，例如张先生的小孩是昨天下午生的。发生的时间尽可以不明白说出来，但是实际上，所谓事件总是有始有终的，因此事件是不常在的。普通的叙述句，都是叙述些不常在的事件的，例如：

（A）宝玉来了。（3）

（B）众人都哄然叫妙。（17）

（C）袭人又死活拉了香菱来。（63）

（D）我在这里坐着。（20）

叙述语和叙述词　叙述句中的谓语，我们把它叫作叙述语；叙述句中的谓词，我们把它叫作叙述词。谓语形式在递系句里或包孕句里的时候，其中担任叙述的动词仍称为叙述词。因此，一个句子里可以有两个以上的叙述词，例如：

（A）士隐令家人霍启抱了英莲去看社火花灯。（1）

（B）花大姐姐还等着我替他拿箱子。（26）

动词和叙述词的关系　动词最适宜于做叙述词，因为动词的性质在于指称行为或事件,和叙述词的性质相同。但是动词可用于组合式里(如"飞鸟"),叙述词则必须用于连系式里(如"鸟飞");动词可用于三品(参看第三节),叙述词则只能用于次品。总之,动词是就词的本质而言,叙述词是就词在句中的职务而言,二者是不能混而为一的。

动词用为叙述词的时候,有两种正常的情形:

第一,动词后面必须带着目的位者,我们把它叫作及物动词,例如:

喝茶 吃饭 洗菜 给钱 交朋友 打听消息 寻人
惜食 抱孩子 找房子 拿东西 到杭州 过节 在家

第二,动词后面可以不带目的位者,我们把它叫作不及物动词,例如:

他哭 你笑 鸟飞 马跑 哥哥坐 妹妹走 妈妈睡
张先生来了 李先生去了 一个人死了

现在再说两种变态的情形:

第一,不及物动词后面带目的位,这动词即变为及物的。在这情形之下,动词的意义发生两种可能的变化:

(甲)这行为变了使成的。并非主事者本身有此行为,只是主事者使受事者发生这种动作,例如:

(A)再不必起赎我的念头了。(19)

(B)他传令退兵。

(C)明天就要动身。

(D)下了窗帘,太阳就晒不进来了。

(乙)在同一动词之下,及物的意义和不及物的意义迥不相同,往往是及物的意义狭些,例如:

笑他 坐车

"笑"字用为不及物动词的时候,包括欢乐的笑、滑稽的笑、嗤笑、苦笑等,但当它用为及物动词(如"笑它")的时候,则仅指嗤笑而言。"坐"字,用为不及物动词的时候,是"坐立"的"坐";但当它用为及物动词的时候，如"坐车"，非但是坐在车上，而且是指旅行的一种方式而言。

第二，及物动词后面不带目的位，若非在承说法中（承说法见下文第五章），这动词即变为不及物的。换句话说，它本身单独地即能构成谓语，不必有首品在它的后面作为补充成分。这也可以细分为两种：

（甲）动作的对象只有一种，故动作的本身意义自明，例如"说"字独用的时候，也就是说话的意义；"打听"独用的时候，也就是打听消息的意义。

（乙）动作的对象虽有多种，但动词独用的时候，当然指最常见的动作而言，例如"吃"字独用的时候就是指吃饭（"您吃过没有？"就等于说"您吃过饭没有？"），不会是指吃梨。

形容词和叙述词的关系 形容词最不适宜于做叙述词。在这一点上，它和动词是恰恰相反的。凡形容词用为叙述词的时候，往往是靠"了"字或"着"字的力量，如"心冷了半截、他红着脸"之类。只有极少数的例外（如"低头"）是可以不用"了"和"着"的。

句子形式用如叙述词 句子形式可以用如叙述词，但这句子形式里的名词必须是人所领的事物，而且以习惯所容许者为限，例如：

（A）我肚子饿了。

（B）我头疼。

位 每一个句子里可以只有一个首品，如"鸟飞"；但也可以有两个以上的首品，如"牛吃草"。由此看来，首品在句中，可以有种种不同的地位。我们把这种地位叫作位。

主语，对于别的位而言，亦可称为主位。在现代中国语法里，主语和主位可以不必分别。

叙述词之由及物动词构成者，其后面的补充首品所处的地位叫作目的位。目的位可以细分为三种：（甲）在目的位的人或物是遭受动作的显著影响者，例如"我打他"，这在目的位的"他"系受"我"的动作的显著影响，结果会使"他"疼痛或受伤。（乙）在目的位的人或物只是动作的对象，他或它可以不感觉到或不受显著的影响，例如"我笑他"，"他"尽可以不知道；又如"我回家"，这"家"可以不受显著的影响。（丙）谓词所叙述的只是五官的感受或一种心理作用，在目的位的人或物非但可以不受主位的影响，倒反可以说他或它能影响主位了，例如"我看见他""我爱他""我喜欢好风景"之类。以上三种目的位只是逻辑上的分类，它们在中国语法上并没有一点儿分别。

在某一些句子形式或谓语形式里，可以有两个目的位，例如：

（A）听我告诉你这缘故。（24）

```
        | 听 ⋯ 我 | 告诉 | 你 | 缘故
                                /这
```

（B）我再三央说，又许他们钱。（105）

（C）说与赖升，革他一个月的钱粮。（14）

在两个目的位当中，我们把靠近叙述词的一个叫作近目的位，把较远的一个叫作远目的位。在国语里，近目的位指人，远目的位指物。

除了主位和目的位之外，还有一种关系位。这是首品词或首品仂语（多数是首仂），放在叙述词的前面或后面（但在后面的很少），以限制叙述词的。关系位的种类颇多，现在先说三种[①]：

（甲）用于处所限制者，例如：

（A）咱们雪下吟诗。（39）

```
   咱们 | 吟 |   诗
          /下
          /雪
```

（B）贾琏气的墙上拔出剑来。（44）

[①] 描写句中有关系位，见第八节。被动式中也有关系位，见第二章第四节。

（C）凭你主子前辩去。（61）

（D）我也家去歇息了。（79）

如果用"这里、那里"一类的词做关系位，可以提到主位的前面，例如：

（E）这里薛姨妈将箱子里的东西取出。（67）

（F）这里贾母喜得逢人便告诉。（56）

（乙）用于时间限制者，例如：

（A）临安伯第二天又打发人来请。（93）

```
临安伯│打发    人………│来…请
      │天  │又
      │第
      │二
```

（B）头胎养了双生子。（28）

（C）门上人回进去，一会子出来说："老爷请。"（93）

这种关系位大多数是可以放在主位的前面的。关系位的字数越多，放在主位的前面越是常见的事实，例如：

（D）两三句话时，晴雯才哭出来。（77）

（E）这么大热天，我来了。（32）

（F）这好一会我们没进去。（64）

时间关系位之复杂者，甚至可以包含着次品谓语形式，或次品句子形式，例如：

（G）吃饭的时候，张先生来了。

（H）宝玉正踌躇间，只听背后有人说道。（23）

（I）探春、湘云才要走时，忽听外面一个人嚷道。（83）

（J）迎春归去之后，邢夫人像没有这事。（81）

（丙）用于方式限制者。或用"这样、那样"一类的字，或用数目字加于名词的前面，例如：

（A）他以为这样就可以成功了。

（B）不想一头就碰在一个醉汉身上。（24）

关系位虽可分为多种，然而它们在语法上的结构都是一样的，总不外是用首品或首仂去限制谓词。它们在本质上虽是首品，在功用上已经和末品没有分别了。

定 义

定义二十七：凡句子，用来叙述一个事件者，叫作叙述句。

定义二十八：叙述句中的谓语，叫作叙述语。

定义二十九：凡动词或别的词，有叙述的功用者，叫作叙述词。

定义三十：凡动词，后面必须带着目的位者，叫作及物动词。

定义三十一：凡动词，后面可以不带目的位者，叫作不及物动词。

定义三十二：主语中的首品所处的地位，叫作主位。

定义三十三：叙述词之由及物动词构成者，其后面的补充首品所处的地位，叫作目的位。

定义三十四：凡首品词或首仂，用来限制谓语者，其所处的地位，叫作关系位。

比较语法

（1）我给了三块钱他。

（2）张先生给了十块钱李明。

这两个例子里，近目的位指物，远目的位指人，是闽、粤语及客家话的语法。若依国语，该说成"我给了他三块钱""张先生给了李明十块钱"等。因为国语的语法是以近目的位指人，远目的位指物的。

练 习

在下面几个例子里，指出下边有"·"号的首品词或首仂属于何位：

（A）那时赵姨娘已去。（55）

（B）你去问问你那边二婶娘。（53）

（C）一会子老爷就来了。（17）

（D）原来叔叔也常提我。（24）

第八节 描写句和判断句

描写句是用来描写人、物的德性的。人、物的德性，普通总是没有发生的时间的；即使有发生的时间，这时间也往往是不可知的，例如说"这一所房子很大"，这"大"只是描写语，咱们不能说它从何年何月何日具备了这大的德性。又如说"这一所房子很旧"，咱们虽能悬想新旧两个时期，但咱们无从知道这房子在何年何月何日由新变了旧。非但德性发生的时间不可知，连终止的时间也不可知。因此，咱们可以说德性是比较地常在的，或比较地带绵延性的，普通的描写句都是描写常在或绵延的德性的。

描写语和描写词 描写句中的谓语，我们把它叫作描写语。描写句中的谓词，我们把它叫作描写词。最简单的描写语就只有一个描写词，而这描写词的本质就是一个形容词，例如：

（A）石头冷。（55）

（B）这个容易。（62）

（C）迎春老实惜春小。（46）

（D）这句话奇。（89）

较复杂的描写语是在描写词的前面加上末品,例如:

(E)这里的鸡儿也俊。(40)

(F)你太固执了。(78)

首仿用如描写词　首仿可以偶然用如描写词,但首仿里的名词必须是指人所领有的事物,而且以习惯所容许者为限,例如:

(A)他很粗心。

(B)你太大意了。

句子形式用如描写词　句子形式可以用如描写词,但这句子形式里的名词必须是人所领有的事物,而且以习惯所容许者为限,例如:

(A)凤姐儿嘴乖。(35)

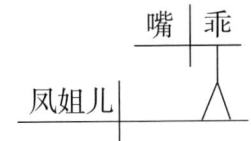

(B)狗儿利名心重。(6)

(C)奶奶也太胆小了。(72)

(D)他外头好,里头弱。(29)

(E)我虽年轻,这话却不年轻。(74)

(F)二奶奶本来事多。(55)

(G)众亲友虽知贾家势败。(110)

(H)我这两日嘴馋些。(109)

叙述语带描写性　动词用为谓词,本是叙述句里的事;但是,如果及物动词后面不带目的位,而前面又有"可、好、难、易、够、中"一类的末品,或后面带着"得、不得"一类的末品者,这动词和末品合成的仿语可认为描写性仿语,它是等于一个描写的用途的,例如:

(A)这花真可爱。

花	可爱
/这	/真

（B）这小孩很好看。

（C）比母亲的话反难回答。（34）

（D）这事情很容易办。

（E）外头的高凳恐不够使。（40）

（F）这可不中用了。（57）

（G）我看他相貌也还体面，灵性也还去得。（81）

（H）偷的锣儿敲不得。（65）

当谓词前面有"能、会、配"一类的字时，也是叙述带描写性的，例如：

（A）他很会做菜。

（B）他不配做这件事。

以"有"字为谓词的句子，在形式上虽是叙述句，在意义上却有些是带描写性的，例如：

（A）他很有胆量。

等于他很勇敢。

（B）他没有气力。

等于他很弱。

描写语带叙述性　纯粹的描写语是不涉及时间的。如果在描写语里加上时间限制，它就多少带些叙述性，例如：

（A）我这几日忙。（57）

（B）我在家，他就好。

（C）你还嘴硬？（58）

描写语加上命令语意，也带叙述性，例如：

（A）你别忙。

（B）依我想，奶奶且别性急。（91）

叙述语带描写性　纯粹的叙述语是不涉及程度的。如果在叙述语里加上程度限制（"最、太、忒、颇"一类的字），它就多少带些描写性，例如：

（A）故二人最相投契。（2）

（B）你也太操心了。（16）

（C）生得亦颇有姿色，亦颇识得几个字。（79）

（D）黛玉十分推让。（3）

（E）因连日不自在，并没十分妆饰。（7）

但是，叙述词并非都可以用程度限制的，如"打"不能有"最打"；描写词则个个都能用程度限制，因为程度限制本身就是带描写性的。

描写句中的关系位　关系位并不限于叙述句，描写句也可以有关系位。其最常见者是用来限制范围的，例如：

（A）此事上头可托，底下难托。（91）

（B）这种事我做不得主。

（C）他们里头，薛大姑娘的妹妹更好。（49）

判断句是用来断定主语所指和谓语所指同属一物，或断定主语所指的人、物属于某一性质或种类的。它和描写句有一个相同之点，都是没有发生的时间的，譬如说"他是张国光"，咱们不能指明他在什么时候是张国光。又如说"他是好人"，咱们也很难说出他在什么时候开始是好人。因此，判断句只管判断，是不涉及时间的。

依刚才所说，判断句是可以细分为两类的：第一，是断定主语所指和谓语所指同属一物的，例如：

（A）他是李德耀。

| 他 | 是/李德耀 |

（B）我们的校长是张华新。

（C）明天是八月十五。

（D）这是我的朋友李运乾。

第二，是断定所指的人、物属于某一性质或种类的，例如：

（A）他是好人。

（B）咱们是好朋友。

（C）老虎是猛兽。

（D）石榴树是灌木。

在上面的例子里，咱们注意到，每一句都有一个"是"字。这"是"字是主语和谓语之间的连系物，它是把谓语介绍于主语的，我们把它叫作系词。在现代中国语里，普通的判断句都用得着系词。

判断句的谓语（包括系词），我们把它叫作判断语。判断语中的首品，叫作表位。这样，现代中国语的判断句可分为三部分：（一）主语；（二）系词；（三）表位。

由描写句变来的判断句　在现代中国语里，差不多每一个描写句都可以变成判断句，只要在主语和谓语之间加上一个系词"是"字，再在句尾加一个"的"字就行了。例如"这一所房子很大"，可变为"这一所房子是很大的"。但是，二者的意义并不相同：前者是描写这房子的德性的，当说话时，心中不必有别的德性存在；后者是断定这房子所属的种类的，意思是说，这房子是属于大的一类的，当说话时，心中往往联想到别的德性，如"那一所房子是很小的"之类。因此，由描写句变来的判断句最适宜于同时陈说两种事物的不相同的两种德性，例如：

（A）银子是白的，眼睛是黑的。

$$\text{银子} \mid \text{是} / \text{白的}$$

（B）核桃是硬的，要用硬东西砸；柿子是软的，不用砸。

叙述句带判断性　有些句子，表面上很像叙述句，因为它们是以动词为谓词的,但实际上它们只有判断的用途。这类句子的谓词往往是"有"字或"在"字。但这"有"和"在"只说明一种常在的性质,并非叙述不常在的事件,例如:

（A）马有四蹄。

（B）星在天上。

这两类的句子都可以说成正常的判断句,而意义毫无变更,例如:

（A）马是有四蹄的。

（B）星是在天上的。

由叙述语变来的判断语　有些叙述语也可以加上"是……的"式,使它变为判断语。这可以有两种情形:

（一）把原来的叙述语转成形容词的用途[①]:

（A）他是留了胡子的。

（B）这里虽还有两三个婆子,都是不关痛痒的。（8）

（C）却不知宝玉是不要人怕他的。（20）

（二）把原来叙述语的目的位转成主位,再加"是……的",例如:

（A）咱们用砖头砌成墙壁:墙壁是用砖头砌成的。

（B）张先生带这一个小孩来:这小孩是张先生带来的。

没有主语和系词的判断句　在答复的句子,判断句的主语和系词都可省略,例如我指着收音机问你:"这是什么?"你可以简单地回答说"收音机"（但这种省略法不是判断句所独有,参看第五章）。除此之外,凡在富于情感的句子里,主语和系词也都可以省略,例如:

（A）李纨道:"好主意!"（56）

（B）凤姐笑道:"好丫头!"（74）

（C）有一人起身大笑,接了出来,口内说:"奇遇! 奇遇!"（2）

[①]　这种判断语偶然也可省去"是"字,如"那史湘云极爱说话的"（49）,"这等子弟必不能守父祖基业,从师友规劝的"（2）。

（D）没有的事！我们烧着吃呢。（49）

（E）什么稀罕物儿？（19）

（F）什么臭男人拿过的？我不要这东西。（16）

在发问的时候，情形恰恰相反：有时候，问者只须提出主语，让答者说出判断语。但这种说法，甚是少见，只在询问姓名籍贯的时候用得着它，例如：

（A）您贵姓？

（B）妹妹尊名？（3）

判断句的形式当叙述句用　有时候，为了要加重语意，可以在叙述句里加上"是……的"。这种说法，在形式上是变了判断句了，但在意义上仍是叙述的性质，例如：

（A）我原是留着的，那会子李奶奶来了，他要尝尝，就给他吃了。（8）

（B）那廊上金架子上站的绿毛红嘴是鹦哥儿，我是认得的。（41）

（C）难道你是不出门的？（71）

（D）等生了儿子，自然是知道的。（66）

（E）糟蹋了花儿，雷也是要劈的。（59）

（F）你别怕，我是不告诉人的。（19）

这种句子，可以叙述过去（例A），可以陈说现在（例B），也可以预言将来（例C、D、E、F）。因为用判断句的形式说出，所以格外显得有力。但他们却不是真正的判断句，因为它们并没有断定主语所指的人、物属于某一性质或某一种类的缘故。

定　义

定义三十五：凡句子，用来描写人、物的德性者，叫作描写句。

定义三十六：描写句中的谓语，叫作描写语。

定义三十七：凡形容词或别的词，有描写的功用者，叫作描写词。

定义三十八：凡句子，用来断定主语所指的是什么，或属于什么种类者，叫作判断句。

定义三十九：判断句中的谓语，叫作判断语。

定义四十：判断语中的首品，叫作表位。

订　误

（1）中国地方是很大，物产是很丰富。

这里的"是"字都该删去，因为描写句是不用系词的。如果要说成判断句，就该用"是……的"式，说成"中国地方是很大的，物产是很丰富的"。

（2）我是不做官。

该改为"我不做官"或"我是不做官的"。前者是普通的叙述句，后者是把判断句的形式当叙述句用，语意加重。

练　习

下列诸句，试指出其属于何种句子（叙述、描写或判断）：

（A）模样又极标致。（2）

（B）你先持刀动杖的闹起来。（34）

（C）眼也清亮。（38）

（D）我原是跟老太太的人。（74）

（E）今日天气和暖。（17）

（F）二爷是太太养的。（34）

第九节　复合句

在第六节里，我们说过，句子形式可以只是句子的一部分。凡一个句子里所包括的不止一个句子形式者，可以有下列的两种情形：

（1）句中虽有句子形式，但是它嵌接得那样紧，以致咱们不能在那被包含的句子形式的起点或终点作语音的停顿。这叫作包孕句，例如"我们不知道张先生来", 不能念作"我们不知道, 张先生来"。"二人来至袭人堆东西的房门"不能念成"二人来至, 袭人堆东西, 的房门"。

（2）句中有两个以上的句子形式, 而且它们的联结是比较地松弛的, 所以咱们可以在每一个句子形式的终点作语音的停顿。这叫作复合句。

包孕句已在第六节里谈过了, 在本节里我们专谈复合句。

首先要声明的就是：谓语形式为语音停顿所隔断者也该认为句子形式的省略, 因为如第五节所说, 主语显然可知时是可以不必说出的。

复合句可大别为两类：（一）等立句, 其中所包含的句子形式是有平等的价值的；（二）主从句, 其中所包含的句子形式是有主要和从属的分别的。

等立句　等立句又可细分为五类：

（甲）积累式, 是把几个叙述、几个描写, 或几个判断积累起来, 成为一句, 例如：

（A）你是头一个出了名的至善至贤的人, 他两个又是你陶冶教育的。（77）

（B）今日正遇天气晴明, 又值家中无事。（10）

积累式的主语可以不相同（例A）, 也可以相同（例B）。有时候, 同一的事情, 从否定肯定两方面说成两个句子形式, 也可认为积累式的活用[①], 例如：

（A）奴才并不是姑娘打发来的, 实在是司棋的母亲央我来求奶奶的。（92）

（B）并没有到上头, 只到奶奶这里来。（92）

（C）他这几年不是病, 竟是怨命。（118）

（D）不该令他抿上鬓去；也该留着, 此时叫他替他抿上去。（42）

[①] 但此类活用颇与申说式相近似。参看下面申说式。

（乙）离接式，是表示几件事不是同时实现的，或几个判断不是同时存在的。这类句子往往用两个或一个"或"字，例如：

（A）你或是教导我，戒我下次；或骂我几句，打我几下：我说不灰心。（28）

（B）或出门上车，或在园子遇见，我们连气儿也不敢出。（65）

（C）他不在家，或是属相生日不对，所以先说与兄弟了。（57）

有一点值得注意，就是中国语里用"或"字的离接语往往不能成为完整的复合句，离接语的后面（或前面）至少还须有一个句子形式。若在疑问句里，不用"或"而用"还是"，这离接语就能成为完整的复合句了，例如：

（A）就演罢，还是再等一会儿呢？（42）

（B）还是单画这园子呢，还是连我们众人都画在上头呢？（42）

（C）银子还是我到部去兑，还是送入内相府中？（13）

（丙）转折式，是把性质相反的两件事情并成一句。这类句子往往用"只、但、但是、然而"等字，例如：

（A）凤姐儿见了，心中十分难过；但恐病人见了这个样子反添心酸。（11）

（B）这话自然如此；但更有可奇可叹之事。（78）

（丁）按断式，是论据在前，结论在后的。按断式可以是一种建议（例A、B、C），也可以是一种对于既成事实的判断（例D、E），例如：

（A）这个令儿也不热闹，不如蠲了罢。（108）

（B）咱们家的班子都听熟了，倒是花几个钱叫一班来听听罢。（43）

（C）我屋里的人也多得很，姐姐喜欢谁，只管叫了来。（28）

（D）你去不去由你，犯不上恼我。（39）

（E）你不能为我解烦恼，反来以这话奚落堵我。可见我心里一时一刻白有你，你竟心里没我。（29）

依国语习惯,按断式的判断部分喜欢用反诘语气。这类的例子特别多,如:

(A)你又禁不得风吹,怎么又站在那风口里?(28)

(B)赏脸不赏脸在人家,何苦来拿我们这些没要紧的垫喘儿呢?(113)

(C)人家比你大四五岁呢,就替你做儿子了?(24)

(D)原来他们比我的知觉在先,尚未解悟,我如今何必自寻苦恼?(22)

(E)林黛玉的花颜月貌,将来亦到无可寻觅之时:宁不心碎肠断?(28)

(戊)申说式,是陈说在前,解释在后的。陈说的部分可以是一个命令(例A、B、C),可以是一个普通的叙述(例D),也可以是一个判断(例E)。解释的部分可以是一种解释(例A、B、E),也可以是意义的补充(例C、D),如:

(A)你且不必往我们家去,二爷病了在家里呢。(48)

(B)太太只管放心,我已大好了。(78)

(C)你回去就告诉一声罢,我不打发人说去了。(48)

(D)咱们不敢收;等衙门里来了,踏看了才好收呢。(112)

(E)都是我的不是,都是我昨儿一支曲子惹出来的。(22)

如果解释的话分为两项(或更多),可用"一则、二则"等字样做联结的工具。有时候,"一则"可以省略,单用"二则",如:

(A)这不好:一则都年轻;二则老爷也不许;三则那宝玉见袭人是个丫头,纵有放纵的事,倒能听他的劝;如今做了跟前人,那袭人该劝的也不敢十分劝了。(36)

(B)赚钱也罢,不赚钱也罢,且躲躲羞去;二则逛逛山水,也是好的。(48)

主从句 主从句的从属部分可认为末品句子形式。末品是具有修饰作用的,所以末品句子形式的作用就在于修饰主要部分,使它的意义更完全。主从句又可细分为七类:

(甲)时间修饰,是以某一件事发生的时间去修饰一个叙述句的。在这一类的主从句里,主要部分所叙的事件或发生于另一事件之后(例A、B、D),或发生于另一事件之前(例E),或同时发生(例C),如[①]:

(A)众人听了,越发骇异。(67)

(B)你死了,我做和尚。(30)

(C)林黛玉赶到门前,被宝玉叉手在门框上拦住。(21)

(D)这一口气不在,听不见,看不见,就罢了。(36)

(E)未至池前,只见几个婆子手里都捧着一色捏丝戗金五彩大盒子走来。(40)

(A)例等于说"众人听了之后,越发骇异",(B)例等于说"你死了之后,我做和尚"。余类推。主要部分的主语和从属部分的主语可以是共同的(例A、C、E),也可以是不相同的(例B、D):

```
人 │ 骇异            我 │ 做 │ 和尚
/众 │ /越            /你 │ 死了
     /发 /听了
```

(乙)条件式,是拿某一个条件来修饰一个叙述、一个描写,或一个判断的。有些事情是等待另一事情发生或不发生,然后能实现或不实现的,这另一事情就是一种条件。把相待的两件事同时说出来,表示此事必赖彼事而后实现或不实现,这叫作条件式,例如:

(A)你再这么着,这个地方儿可也就难住了。(24)

(B)你去了,你有什么意思呢?(36)

---

① 字下加"·"号的是时间修饰,不加"·"号的是主要部分。

（C）你不厌我，就认了。（57）

（D）再多说，我把你这胡子还揪了你的呢！（29）

（E）明儿都死了，你几个身子去作和尚？（30）

（F）若碰一点儿，你可仔细你的皮！（6）

（G）依我的主意，偏要把他说好了，才不落套。（70）

（A）例等于说"你要是再这么着，这个地方可也就难住了"；（B）例等于说"你若去了，你有什么意思呢？"余类推。主要部分的主语和从属部分的主语可以是共同的（例B、C、F），也可是不相同的（例A、D、E、G）。

有时候，在从属部分里加入"若、要、倘或"等字，则假设的意思更明显些，例如：

（A）明儿要还不交了来，奶奶也不要了。（39）

（B）若懒怠吃，也就罢了。（42）

（C）你要有个好歹，我指望那一个来？（35）

（D）倘或老太太知道了，倒把我这几年的脸面都丢了。（72）

条件式的从属部分虽多系指未实现的事实，但也可以是既成事实的反面。意思是说，假使在某一条件之下，事情就不会像现在这样了，例如：

（A）若不说出来（实际上是说了），我见这个也不认得这是作什么用的。（35）

（B）要不说姨夫叫你（实际上是说了），你那里出来的这么快？（26）

（C）早知是这样（实际上是不知道），我也不烦他了。（32）

有些句子的结构和条件式完全一样，而在意义上却没有显明的条件关系，这可认为条件式的活用：

（A）若是别的戏子呢，一百个也罢了。（33）

（B）我凉，我有我的衣裳。（109）

（C）你不敢，谁还敢呢？（37）

（A）例"一百个也罢了"意思是说"逃了一百个也不要紧"；（B）例"我有我的衣裳"意思是说"我会穿上我的衣裳"；（C）例全句的意思是说："你该是比别人更敢做这事；倘或你也不敢了，谁还敢呢？"

有时候，咱们借条件式的形式表示相排斥的两件事情，这也是条件式的活用，例如：

（A）不是宝蟾，定是金桂。（91）

（B）不是模样儿不好，就是性子不好。有了这个好处，没了那个好处。（46）

条件式和时间修饰的界限不很分明，某一些复合句既可认为条件式，又可认为时间修饰：

（A）想什么吃，只管告诉我。（35）

（B）老太太那里有信，你就叫我。（45）

（A）例"想什么吃"既可解作"若想什么吃"，又可解作"想什么吃的时候"；（B）例"老太太那里有信"既可解作"老太太那里若有信"，又可解作"老太太那里有信的时候"。有时候，从属部分里既有"若"字，又有"时"字，更使条件式和时间修饰混而为一，例如：

（C）我若死了时，变驴变狗报答你。（72）

（D）若这样时，我托那小姐的福，也有几个钱使了。（39）

（丙）容许式，和条件式恰恰相反。乙事之存在，依通常的见解，甲事该受其影响，然而事实上甲事并未受（或决不会受）乙事的影响，可见甲事不受此种条件的限制。这样的复合句，叫作容许式，因为说话人容许乙事的存在，同时又不承认它能对于甲事有所影响。

容许式又可细分为两种：（子）从属部分所说的是一种既成事实，可称为事实的容许；（丑）从属部分所说的是一种假设，可称为假设的容许。

事实的容许用"虽、虽然"一类的字表示，例如：

（A）黛玉年纪虽小，其举止言谈不俗。（3）

（B）那花园虽不及大观园，却也十分齐整宽阔。（47）

（C）我虽疼他，我又怕他太伶俐了也不是好事。（52）

（D）今年果子虽糟踏了些，味儿倒好。（67）

（E）虽然如此，到底该请大夫来瞧瞧是什么病。（72）

假设的容许用"便、就、纵、纵然、那怕"一类的字表示，例如：

（A）你便要去，也不敢惊动。（30）

（B）就是哭出两缸泪来，也医不好棒疮。（34）

（C）就是穿得，他也不穿了。（101）

（D）你便送他到官，又有何益？（66）

（E）古来桃花诗最多，纵作了，必落套。（70）

（F）那怕再念三十本《诗经》，也都是掩耳偷铃，哄人而已。（9）

（丁）理由式，表示乙事是甲事所根据的理由。从属部分是表示理由的，往往用"既"字表示[①]，例如：

（A）蓉儿既没他的事，也该放出来了。（107）

（B）既应了你，自然快快的了结。（15）

（C）姨妈既这么说，我明日就认姨妈做娘。（57）

（D）既这样，你太太就该料理。（77）

理由式和按断式的分别，就在主从句和等立句的分别上。在按断句里，按的部分和断的部分是同样着重的；在理由式里，只着重一件事情，另一件事情只算是一个理由。咱们在形式上也很容易分辨：理由式往往是有"既"字的，按断式是没有"既"字的。

（戊）原因式，是表示主要部分和从属部分有因果关系的。从属部分是因，主要部分是果。从属部分往往包含"因、为"等字，主要部分往往包含"所以、故"等字，例如：

[①] 现在多数用"既然"代"既"。

(A) 你们因不知诗，所以见了这浅近的就爱。（48）

(B) 因为宝姐姐要看呆雁，我比给他看。（29）

(C) 这是你一高兴起诗社，所以鬼使神差来了这些人。（49）

(D) 太太是深知这样美人似的人心里是不能安静的，所以很嫌他了。（77）

(E) 他见前头陪客的人也不少了，所以在这里照应。（105）

(F) 他见人人皆有，独你一个没有，怕人笑话，故此送一个。（57）

也可以不包含"因、故、所以"等字，只要从属部分里有"见、知"一类的字，也可认为原因式，例如：

(A) 袭人见了自己吐的鲜血在地，也就冷了半截。（31）

(B) 鸳鸯见这般看他，自己倒不好意思起来。（46）

(C) 紫鹃知道不好了，连忙摆手儿不叫嚷。（97）

但是，这样的原因式就和时间修饰很近似了。

（己）目的式，是把从属部分表示主要部分的目的的。主要部分在前，从属部分在后。从属部分往往用"好"字[1]，例如：

(A) 晚上再悄悄的送给你去，早晚好穿。（57）

送衣裳的目的在让你有的穿。

(B) 我也要作几篇熟一熟手，好去诓这个功名。（118）

做文章的目的在诓取功名。

有时候，从属部分用"让"或"省的（省得）"，也可算是目的式，例如：

(C) 你先出去，让我们起来。（21）

(D) 你去罢，省得他这么记挂。（101）

在文言里，从属部分有"以便、俾"等，例如：

---

[1] 不用"好"字也可以，例如"那边去老老实实的坐着，咱们说话儿"（19）。

（E）请将相片寄来，以便代为报名。

（F）务祈详示，俾有所遵循。

但是这种文言并不很古，只常见于近代书信里罢了。

（庚）结果式，是把从属部分去说明主要部分所叙述的行为的结果，也是主要部分在前，从属部分在后。从属部分往往用"弄到、弄得（弄的）"等字眼，例如：

（A）他穷得很，弄到书也念不成。

（B）兄弟不学好，不上心念书，才弄的学房里吵闹。（10）[①]

在文言里，从属部分有"以致、至于"等，例如：

（C）张德不守校规，以致被学校开除。

（D）李生家贫，至于不能举火。

结果式往往拿结果之严重来加添主要部分的力量。它和原因式不同：原因式的主要部分在后，结果式的主要部分在前；原因式的从属部分叙述原因，结果式的从属部分叙述结果。

主从句的次序　在中国语里，普通的主从句的从属部分总是放在主要部分的前面的。只有目的式和结果式是例外，因为这两种复合句是近代才多见些，古代是很少见的。

多合句　上面所说的复合句，都假定只有两个句子形式，故可分为等立和主从两种。但是，有些复合句却是由三个以上的句子形式联合而成的，我们给它们一个特别名称，叫作多合句。

多合句可以大致分为五种，下面是一些例子：

（甲）多个等立：

（A）明日一早要出门，备下两匹马在后门口等着，不要别一个跟着（积累）。（40）

[①] 弄的，另一版本作"以致"。

（B）你就狗仗人势，天天作耗，在我们跟前逞脸（积累）。（74）

（乙）等立之中有等立：

（A）一面叙些家常，收了带来的礼物（积累）；一面命留酒饭（积累）。（49）

（B）如今孙子媳妇没了，侄儿媳妇又病倒（积累）；我看里头着实不成个体统（按断）。（13）

（丙）等立之中有主从：

（A）他们辛苦收拾，是该剩些钱贴补的（原因）；我们怎么好稳吃三注呢（按断）？

（B）太太只管请回去；我须得先理出一个头绪来（时间修饰），才回得去呢（申说）。（13）

（丁）主从之中有等立：

（A）我若跟了去，老太太若问起我过去作什么的（积累，做下面的条件），倒不好。（46）

（B）那时候灯已灭了，屋里都漆黑的了（积累，做下面的时间修饰），还看得见他呢。（85）

（戊）主从之中有主从。

（A）那茶杯虽然脏了（容许），白撂了（条件）岂不可惜？（41）

（B）宝玉因家中有这等大事，贾政不来问他的书（有事是不问书的原因），心中自是畅快（不问书是畅快的因）。（16）

以上所举，都是三个句子形式所构成的多合句。其余不止三个的，由此类推。此外，包孕句之中有复合，或复合句之中有包孕，也都可认为多合句。用不着多举例了。

* * *

怎样辨认一个句子？ 凡两个以上的句子形式联合成为一句的时候，往往只有一个句子形式是正意所在；偶然有两个正意，也必须是关系密切，不能独立的才行。我们首先要体会说话人所要表达的正意是什么。试看下面的一个句子：

  幸而袭人家不远，不过半里路程，转眼已到门前。（19）

  这句的正意是"转眼已到门前"。若把整句分析起来，就是原因式之中包括申说式。"不过半里路程"是对于"袭人家不远"的一种解释（申说式），而"袭人家不远"又是"转眼已到门前"的原因（原因式）。若要更明白它们的相互关系，可以把这句改为：

  幸而袭人家不远（不过半里路程），所以转眼已到门前。

  又试看下面的一个例子：

  小孩子胆儿小，一时逼急了，弄出点子毛病来，书倒念不成，把你的工夫都白糟蹋了。（88）

  这句里包含着三种复合方式：

  （1）按断式。"小孩子胆儿小"是按，下文是断。

  （2）条件式。"一时逼急了，弄出点子毛病来"是"书倒念不成，把你的工夫都白糟蹋了"的条件，"逼急了"又是"弄出毛病"的条件。

  （3）积累式。"书倒念不成"和"把你的工夫都白糟蹋了"是积累式。

  若要更明白它们的相互关系，可以把这句改为：

  小孩子胆儿这样小，你若一时逼急了，弄出点子毛病来，非但书念不成，而且把你的工夫都白糟蹋了。

  这样，我们就看得出这一个句子的正意是"书倒念不成，把你的工夫都白糟蹋了"。

  此外，我们还可从语音的停顿去辨认句子的终点。固然，在复合句或多合句里，每一个句子形式都可以停顿，但究竟不及整句的停顿来得长。在文章里，句的停顿是用句号表示的，也容易辨认。只有古人的文章不带标点，所以我们在古书里，遇着某一个意思可独立可不独立时，句的界限就不能十分确定了，例如：

谁收在屋子里谁配小子,我是受不得这样磨折的,倒不如死了干净。(111)

如果照这样标点,该认为一种复杂的按断式。"谁收在屋子里谁配小子"是下文的按语,而"我是受不得这样磨折的"又是对于"死"的按语。但是,我们又可以有另一种标点:

谁收在屋子里谁配小子。我是受不得这样磨折的,倒不如死了干净。

这样,第一句算是事实的叙述,第二句才是一个按断式。不过,我们可以有第三种标点:

谁收在屋子里谁配小子。我是受不得这样磨折的。倒不如死了干净。

这样,第一句是事实的叙述,第二句是对于人的性格的一种判断,第三句是对于行为的价值的一种判断。著者既没有自加标点,咱们只好承认三种看法都不错了。

定 义

定义四十一:凡句子,由可以用语音停顿隔断的两个句子形式构成者,叫作复合句。

定义四十二:凡复合句,其中所包含的句子形式有同等的价值者,叫作等立句。

定义四十三:凡复合句,其中所包含的句子形式有主要和从属的分别者,叫作主从句。

定义四十四:凡句子,由三个以上的句子形式构成者,叫作多合句。

练 习

下列诸句,试指出其属于等立句的哪一类(积累式、离接式等),或属于主从句的哪一类(时间修饰、条件式等):

(A)我并没有比你,也并没有笑你。(22)

(B)这人此刻不在这里,不知多早晚才来。(66)

(C)你们那里人也不少,怎么不玩?(70)

(D）姊姊们先去，我回来再过去。（83）

(E）他是试准了姑娘的性格，所以才这样。（73）

(F）还没唱山门，你就装疯了。（22）

(G）我们奶奶见二奶奶不来，急的了不得。（11）

(H）恐天黑了，所以先叫我们回来了。（78）

(I）大家来至王夫人上房，只见黑压压的一地。（49）

(J）便是不会，也没难处。（49）

(K）奶奶要一说书，真连我们吃饭的地方都没有了。（54）

(L）孔子、阳货虽同貌，却不同名。（56）

(M）快些吃了，我好走。（75）

(N）早有廊下伺候的老婆子打起帘子，让贾琏进去。（64）

第二章　造句法（下）

第一节　能愿式

咱们说话，往往不能纯任客观。咱们对于事情的可能性、必然性、必要性等，喜欢加以判断或推测，于是咱们的话里掺杂着咱们的意见。再者，当咱们陈说某一件事的时候（不论已成或未成事实），也喜欢着重在主事者的心理，如欲望、勇气、羞愧等，于是咱们的话里掺杂着主事者的意志。在这些情形之下，咱们所表现的语言形式，都叫作能愿式。

能愿式可分为两种：第一种是可能式，就是话里掺杂着咱们的意见的，用"能、可、必、该"一类的字表示；第二种是意志式，就是话里掺杂着主事者的意志的，用"要、欲、肯、敢"一类的字表示。下面分述可能式和意志式。

（一）可能式

（1）可能性

能　能够

"能"和"能够"的意义是一样的。古人只说"能"，今人往往以"能够"替代"能"字。"能"是表示能力做得到，例如：

（A）就是去到府上，也不能看脉。（10）

（B）不能自出心裁，每多抄袭。（84）

（C）那纸沾火就着，如何能够少待？（97）

但是，"不能"也可以当"不会"讲，这并不表示无此能力，却是表示为情况所不允许，例如：

（A）我知道我的病是不能好的了。（45）

（B）再不能依头顺尾，必有两场气生。（55）

可　可以

"可"和"可以"，在古代的意义并不一样。《孟子·离娄篇》："沧浪之水清兮，可以濯我缨；沧浪之水浊兮，可以濯我足。"这里的"可以"译成现代白话该是"可以拿来"；"可"字等于现代的"可以"，"以"字等于现代的"拿来"。

在现代，"可"和"可以"的用途也并不完全相同：

（甲）"可"字和动词合成描写语，例如：

（A）这个贴帖儿的也可恶。（94）

（B）你说可气不可气？（26）

（乙）"可以"是"不能"的反面，表示为情况所允许。亦可单说"可"字，例如：

（A）太太不管，奶奶可以主张了。（15）

（B）今日世兄一去，二三年就可显身成名的了。（9）

注意"能"和"可"的分别："可"字后面的动词可以是及物的，而其所及的物却在上文（如"可杀"），这种用途是"能"字所没有的。

得

"得"字，置于叙述词前面的时候，表示能够达到希望。但这种"得"字往往用于否定语里，例如：

（A）可是我又不得受用了。（29）

（B）我这两日身上不好，不得做。（32）

"得"字，置于叙述词后面的时候，和"能"字的意义差不多，可认为倒置的"能"：

（A）才好了些，如何做得活？（52）

等于说："如何能做活？"

（B）他两个人再到不得一处。（49）

等于说："不能到一处。"

　　（C）你们这些老亲戚，我都记不得了。（48）

等于说："我都不能记（忆）了。"

　　（D）老爷把二爷打的动不得。（48）

等于说："打的不能动。"①

　　当叙述词后面跟着末品补语的时候，"得"字就插进它们的中间，以表示可能性，这种"得"字也可以写作"的"，例如：

　　（A）若说在香菱身上，倒还装得上。（103）

　　（B）奴才一时那里办得来？（64）

　　（C）托爷的福，还能走得动。（53）

　　（D）什么事瞒的过我？（61）

若系否定语，就不用"得"字，单用"不"字插进叙述词和末品补语的中间，例如：

　　（A）只当人家都是瞎子，看不见。（10）

　　（B）依我们倒想鱼肉吃，只是吃不起。（39）

　　（C）此时紫鹃却劝不着，干急。（97）

　　（D）老太太离了鸳鸯，连饭也吃不下去。（46）

下面是肯定语和否定语对比的例子：

挑得进：挑不进	爬得上：爬不上
看得惯：看不惯	教得坏：教不坏
饿得死：饿不死	吃得尽：吃不尽
劝得住：劝不住	想得到：想不到
捞得出来：捞不出来	爬得上去：爬不上去

---

① 但"得"字偶然也和"可以"相应，如"我这屋子大约神仙也可以住得了"（5）。

扶得过来：扶不过来　　　赶得出去：赶不出去

想得起来：想不起来　　　比得下去：比不下去

会　善

"会"字表示学习得来的能力。它的用途比"能"字的用途狭得多。凡用"会"字的地方都可用"能"，然而用"能"的地方多数不能用"会"。此外又有"善"字，表示擅长的意思，比"会"字更重，例如：

（A）但这里除你还有谁会界线？（52）

（B）都知道他素日善说笑话儿。（54）

有时候，"会"字只纯然表示将来时，并非表示能力。在这种情形之下，只能用"会"，不能用"能"或"善"①，例如：

（A）他会再来的。

（B）我想他会喜欢你。

（C）他不会再来了。

（D）我想他不会喜欢你。

配

"配"字表示有这资格。这是最主观的一个字。"配"已经不是能不能的问题，而是够不够资格的问题了，例如：

（A）我这个身子本不配坐在这里。（31）

（B）那里还配打发吃果子呢？（31）

（2）必然性

必　必定　定　一定

"必"字是预料将来事实的必然性（例A），或断定已成事实之必如此（例B）。"必定、一定、定"的意义都和"必"字相同。

（A）再不能依头顺尾，必有两场气生。（55）

---

① "善"是古代的词，所以不能用于这新生的意义。

(B) 必有别的原故。

(C) 姐姐既没有和他们要，必定是我们和他们要了不成？（73）

"必"的否定语是"未必"。"未"字在这里当"不"字讲。亦可说成"不一定"①，例如：

(D) 据我看来，未必妥当。（46）

(E) 众人也未必心服。（61）

(F) 我想不一定靠得住。

（3）必要性

须得　得

"须"字表示环境或情况所需要，是主观中稍带客观。现代可说成"须得"，或单说"得"，例如：

(A) 须得调息一夜。（10）

(B) 我也须得帮着妈妈去料理料理。（78）

(C) 你们也得另拢上风炉子，预备化胶、出胶、洗笔。（42）

"须"字的否定语是"不必"或"不用"（现代北京语往往把"不用"念成"甭"），例如：

(A) 随意吃喝，不必拘礼。（44）

(B) 你也不用到我这边来立规矩。（29）

(C) 不用针心，只针肋条就是了。（75）

注意"未必"和"不必"的分别："未必"是指必然性而言，"不必"是指必要性而言。

该　应该

"该"比"须"的主观性重些。关于道德方面，只能用"该"，不能用"须"，例如：

---

① 但不该说成"未必一定"。

（A）这不该偷了去。（61）

（B）凤姐笑道："你该去了！"（12）

（C）你应该送他回去。

值得　犯不着

"值得"是从价值上表示事情的必要性。它的否定性是"犯不着"（或"不犯着"，偶然也用"不值得"），例如：

（A）什么难事？也值得去学？（48）

（B）我也不犯着劝他。（8）

宁可

"宁可"是表示相对的必要性，例如：

（A）无事宁可回去。（15）

（B）宁可辛苦这一个月。（14）

以上都是可能式。咱们应该特别注意肯定语和否定语的相配，试看下面的一个表：

能：不能	可：不可	可以：不能
得：不得	会：不会	配：不配
必：未必	须：不必，不用	该：不该
值得：犯不着	宁可：不可，不愿	

表示可能性的可能式很像叙述句（因为谓词是动词），其实在性质上是描写句。表示必然性及必要性的可能式也很像叙述句，其实可认为准判断句。

（二）意志式

要

"要"是希望得做某事。"要"的目的是"得"，例如：

（A）贾环见了也要玩。（20）

（B）他因为是宝丫头起的，他才有心要改。（84）

有时候，"要"字附加于人类所不愿意的事情，或物类的被动情形，就仅仅表示最近的将来会如此，或在某种条件之下会如此，例如：

（A）人要死了，你们还只管议论他。（114）

（B）一经了火，是要炸的。（42）

（C）那破的水滴到好的上头，这一球儿都是要烂的。（67）

（D）姑娘的身上不大好，起来又要抖搂着了。（97）

"快要"永远是表示最近的将来的，也可说成"就要"，例如：

（A）这人快要死了。

（B）这墙就要倒了。

否定语"不要"（北京口语多用"别"），有时候，可以表示命令或劝告，例如：

（A）哥儿不要性急。（9）

（B）快别吃那冷的了。（8）

想　想要　欲

"想"或"想要"系表示一种意向，古人用"欲"字。"想"和"要"稍有分别："想"是心里想，不是一种要求；"要"有时是心里想，有时是要求。但这种分别并不十分显明：

（A）我想要回去了。

（B）凤姐方欲说话，只见荣国府的四个执事人进来。（14）

愿　愿意　情愿

"愿"是高兴做某一件事，也可说成"愿意"或"情愿"。但"情愿"往往是和"不愿"相对而言的，例如：

（A）他愿意跟我回国。

（B）不愿出去，情愿跟姑娘。（80）

肯

"肯"和"愿"的意思差不多；但若系允诺别人的要求而做某一件事的时候，往往用"肯"不用"愿"，例如：

（A）酒也不肯吃。（44）

（B）他岂肯如今做这没良心的事？（80）

敢

"敢"是有胆量做某一件事。有了意志，有时候还要有胆量，所以"敢"是帮助意志的，例如：

（A）后日我是再不敢去的了。（10）

（B）谁敢议论什么？（74）

凡意志式都可认为叙述句。

* * *

以上我们把各种能愿式都分别论列过了；但是，咱们对于能愿式，该怎样辨认呢？要辨认能愿式，须依下面的四个标准：

（一）能愿式往往是叙述一件未成的事实；即使是已成事实，说话人也只着重在叙述一种意见或意志。这样，像"他到学校去了"一类的句子并不是能愿式。

（二）表示能愿的词，如"能、可、必、该、要、欲、肯、敢"等，必须放在主语之后。这样，像下面的一些例子，都不必认为能愿式：

（A）大约连大老爷二老爷也记不清楚了罢。（29）

（B）想必你有老子娘，你自己不肯说话。（46）

（C）还许你从此不理我呢。（20）

（D）你若果然法子灵验，把他两个绝了，明日这家私不怕不是我环儿的。（25）

（三）表示能愿的词，虽该一律认为末品，但这种末品并非带有限制性的。这样，像"他太懒了"一类的句子并不是能愿式。

（四）凡不涉及意志，只表示普通情感或心理状态者，都不必认为能愿式。这样，像下面的一些例子，都不算是能愿式；字下有·号的只是普通的末品词或末品仂语：

（A）姑娘将就坐一坐儿罢。（55）

（B）你又怕我多心，故意着急，安心哄我。（29）

（C）他听见媳妇这样的病，也不好意思只管坐着。（10）

定 义

定义四十五：凡句子着重在陈说意见或意志者，叫作能愿式。

定义四十六：凡能愿式之表示可能性、必然性或必要性者，叫作可能式。

定义四十七：凡能愿式之表示意志者，叫作意志式。

练 习

把不适当的字涂去：

（A）他的儿子做了工，他（能）（可以）安心了。

（B）我催他走；他说受伤了，不（能）（可）动。

（C）此药有毒，不（能）（可）内服。

（D）他虽说明天来，我想他（不必）（未必）肯来。

（E）这花（想要）（快要）谢了。

比 较

（1）我不舍得离开你。

这是吴、粤语的语法。在国语里，该把"舍"字放在"不"字的前面，说成"我舍不得离开你"。

（2）一个字也不记得了。

这也该说成"一个字也记不得了"，才较合国语习惯。

第二节　使成式

凡一种行为，总有它的结果。咱们叙述某一行为的时候，可以把它的结果同时说了出来，例如说"弄坏"，弄是因，坏是果，因为不弄就不会坏，所以"坏"乃是"弄"所使成的。我们把这种形式叫作使成式。

在"弄坏"一个仂语里，咱们该认"弄"为中心，因为"弄"是表示一种行为的；"坏"只算一个末品，它是限制"弄"的范围的。"弄"的结果可以是好，可以是坏；现在说"弄坏"，"弄"的范围就狭了，因为不能把"弄好"的"弄"包括在内了。这种末品因为是放在其所限制的次品之后的，所以叫作末品补语。

形容词做成的末品补语　末品补语由形容词做成者，系表示某一种行为所使成的状况，例如：

（A）仔细站脏了我这地，靠腌脏了我的门。（9）

（B）再算清了来领。（14）

（C）推倒了油瓶儿不扶。（16）

（D）一句话，又把宝玉说急了。（32）

（E）是我弄坏了他了。（98）

（F）只见杯盘果菜俱已摆齐。（49）

（G）你们把极小的事倒说大了。（30）

以上是使受事者成为某种状况的，这是正例。此外，又有使主事者的行为成为某种状况的，那是变例：

（A）低头见是袭人哭了，方知踢错了。（30）

"错"是踢的行为错了，不是被踢的人错了。

（B）把这个样儿看惯了，也都不理论了。（27）

"惯"是看的行为惯了，不是被看的样儿惯了。

动词做成的末品补语　末品补语由动词做成者，系表示某一行为所使成的情形。这种动词末品，它们的本身须是不及物动词。至于动词次品（主要动词），则可以是及物动词，也可以是不及物动词。因此，这种使成式又可细分为二类，如下：

（一）主要动词是及物动词者，和动词末品联结后，成为及物性的仂语。这样，此行为所使成的情形，即是受事者所遭受的，例如：

（A）是怕这气儿大了，吹倒了林姑娘，气儿暖了，又吹化了薛姑娘。（65）

（B）黛玉用手轻轻笼住了束发冠儿。（8）

（C）这又是谁的指甲刮破了？（19）

（D）那怕毒死了，也要吃尽了。（40）

（二）主要动词是不及物动词者，和动词末品联结后，成为不及物性的仂语。这样，此行为所使成的情形，即是主事者所遭受的，例如：

（A）你们也别闷死在这屋里。（9）

（B）因又睡迷了，来迟了一步。（14）

（C）没有个看着老子娘饿死的理。（19）

有时候，末品补语是"进、出、上、下、来、去、起、过"等字。这是表示行为的趋向的："进"是向内，"出"是向外，"上"是向上，"下"是向下，"来"是向近处，"去"是向远处，"起"是离位上升，"过"是离位向近或向远，等等。但是，咱们也可以说它们是行为的结果，所以也可认为使成式，例如：

（A）一面传人挑进蜡烛。（18）

"挑"的结果是"进"。

（B）可巧那日是我拿去的。（37）

"拿"的结果是"去"。

三合使成式 使成式之包含"进、出、上、下、起、过"等字者，往往还带着"来"字或"去"字。这样，三个动词联结，共成一个叙述词的用途，可称为三合使成式。三合使成式里，第一个动词是主要动词，是次品，第二、第三都是末品补语。这种三合式，必须有一个或两个动词末品放在目的语的后面[①]，例如：

（A）叫我带进芸二爷来。（26）

（B）明儿赌气花几两银子买他们进来就是了。（19）

（C）原来爬上高枝儿去了。（27）

（D）挂起帘子来。（29）

（E）湘云只得扶过他的头来梳篦。（21）

"到"和"成" "到（至）"和"成"也可以做末品补语，例如：

（A）林黛玉赶到门前。（21）

"赶"的结果是"到"。

（B）把皮刨了……切成碎钉子。（41）

"切"的结果是使那要切的东西成为某种状态。

见 "见"字放在"看"或"遇"的后面，也是末品补语。"看"的结果是"见"；"遇"的结果也是"见"。至于"听见"，那是受"看见"的同化而成的，所以也可认为使成式，例如：

（A）便知黛玉看见他。（28）

（B）正遇见宝钗、香菱、莺儿三个赶围棋作耍。（20）

（C）一语未了，只听见背后咳嗽了一声。（9）

（D）后又听见冯公子令三日之后过门。（4）

有 "有"字偶然也做末品补语，这种"有"字的意义和"得、到"都差不多，例如：

（A）本店雇有上等厨师。

（B）我买有一个照相机。

[①] 这样，一个仂语被隔开为两截了。但若在处置式里，仍可以不被隔开，例如："快把他带进来。"参看下节。

使成式里的可能式 使成式里的可能式和普通的可能式不同，它是不用"能"字的。若系肯定语，就在叙述词和末品补语之间加一个"得（的）"字；若系否定语，就在叙述词和末品语之间加一个"不"字（参看上节）①：

（A）你算是躲的过，不见了。（97）

（B）大约连大老爷、二老爷也记不清楚了罢。（29）

使成式的活用 凡末品补语的意义系一种引申的意义者，叫作使成式的活用，例如：

（A）老太太倒寻上我了。（46）

"上"不是向上，只是稍带到的意思。

（B）凤姐喜的先推宝玉，笑道："比下去了。"（7）

"下去"不是真的下去，只是形容程度上的相差。

（C）提起这个瓶来，我又想起笑话儿来了。（37）②

"起来"不是真的起来，只是表示事情的开始。

使成式和可能式同时并用的时候，末品补语的意义往往更为空虚，例如：

（A）宝玉见瞒不过。（22）

（B）连个二哥哥也叫不上来。（20）

（C）依我们倒想鱼肉吃，只是吃不起。（39）

（D）我料他逃不了。

（E）明日题不来，定不饶你。（17）

（F）奴才一时那里办得来？（64）

（G）但如今世上是行不去的。（4）

（H）有事没事都碍不着什么。（7）

在这种情之下，可能式的意义很重；使成式几乎只算是助成可能式的。

---

① 偶然也可以不加"得"字或"不"字。这种情形，多见于三合式里，例如"油锅里的还要捞出来花呢"（16），等于说"油锅里的还捞得出花来呢"。注意"来"字放在"花"字之前。

② 注意，连"提"字也是用于引申的意义。

试比较下面诸式：

瞒不过：不能瞒	叫不上来：不会叫
吃不起：不得吃	逃不了：不能逃
题不起：不会题	办不得：不能办
行不去：不能行	碍不着：不会妨碍

但是，前者比较适合于口语，因为它是新兴的语法。中国古代语里是没有这种使成式的。

借使成式表示过去时 上节说过，意志式可以表示将来时；这里的使成式却可以表示过去时。普通用以表示过去时的末品补语，有动词"过"字。

"过"字表示过去者，共有两种用途：第一，"过"字是纯然表示过去，"了"字表示完成，故"过、了"可以并用；若在否定语里，就只能用"过"，不能用"了"，例如：

（A）殷殷勤勤叙过了寒温。（10）

也可说成"叙过寒温"或"叙了寒温"。

（B）却是一次也没穿过的。（42）

不能说成"没穿过了的"，尤其不能说成"没穿了的"。

第二，"过"字表示一种阅历或经验。这种形式里是不能用"了"字的，例如：

（A）也曾游过名山大刹，倒不曾见过这话头。其中想必有个翻过筋斗来的也未可知。（2）

（B）难道咱们连两本戏也没见过不成？（51）

这种结构，原是从使成式演化而来的；试比较"走过"和"叙过"，就明白了。这时，它既然表示过去时，在形式上虽是使成式，在意义上已经不是使成式了。有时候，"过"字还可以放在一个使成式的后面，如"看见过、听见过、打开过、送上去过"，等等，这样，就构成了三合使成式或四合使成式，而"过"字的意义就更显得空虚了。

此外，一切使成式也都适宜于表示过去时，尤其是"完、尽、好、齐"等字，例如：

（A）月钱已放完了。（3）
（B）钱已用尽了。
（C）衣裳已经做好了。
（D）杯盘果菜俱已摆齐了。（50）

这因为使成式把行为的结果也说了出来，自然比较地适宜于叙述已成的事实了。

定　义

定义四十八：凡叙述词和它的末品补语成为因果关系者，叫作使成式。

比　较

（1）我不吃得完这许多。

这是粤语的语法。在国语里，该把"吃"字放在"不"字的前面，把"得"字取消，说成"我吃不完这许多"或"我吃不了这么些"。

（2）我没有告诉他过。

这是吴语的语法。在国语里，该把"过"字放在"他"字前面，说成"我没有告诉过他"。

练　习

试在下面两段话里，指出所有的使成式：

黛玉道："妹妹，这可说不齐。俗语说，'人是地行仙'，今日在这里，明日就不知在那里。譬如我原是南边人，怎么到了这里呢？"湘云拍着手笑道："今儿三姐姐可叫林姐姐问住了。"（87）

袭人道："我妈自然不敢强。且慢说和他好说。又多给银子；就便不好和他说，一个钱也不给，安心要强留下我，他也不敢不依。但只是咱们家从没干过这倚势仗贵霸道的事。这比不得别的东西，因为你喜欢，加十倍利弄了来给你，那卖的人不得吃亏，可以行得。如今

无故平空留下我,于你又无益,反叫我们骨肉分离。这件事,老太太、太太断不肯行的。"(19)

第三节 处置式

在普通的结构里,目的位是放在叙述词的后面的,例如"我烧了那一封信"。有时候,咱们也可把目的位放在叙述词的前面,只须在叙述词的原来位置加上一个助动词"把"字或"将"字,例如"我把那一封信烧了"。

但是,这两种叙述并不是完全同意义的。前者是普通的叙述,后者是在叙述之中,同时表示这行为是一种处置或支配。因此,像"我把那一封信烧了"一类的句子可称为处置式。下面是一些普通的例子:

(A)把你林姑娘暂安置碧纱厨里。(3)

(B)我把你膀子折了。(21)

(C)便把手帕子打开,把钱倒了出来。(26)

(D)那妙玉便把宝钗、黛玉的衣襟一拉。(41)

(E)别管他们,只把绢交出去,叫他们砸去。(42)

(F)你把那穿衣镜的套子放下来。(51)

(G)等我把云儿叫了来,也叫他听听。(52)

(H)周瑞家的将刘姥姥安插在那里略等一等。(6)

(I)只得将宝玉按在凳上,举起大板,打了十来下。(33)

(J)说着,也将写的拿出来。(22)

处置式是把人怎样安排(例A、H)、怎样支使(例G)、怎样对付(例B、I);或把物怎样处理(例C、E、F、J),或把事情怎样进行(例D)。它既然专为处置而设,如果行为不带处置性质,就不能用处置式,例如"我爱他"不能说成"我把他爱";又如"桃树开花"不能说成"桃树把花开"。像下面的一些例子,只能出现于戏曲或弹词里,普通口语里是非常罕见的:

（A）将身且把官门进。

（B）尧帝历山把贤访。

（C）良登背我把楼登。

（D）老天不把人怜悯。

（E）如今二哥把命丧。①

处置式又专为积极的处置而设，所以"把"字后面不能用否定语，例如咱们只能说"我把那一封信烧了"，不能说"我把那一封信不保存"；只能说"将他二人按住"，不能说"将他二人不放松"。像下面的一个例子，也只能出现于戏曲或弹词里，普通口语里是非常罕见的：

（A）为什么把婚聘礼不曾题？（元曲《倩女离魂》第三折）

但是，如果目的语的后面是一种骈语（并行语），语意特别重的时候，口语里也可以有例外：

（B）倒把我三日不理，四日不见的。（28）

至于"不"字放在"把"字的前面，却又是常例，不是例外了，例如：

（A）那一日不把"宝玉"二字叫二百遍？（52）

（B）怨不得不把我搁在眼里。（16）

处置式的目的语的后面，不能只跟着一个简单的叙述词。像下面的一些例子，普通口语里是非常罕见的：

（A）柴王澶州把位让。

（B）爹爹在家把儿训。

（C）命人来把母女唤。

（D）莫非秉兰把他害。②

普通口语里，处置式叙述词后面往往带着末品补语，或"了、着"等字，例如：

---

① （A）例出自《狸猫换太子》，其余四例出自《滴水珠》。

② 这些例子也都出自《滴水珠》。

（A）二爷请把自己系的解下来。（28）
　　（B）要把一先的韵都用尽了。（52）
　　（C）把楼上打扫了，挂起帘子来。（29）
　　（D）他把书老拿着。
或带着另一目的位（近目的位）：
　　（E）把我的那条还我罢。（28）
或在叙述词前面加一个"一"字：
　　（F）宝玉把竿子一幌。（81）
　　（G）你来把我的这边被掖一掖。（51）
或在叙述词后面加数量末品：
　　（H）我把他打了一顿。
　　（I）我把这饭吃了三碗。
有时候，叙述词后面竟有颇长的补语，或再加一次连系：
　　（J）把酒烫得滚热的拿来。（38）
　　（K）人家才拿你当个正经人，把心里的烦难告诉你听。（45）
　　一件事极值得注意：末品谓语形式表示处所的时候，若用"在"字，普通总是放在叙述词的前面的，如"专在这些浓词艳诗上做工夫"（23），"宝钗、探春正在那边看鹤舞"（27）；但若在处置式里，这种处所末品就必须放在叙述词的后面了，例如：
　　（A）把他派在怡红院中。（24）
　　（B）也把我送在火坑里去。（46）
　　依北京语的习惯，如果处置式里的叙述词系表示损害者，叙述词前面还黏附着一个"给"字。这"给"字在语法上没有什么意义，只当它加重语意的就是了，例如：
　　（A）小弟弟把茶碗给打破了。
　　（B）狐狸把老虎给骗了。

骂人的话往往不把处置的办法骂出来，于是话只说得一半，例如：

（A）我把你这没孝心的种子。（47）

（B）把他会说话的——我且问你……（45）

"把"和"拿"的分别　中国有些方言（如吴语），他们的处置式是用"拿"字不用"把"字的（如"我把他打了一顿"，在苏州话里是"我拿俚打仔一顿"）。但是，在国语（北京话）里，"把"和"拿"却是大有分别的：

（1）"把"字用于处置式里。目的位系在叙述词的前面的，叙述词的后面不能有目的位（除非是有双目的位），例如：

（A）把那金线拿来。（35）

```
（ ） │ 把……拿来 │ 线
              /那/金
```

（B）快把这船打出去。（58）

（2）"拿"字不用于处置式里。它和它的目的位构成一种末品谓语形式，所以叙述词的后面还可以另有一个目的位①，例如：

（A）人拿真心待你，你倒不信了。（47）

```
人 │ 待 │ 你
  /拿/心
    /真
```

（B）他吃了酒，又拿我们来醒脾了。（8）

（C）怪不得他们拿姐姐比杨妃。（30）

（D）得了空就拿我取笑打牙儿。（37）

（E）你应该拿嘴巴子打他回去。（46）

没有"把"字的处置式　处置式里，"把"字的用途在于把目的位提到叙述词的前面；如果目的位省略了，"把"字自然应该同时被省略了，

---

① 如果这叙述词是不及物的，当然用不着目的位，例如"暂且拿话支吾"（46）。

例如：

（A）却自己吟成一律，写在纸条上，搓成个团子，掷向宝玉跟前。（18）

把这诗写在纸条上，把这纸条搓成个团子，把这团子掷向宝玉跟前。

（B）你爱谁，说明了，就收在房里。（80）

把他收在房中。

（C）来把这个花扫起来，撂在那水里。（23）

这里两个谓语形式都是处置式，后者省略了目的语，也就省略了"把"字。

这自然只算一种准处置式，因为没有"把"字，在形式上已经失了处置式的标记了。凡目的位省略者，大概都可认为准处置式。

处置式的活用 有时候，处置式并非真的表示一种处置，它只表示此事是受另一事影响而生的结果。这种事往往是不好的事（例 A 至 D），或不由自主的事（例 E）：

（A）谁知接接连连许多事情，就把你忘了。（26）

（B）把牙栽了，那时才不演呢！（26）

（C）你何必为我把自己失了。（29）

（D）你出去自站一站，把皮不冻破了你的！（51）①

（E）小红不觉把脸一红。（26）

（F）把我那要强的心，一分也没有了。（11）

普通处置式的叙述词必须是及物动词，活用时却可用不及物动词，例如：

（G）偏又把凤丫头病了。（76）

处置式和被动式是意义相仿的两种形式，所以我们在下节里接着就讨论被动式。

---

① 注意这是一句"反话"，语意极重，所以"把"字后面可用否定语。

定 义

定义四十九：凡用助动词把目的位提到叙述词的前面，以表示一种处置者，叫作处置式。

订 误

（1）我把这书不借给你。

该说"我不把这书借给你"，因为普通处置式的"把"字后面是不用否定语的。

（2）请你把楼上。

该说"请你上楼"，因为上楼并不是把那楼怎样处置。

（3）把废物在河里扔。

该说"把废物扔在河里"，因为处置式的处所末品，若用"在"字，是放在叙述词的后面的。

练 习

在下面这些例子当中，指出哪一些是处置式，哪一些不是处置式，哪一些是准处置式，又哪一些是处置式的活用：

（A）就把这履历填上。（13）

（B）当日既送我到那不得见人的去处。（18）

（C）偏才吃了饭，就搁在那里。（8）

（D）又命将那几包不能辨的药也带了去。（77）

（E）爱上那风流妖艳之句，也写在扇头壁上。（23）

（F）怎么忽然把个晴雯姐姐也没了？（79）

（G）麝月将秋纹拉了一把。（78）

（H）老太太说要替他做生日。（22）

（I）一句话又把宝玉说急了。（32）

第四节　被动式

叙述句有主动式和被动式的分别：（一）谓语所叙述的行为系出自主语者，叫作主动式，例如"他打了你"，"他"是主语，而"打"的行为是由"他"发出的。（二）谓语所叙述的行为系施于主语者，叫作被动式，例如"你被他打了"，"你"是主语，而"打"的行为是施于"你"的。

咱们平常说话，在叙述行为的时候，总是用主动式居多，被动式只是一种特殊形式。这两种句子非但意义不完全相同，其作用也不完全相同。当我说"他打了你"的时候，我的目的在说"他"；当我说"你被他打了"的时候，我的目的在说"你"。有时候，是上下文的关系使咱们择定主动式和被动式，如说"你被他打了，却不曾还手"，这是用被动式适当些；若说成"他打了你，你却不曾还手"，非但要重一个"你"字，而且句子的结构也显得松些了。

再说，并非一切的主动式都可改为被动式。在中国语里，尤其在现代，被动式的用途较主动式的用途狭得多，然而它的特殊任务却又不是主动式所能替代的。

被动式所叙述的，若对主语而言，是不如意或不企望的事，如受祸、受欺骗、受损害，或引起不利的结果等等，例如：

（A）我们被人欺负了。（9）

（B）图了薛蟠的银钱穿吃，被他哄上手的，也不消多记。（9）

（C）不意被秦邦业知觉，将智能逐出。（16）

（D）老太太也被风吹病了。（42）

（E）被他看见，来回二奶奶的。（52）

（F）我哥哥……被县里拿了去了。（85）

（G）史妹妹这样一个人，又被他叔叔硬压着配人了。（106）

（H）知是何三被他们打死。（112）

这是用助动词"被"字的。还有助动词"叫"字（由动词变来），比"被"字的语意轻些，例如：

（A）太太倒不糊涂，都是叫"金刚""菩萨"支使糊涂了。（28）

（B）叫有学问的人听了，反笑话。（49）

被动式的较古形式是"为……所"。"为"字可认为助动词，但普通总是和"所"字相应的，例如：

（A）宝玉……却为一枝海棠花所遮。（25）

（B）只因为声色货利所迷，故此不灵了。（25）

有时候，古代被动式和现代被动式混合起来，就成为"被……所"，例如：

（A）也有父母已亡，或被叔伯兄弟所卖的。（58）

（B）恒王遂被贼众所戮。（78）

然而这只是文人偶然这样说或这样写；民间口语是不用"所"字的。

被动式和处置式的形式虽不同（一是被动句，一是主动句），而其所叙行为的性质却大致相同。譬如一件事，在主事者一方面看来是一种处置，在受事者一方面看来往往就是一种不如意或不企望的事。"他把你打了一顿"，在"他"看来是一种处置，在"你"看来就是一种损害了。因此，多数被动式是可以改为处置式的。被动句若要转成主动句，也是变为处置式较为适宜。下面是被动式转成处置式的一些例子：

（A）奥国被德国灭了：德国把奥国灭了。

（B）何三被他们打死：他们把何三打死。

（C）他们被他哄上手：他把他们哄上手。

（D）老太太被风吹病了：风把老太太吹病了。

被动式和处置式可以同时并用，就是把处置式纳入被动式里。在这情形之下，处置式的目的语所表示的事物，须是被动式主语的附属品，例如：

（A）宝玉……被袭人将手推开。（21）

手是宝玉的手。

（B）司棋被众人一顿好言语，方将气劝得渐平了。（61）气是司棋的气。

　　这样，被动句的主语并不是直接的受事者，只是间接的受事者①。直接的受事者是"将"（"把"）字后面的首品；在（A）例里，是"手"被推开，不是宝玉被推开，在（B）例里，是"气"被劝平，不是司棋被劝平。把处置式纳入被动式之后，意义上须受处置式通则的限制，同时又须受被动式通则的限制。（A）例"将手推开"是一种处置，手被推开是一种不如意的事（对宝玉而言）；（B）例"将气劝平"是一种处置，气被劝平是一种不企望的事（对司棋而言）。

　　被动式所叙行为的性质既和处置式所叙者大致相同，所以它们在结构形式上也大致相同。下列的两点是它们极相类似的地方：

　　（1）恰像处置式"把"字后面不能用否定语一样，被动式"被"字后面也不能用否定语，例如咱们只能说"我们被人欺负"，不能说"我们被人不欺负"，也不能说"我们被人不尊重"。

　　（2）恰像处置式只限于处置性的事情一样，被动式也只限于不如意的事情。因此，许多主动句都不能随便改为被动，例如"你爱他"，不能说成"他被你爱"，"我恭贺你"不能说成"你被我恭贺"，"我欣赏这一幅名画"不能说成"这一幅名画被我欣赏"②。

＊　　＊　　＊

　　被动式的结构是：主位＋助动词＋关系位＋叙述词。主位所代表的乃是受事者，关系位所代表的才是真正的主事者，例如"你被他打了"，可以图解如下：

---

　　①　有时候，不一定要处置式，只要含有处置的意义的也可以有这种结构，例如"贾政还欲打时，早被王夫人抱住板子"（33）。

　　②　现代的白话文为西洋语法所影响，渐渐不遵守这个规则了，例如"他被称为球王""他被允许做某一件事"等。参看第六章。但这种欧化语法尚未为民间所采纳。

```
你 | 被 打
   | /他
```

"宝玉为一枝海棠花所遮"可以图解如下：

```
宝玉 | 为……所遮
     | /海棠花
     | /一
     | /枝
```

句中如果没有关系位，"为、被"就不大用得着了，例如"我们被欺负"这类的句子是很少见的，习惯上总说成"我们被他欺负"或"我们被你欺负"等。至少也加上一个"人"字，如"我们被人欺负"。但若被动式转为次品，则又可以不用关系位了，如：

（A）老爷可知这被卖的丫头是谁？（4）

（B）我可怜那些被欺负的人。

没有"被"字的被动式　没有"被"字的被动式，在形式上看不出它和主动式的分别，只在意义上看得出来。依中国语的习惯，凡有下列两种情形之一者，不用"被"字，同时也不用关系位：

（1）主事者无说出的必要，或说不出主事者为何人，则不用关系位，同时也不用"被"字，例如：

（A）五儿吓得哭哭啼啼。（61）

五儿被吓，以致哭哭啼啼。

（B）两个人都该罚。（62）

两个人都该被罚。

（C）这老货已经问了罪。（81）

这老货已经被问了罪，这里的"问罪"可认为有一个单词的用途，或把"罪"字认为补语。

（2）主语为无生之物，无所谓不如意或不企望的事，则"被"字必不能用①，关系位也因此用不着了，例如：

（A）只听二门上传事云板连叩四下。（13）

不能说成"云板连续被叩四下"。

（B）偷的锣儿敲不得。（65）

不能说成"偷的锣儿被敲不得"。

（C）各色香烛纸马并铺盖以及酒饭，早已预备得十分妥当。（65）

不能说成"早已被预备得十分妥当"。

（D）你二哥哥的玉丢了。（94）

不能说成"你二哥哥的玉被丢了"。

但若在人类看来是不如意的事，而主事者又有说出的必要，则又可以用普通的被动式了，例如：

（A）我的手表被贼偷去了。

（B）我的书被那小孩撕破了。

类似被动式的主动句 被动式的正常结构是"被"字后面有一个关系位的。如果没有关系位，已经不算正常的被动式了；如果再不用"被"字，只用和"被"字意义相近的字，如"挨、受"之类，就更不能认为被动式了，例如：

（A）人家不得贵婿反挨打。（63）

（B）老虎受了狐狸的骗。

（A）例"挨"字是叙述词，"打"字是动词首品，用为目的位。试拿"挨了一顿打"和"挨打"相比，就可明白这个道理。（B）例"狐狸的骗"是目的位，更容易显得"受"字是叙述词。这两种句子都该认为主动句，不能认为被动句。

---

① 这种"被"字是和国语习惯大相违反的，所以连极端欧化的文章里还不肯用它。

定 义

定义五十：凡叙述词所表示的行为为主位所遭受者，叫作被动式。

练 习

试把下面的处置式都改为被动式：

（A）他把你打了一顿。

（B）张三把李四骗上了船。

（C）他把那人往里一推。

（D）扒手把他的钱扒去了。

第五节 递系式

有时候，一次的连系还未能把意思充分地表达，于是在后面再加另一次的连系，以补充未完的意思（参看第一章第五节）。我们把第一次的连系叫作初系，第二次的连系叫作次系。次系本身用不着主语，它或借初系的目的位为主语，或借初系的表位为主语，或借初系的谓语为主语。现在分别叙述如下：

（1）目的语的主语

（甲）次系叙述一种要求　直接的语言里，要求是可以不用主语的，例如"来"，就是向对话人发出的一种要求。若在间接的语言里，就不同了；非但要说出被要求的人，连那要求的人也往往要说出，例如"你叫他来"，"你"是初系的主语，"他"是初系的目的位，同时又是次系的主语。图解如下：

现在再举一些《红楼梦》的例子：

（A）一时又叫彩霞倒杯茶来。（25）

（B）对不上来，就叫你儒大爷爷打他的嘴巴子。（88）

（C）凤姐又趁势请贾母后日过去看戏。（8）

（D）我劝你两个看宝兄弟分上都丢开手罢。（21）

对卑辈或平辈的要求用"叫"字，对尊辈的要求用"请"字，委婉的要求用"劝"字。有时候，初系里虽不用"叫、请、劝"等字，次系里的谓语确是表示一种命令或请求，也该归入这一类，例如：

（E）而且老太太又打发了人来安慰你。（44）

（F）袭人催他去见贾母、贾政、王夫人等。（9）

初系表示帮助或容许，而次系把帮助或容许的事情叙述出来者，它的结构方式也和上面所说的差不多，例如：

（A）老太太既要给他成家，这也是该当的。（96）

"给"字有帮助的意义。

（B）不然，怎么许奴才来我身上搜贼赃呢？（74）

（C）我们也不敢叫他们多吃了。（62）

这种递系式里，初系的目的位有时也可以省略，同时次系也就不用主语，例如：

（A）贾母喜欢非常，不命往园中住。（49）

不命薛宝琴往园中住。

（B）你又要叫劝谁？（67）

你又要叫袭人姐姐劝谁？

有时候，字面上虽然表示命令或支使，实际的意义是使人发生某种心理状况，例如：

（A）叫我怎么样才好？这个心便碎了也没人知道。（31）

（B）怎么叫人不敬服呢？（67）

（C）又叫老爷生气。（83）

（D）又着实称赞秦钟的人品行事最是使人怜爱。（8）

（乙）次系叙述一种称号　称号的递系式和要求的递系式，在结构上极相近似。所不同者：在要求的递系式里，次系的谓语所叙述者是一种具体的行为；在称号的递系式里，次系的谓语所表示者只是一种极抽象的引申意义。试比较下面的两个例子：

（A）他叫木匠做一张桌子。
（B）他们叫林黛玉做潇湘妃子。

（A）例的"做"是具体的行为，（B）例的"做"只是一种引申意义，比（A）例"做"字的意义空虚了许多。然而它们在结构上是完全一样的。"木匠"是初系的目的位，"林黛玉"也是初系的目的位；"木匠"是次系的主语，"林黛玉"也该认为次系的主语。所以（B）例应图解如下：

| 他们 | 叫 | 林黛玉…… | 做 | 潇湘妃子 |

现在再举一些《红楼梦》的例子：

（A）就名他为赤霞宫神瑛侍者。（1）
（B）改《石头记》为《情僧录》。（1）
（C）只得要推潇湘妃子为魁了。（38）
（D）以后都叫他做潇湘妃子就完了。（37）
（E）你听说那位太太太爷们封了我们做小老婆？（46）
（F）果然王夫人已认了薛宝琴做干女儿。（49）

有时候，初系的目的位可以省略，同时次系也就不用主语，例如：

（A）如若宝叔不嫌侄儿蠢笨，认作儿子。（24）
（B）国家因为他立了功，升为上将。

但是，在这种情形之下，初系的叙述词往往是被动性质的，例如：

（C）此系诸名山胜境初生异卉之精，合各种宝林珠树之油所制，名为群芳髓。（5）
（D）咱们家的大小姐晋封为凤藻宫尚书。（16）
（E）我们木店里有一副板，叫作什么樯木。（13）

（F）所以他的名字就叫作万儿。（19）
　　次系的谓词也可以不用，例如：
　　（A）都叫我臭小厮，不理我。（56）
　　（B）又见平儿赶着周瑞家的叫他周大娘①。（6）
这种结构也该认为递系式；次系里虽没有谓词，但这种次系乃是判断句的形式②，非但用不着谓词，连系词也可以不用的。"他周大娘"的结构恰像古语里的"孔子鲁人"。这里该注意的乃是：这种递系式和上面有"做"字的递系式稍有不同。在有"做"字的递系式里，初系和次系都是叙述句的形式；在这种没有"做"字的递系式里，初系是叙述句的形式，次系却是判断句的形式了。

　　像下面的一些例子，却不能认为递系式，因为它们和简单的连系形式完全相同，只不过叙述词带着被动性质罢了：
　　（A）谁叫袭人？（23）
　　（B）只是想不起是那一房的，叫什么名字。（24）
　　（C）你这哥儿，叫什么名字？（56）
　　（丙）次系叙述一种理由　凡初系叙述一种行为，而次系的任务在乎解释此种行为的理由者，初系的目的位也可以兼做次系的主语。此类又可细分为三类：
　　（1）次系是叙述性的，如：
　　　　（A）多谢姐姐提醒了我。（30）
"提醒了我"是"谢"的理由。
　　　　（B）凤姐儿嘴乖，怎么怨得人疼他？（35）
"疼他"是"怨"的理由。
　　（2）次系是描写性的，如：

---

① 北京话里，遇着要说"把他叫什么"的时候，往往说成"赶着他叫什么"。
② 参看第一章第八节。

（C）若宝叔不嫌侄儿蠢……（24）

"侄儿蠢"是"嫌"的理由。

　　（D）倒抱怨我轻狂。（31）

"我轻狂"是"抱怨"的理由。

　　（3）次系是判断性的，如：

　　（E）都欺负我不是太太养的。（20）

"我不是太太养的"是"欺负"的理由。注意，像这句话也可说成"都因为我不是太太养的而欺负我"，但是不及递系句更合于口语。

　　（丁）初系用动词"有、无"　有些"有"字，只表示某事物的存在；它的反面"无"字（"没有"）只表示某事物的不存在。它们是没有主语的。除了承说法之外，"有、无"如果仅带着一个简单的目的位，是不能成为一个句子的，例如你说"有人"，这话没有意思，对话人也不明白你的意思。若要把意思说得完整，可以有两种办法：第一，是加上表示处所的末品，如"有人在屋子里"；第二，就是在目的语后面再加一次连系，如"有人来了"。下面是《红楼梦》里的一些例子：

　　（A）至院外就有跟贾政的几个小厮上来拦腰抱住。（17）

　　（B）从后门出去，有小子和车等着呢。（37）

　　（C）便有鬼拉着我的手。（45）

　　（D）只有晴雯独卧于炕上。（52）

　　（E）园子有人打扫。（56）

　　（F）且喜无人知道。（77）

　　（G）个个都睡着了，没有人答应。（88）

　　（H）谁知这山上有一个得道的老猢狲出来打食。（101）

　　这种递系式里，初系和次系具有不可分性。（A）例并不是说至院外时才有小厮，而是说小厮在那时上来抱住；（B）例并不是说后门有小子和车，而是说小子和车在那里等着。其余诸例，可以类推。

以上（甲）（乙）（丙）（丁）四种递系式都是拿初系的目的位做次系的主位（主语）的[①]，它们的组织如下：

主位——叙述词——目的位即主位——谓语

目的位即主位，所以也可称为兼位。兼位在西洋语言里极为罕见（但并不是没有），在中国语里则很普通。

（2）表位为主语

递系式的初系又可以是判断性的；这种判断往往没有主语，只用一个"是"字带着它的表位，例如"是他"。但是，除了承说法之外，"是他"不能成为一个句子；咱们必须在表位后面再加一次连系，例如说成"是他撕破了我的书"，然后意思才算完整。这种初系是判断性的递系式，和初系用动词"有、无"的递系式，在形式上是很相像的。

若就意义而论，当咱们需要郑重地把主事者特别指出的时候，就把"是"字加在主语的前面，成为递系式。试拿"他撕破了我的书"和"是他撕破了我的书"相比较，前者只是一种普通的叙述，后者则有特指的意味，意思是说"是他，不是别人"。凡追究发见或解释，都往往用得着这种形式，例如：

（A）是谁起这样刁钻的名字？（23）（追究）

（B）原来是云儿有这个。（29）（发见）

（C）只见是两个人在那里。（71）（发见）

（D）幸亏是宝二爷自己应了。（60）（解释）

这种递系式的初系里，大多数是没有主语的；如果有呢，就是"这"字或"那"字：

（E）这是北院里大太太的兄弟抱怨他呢。（75）

有时候，次系的目的位倒装在句首，不可误认为初系的主语：

[①] 目的位为主位者，不一定只有这四种。如果遇着不能归类的情形，只把它附属于近似的一类就是了，例如"撩下我一个人受罪"（85）可附属于（甲）类，其余类推。

（F）我这如今是有天上的神仙来召请。（78）

等于说："如今这是有天上的神仙来召请我。"

（G）一应用度都是这里陪房王善保家的掌管。（75）

等于说："是王善保家的掌管一应用度。"注意，若不倒装，"都"字就不能用了。

表位为主语，也是一种兼位。

（3）谓语为主语

上面所说目的位为主语，或表位为主语，都是把两次连系嵌接在一起就是了；这里所说的谓语为主语，除了嵌接之外，还须在初系的谓词后面加上后附号"得"字（亦可写作"的"），例如：

（A）我来的不巧了。（8）

（B）小的天天都来的早。（14）①

（C）贾政还嫌打的轻。（33）

（D）园中人都打听得尤氏办得十分热闹。（43）

（E）花自芳唬的惊疑不定。（19）

形式上既和上面那两种递系式不同（要加后附号"得"字），意义上也就有不同的地方：在上面那两种递系式里，初系是重要的，次系只算是一种补充；在这一种递系式里，次系是重要的，初系颇像首品句子形式。"我来的不巧了"，有些像"我的来是不巧的了"；但也不完全相同，因为前者是递系式，后者只有一次的连系而已。

试比较"他慢慢的走"和"他走得很慢"，则见前者只有一次的连系，着重在"走"字，因为"走"字是全句的谓词；后者是递系式，着重在"慢"字，因为"慢"字是次系的谓词，而次系又是比初系重要的。

---

① 这里须注意递系式和能愿式的分别，例如"他唱得好，大家拍掌"，这是递系式，因为不是能唱好的意思；若像"他现在唱不好，将来多练习，就唱得好了"，那却是能愿式，因为是能唱好的意思。

在"他慢慢的走"里,"慢慢"是末品;在"他走得很慢"里,"慢"字是次品。

初系的谓词,可以带目的位,后附号"得"字仍附于这谓词的后面,例如:

(F)若说为伏侍的你好……(19)

但是这种形式比较少见,普通总是把目的位省略了,如"贾政还嫌打的轻"不说"打得他轻"。

这种谓语为主语的递系式里,就普通说,初系是叙述性的,次系是描写性的("我来的不巧了");但也有两种特殊的情形:第一,初系可以是描写性的,但次系只能用"很"字为谓语,例如:

(A)两家和厚的好的很呢。(56)

(B)路上竟难走的很。(53)

(C)也就薄命的很了。(44)

(D)外头冷得很!(50)

试拿"两家很和厚"和"两家和厚得很"相比较,则见后者比前者更有力量,这是因为特别着重"很"字,把它升为次系谓语的缘故。

第二,次系可以是一种叙述语,但这种叙述语只是表示程度的,仍带描写的性质。在这情形之下,后附号"得"字可以不用,例如:

(A)怎么就打到这步田地?(34)

(B)怪道那两天二爷称赞大奶奶不离嘴呢。(67)

(C)湘云只伏在宝钗怀里笑个不住。(50)

有些次系本是纯然描写性的,但因受了上面那一类形式的同化,初系里也偶然不用后附号"得"字,例如:

(A)凤丫头仗着鬼聪明,还离脚踪儿不远。(71)

(B)将冯公子打了个稀烂。(4)

"了不得"(或"不得了")也是表示程度的叙述语,但初系里却必须用后附号"得"字，例如：

(A) 他们做诗，也不告诉他去，急的了不得。（37）

(B) 奶奶气的了不得。（58）

注意，初系系描写性的，次系多用"很"字，如"妙得很"；初系系叙述性者，次系多用"了不得"，如"气的了不得"。

初系的叙述词又可以是被动性的或处置性的，例如：

(A) 这话说的太重了。（78）

(B) 这话虑的极是。（13）

(C) 凤姐打量了一回，见他生的干净俏丽。（27）

(D) 你太把我们看的又小器又没人心了。（77）

这种句子有一个特点：次系的描写语同时也可算是描写初系的主语的（"这话太重、这话极是、他很干净俏丽、我太小器"），咱们可以说它们的结构和上面那些例子稍有不同。

递系式只算是一个句子形式；咱们不能把它认为两个句子形式的结合，因为它既不包含两个纯粹的主语，又不能在句中有语音的停顿。但是，递系式却和普通的单系式不同，因为它毕竟包含着两次的连系，不过黏合得极紧就是了。

定 义

定义五十一：凡句中包含着两次的连系，其初系谓语的一部分或全部分即用为次系的主语者，叫作递系式。

练 习

把下面的一些递系式的例子分别归类，越分得细越好：

(A) 贾母……唤了凤姐来。（22）

(B) 此去管比他们偷得还巧呢。（19）

(C) 明日还求他做去呢。（32）

(D) 有人传信到里头去。（33）

（E）你这么个好心人，难为你在这里熬。（76）

（F）迎春又命丫环点了一支梦甜香。（37）

（G）一应都是邢夫人款待。（71）

（H）我且打发人去到你那里去看屋子。（75）

（I）太太只嫌他生的太好了，未免轻狂些。（77）

（J）我们这里没人听那些野话。（62）

（K）正恼他姐妹们无情。（66）

第六节　紧缩式

一切复合句都有紧缩的可能。所谓紧缩，须具备下列的两种情形：

（一）念起来只像一个句子形式，中间没有语音的停顿；

（二）不用联结词"而且、以便、因为"之类，只把两个意思粘在一起。

紧缩式可说是语言的经济，这样可以使语言简单明了，省去了许多无所谓的字眼。现在把最常见的几种紧缩式，分别叙述于后：

（1）积累式的紧缩

第一章第九节里说过，积累式乃是叙述平行的两种（或更多）行为，或描写平行的两种（或更多）德性的。如果这两种行为当中的每一种都是一两个字可以叙述清楚的，自然会紧缩起来，成为一句了。这种紧缩式可细分为两类：

（甲）后一种行为，是要待前一种行为完成之后才能实现的，所以必须按着顺序相联结，例如：

（A）兄弟来请安。（65）

（B）口里说着，使出去开门。（30）

（C）姑娘醒了，进来伺候。（26）

（D）叫他拿过那边去等我。（64）

（E）回来再求贾府去上司衙门说情。（85）

（F）贾蓉接过禀帖和账目来，忙展开捧着。（53）

（G）到阶下便朝上跪下磕头。（62）

（乙）后一种行为并非要待前一种行为完成之后才能实现的，所以有时候，次序不妨颠倒，例如：

（A）竟有人来寻诗觅字，倩画求题的。（23）

（B）又不惊师动众的。（45）

（C）说着，披蓑戴笠出去了。（45）

（D）他是个姑娘家，不肯发威动怒。（55）

（E）这个地方，岂有你叫喊讲礼的？（52）

（F）大家吟诗做东道。（81）

（G）择了吉日，重新摆酒唱戏请亲友。（99）

这种紧缩式和普通的积累式只有黏合得松紧的分别，它们的界限是不很清楚的。

（2）目的式的紧缩

我们在第一章第九节里曾经谈到目的式，现在再谈目的式的紧缩，就是在文言里省去了"以便、俾"等，在白话里省去了"好、好教、让"等。这又可分为两小类：

（甲）次系另有主语，形式上和初系没有关系，仅靠意义的密切关连粘成一句者，例如：

（A）还要买一个丫头来你使。（48）

译成复合句是："还要买一个丫头来，让你有人可使。"

（B）香菱，来倒茶妹妹吃。（35）

译成复合句是："来倒茶，让妹妹吃。"

（C）把那孩子拉过来我瞧瞧皮肉儿。（69）

译成复合句是："把那孩子拉过来，让我瞧瞧皮肉儿。"

这种紧缩式和普通的目的式的界限也是不很清楚的，譬如（C）例，若在"来"字后面稍作停顿，就可认为普通的目的式了。

（乙）次系没有主语，有时候借初系的主语为主语（例A、B、C、D），有时候借初系的目的位为主语（例E），有时候主语隐藏（例F），例如：

（A）我买两个绝色的丫头谢你。（64）

"买丫头"的目的是"谢你"。

（B）头里原是我要唬你们顽。（81）

"唬你们"的目的在于"顽"。

（C）宝玉因和他借香炉烧香。（43）

"借香炉"的目的是要"烧香"。

（D）我送他几两银子使罢。（83）

"送银子"的目的是让他有的"使"。

（E）妹妹有槟榔，赏我一口吃。（64）

"赏我一口"的目的是让我有的"吃"。

（F）即时传了赖升媳妇，要家口花名册查看。（14）

"要家口花名册"的目的是让他"查看"。

有时候，"目的"可以是重叠的，例如：

（A）明儿挑一个好丫头送去老太太使。（36）

（B）我转给你瞧。（15）

"挑一个丫头"，为的是"送去老太太使"，但"使"又是"送去"的目的；"转"为的是"给你瞧"，但"瞧"又是"给"的目的。这是（甲）类的变相。试比较：

买一个丫头你使：买一个丫头给你使。

来倒茶妹妹吃：来倒茶给妹妹吃。

就全国方言而论，用"给"字的情形较为多见。

（3）**结果式的紧缩**

在复合句的结果式里，从属部分须用"以致"或"弄到"开始，但当结果式紧缩的时候，就用不着"以致"或"弄到"，只须用后附号"得"字（"的"字）放在初系谓词的后面就是了，例如：

（A）哄的宝玉不理我，听你们的话。（20）

（B）说的林黛玉嗤的一声笑了。（23）

（C）气的我只要替平儿打抱不平呢。（45）

（D）脖子低的怪酸的。（36）

（E）如今撑掇的真打死人了。（85）

偶然也可以用"了"字替代"得"字，例如：

（F）兴儿……先唬了一跳。（67）

（G）唬了紫鹃一跳。（82）

在谓语为主语的递系式里，也用后附号"得"字（见上节），但它和紧缩式是有分别的：递系式"得"字后面用描写语（形容词），紧缩式"得"字后面用叙述语（动词）；递系式的次系不能有本身的主语，它是借初系的谓语为主语的，紧缩式的次系则可以有本身的主语。

不过，如果次系的叙述语并非真的用以叙述事件，只在夸张一种结果，使初系的谓词更有力量，就和描写语差不多了，例如：

（A）穷的连饭也没的吃。（48）

意思是说穷极了。

（B）宝玉见问，慌的藏之不迭。（23）

意思是说慌极了。

（C）他们是憨皮惯了的，早已恨得人牙痒痒。（30）

意思是说恨极了。

（D）宝玉听了，喜得眉开眼笑。（49）

意思是说欢喜到了极点。

（E）以后便疼的任什么不知道了。（81）

意思是说疼到了极点。

（F）（宝玉）羞的满面紫涨。（32）

意思是说羞得很厉害。

这是借结果式的紧缩来作极度的描写，可说是一种活用。此外，次系里也可以不用动词或形容词，只用"这样子、这么着、一身……、两颊……"之类。这也是借来作极度的描写的，例如：

（A）怎么几日不见，就瘦的这么着了？（11）

（B）不好的这么着，怎么还能说话呢？（82）

（C）弄得这样光景。（81）

（D）凤姐吓的一身冷汗。（13）①

（E）那五儿早已羞得两颊红潮。（103）

但若用"了"字替代"得"字的位置，则又该认为普通结果式的紧缩，不必认为极度的描写了，例如：

（A）我长了这么大，今日是头一遭儿生气打人。（30）

意思不是说长到了极点。

（B）又扇了我一头灰。（35）

意思不是说扇到了极点。

总之，递系式的"得"和紧缩式的"得"，其间的界限虽不很清楚，然而两个极端却是相差很远的。试拿"我来的不巧了"和"说的林黛玉扑嗤的一声笑了"相比较，就显出很大的差别来，所以咱们还是不能混为一谈的。

（4）申说式的紧缩

申说式的紧缩，往往是因为申说的部分太短了，以致和被申说的部分之间没有停顿，例如：

---

① 编者注：人民文学出版社本中"的"作"了"。

（A）身子更要保重才好。（81）

（B）且商量咱们八月十五日赏月是正经。（75）

如果主要部分的谓语是"不及……、不如……"之类，则申说的部分只算是一种赘语（例C），或一种补充的解释（例D）：

（C）这山上赏月虽好，总不及近水赏月更妙。（76）

"这山上赏月"至"近水赏月"是容许式，"总不及近水赏月更妙"是申说式的紧缩。

（D）我是受不得这样磨折的，倒不如死了干净。（111）

"我是受不得"至"不如死了"是按断式，"倒不如死了干净"是申说式的紧缩。

此外，像下面的两个例子，也可算是申说式的紧缩；然而被申说的部分却是比申说的部分更短：

（A）仔细那上头挂的灯穗招下灰来迷了眼。（31）

"那上头"至"迷了眼"是申说其所以要"仔细"的理由。

（B）只纳罕他家怎么就这样富贵呢？（16）

"他家怎么就这样富贵"是申说"纳罕"的理由。

（5）条件式的紧缩

条件句中没有停顿的都可认为条件式的紧缩。这种结构或因从属部分太短，或因主要部分太短，以致句中用不着停顿，例如：

（A）你一去都没有兴头了。（47）

（B）不问他还不来呢。（52）

（C）越给钱越闹的凶。（85）

（D）我不听见便罢。（73）

尤其是在平行的两个条件式里，紧缩的情形更为常见：

（E）留他不便，不留又不好。（105）

（F）给了更好，不给也没妨碍。（46）

（6）容许式的紧缩

假设的容许式里，如果从属部分没有"纵使、那怕"一类的字眼，就往往用得着紧缩式，例如：

（A）去了也是白去的。（6）（"纵使去了，也是白去的。"）

（B）不用出来也使得。（70）（"即使不出来，也没有关系"。）

（7）时间限制的紧缩

时间限制的复合句，若从属部分太短（例A），或主要部分太短（例B），也会变为紧缩式的，例如：

（A）放下饭便走。（23）

当他放下饭碗之后，便走出屋子了。

（B）待张材家的缴清再发。（14）

待张材家的缴清之后，再发。

以上所述的七种紧缩式，都是最常见的。其余的复合句也有紧缩的可能，但可由此类推①，不必细述了。

定 义

定义五十二：凡复合句紧缩起来，两个部分之间没有语音的停顿者，叫作紧缩式。

练 习

把下面的一些紧缩式的例子分别归类：

（A）每位再吃一杯再走。（63）

（B）只留两个心腹小童牵马。（65）

（C）回去就睡了。（109）

（D）要见面就难了。（109）

（E）林姑娘的衣裳，还不拿出来给他换上？（97）

---

① 例如"才有事往后头去了"（64），这是原因式的紧缩；"因为有事"，才"往后头去了"。

（F）黛玉的两个眼圈儿已经哭的通红了。（81）

（G）总要一样看看才公道。（74）

（H）我们索性下完了这一局再说话儿。（92）

第七节　次品补语和末品补语

普通的次品，总是放在其所修饰的首品的前面的；但是，为了特殊的原因，它却可以放在那首品的后面。次品放在首品后面的，我们把它叫作次品补语。次品补语可分为两大类：（一）句中没有语音停顿的；（二）句中有语音停顿的。

（一）句中没有语音停顿的

这是十足的次品补语，因为它和首品的关系是最密切的。它所修饰的首品是目的语首品，而这目的语前面的叙述词往往是"有、无"一类的字，例如：

（A）你可有法办这件事么？

很像是说："你可有'办这件事'的法子么？"

（B）我有本事叫凤丫头弄出来咱们吃。（35）

很像是说："我有叫凤丫头'弄出来咱们吃'的本事。"

（C）那里有闲工夫打听这个事？（67）

很像是说："那里有'打听这个事'的闲工夫？"

（D）王家的无处煞气。（74）①

很像是说："王家的没有'煞气'的地方。"

（E）没那福气穿就罢了。（52）

很像是说："没那'穿'的福气就罢了。"

这种"有、无"和递系式的"有、无"不同。递系式的"有、无"是

---

① 编者注：人民文学出版社本中作"王家的气无处泄"。

没有主语的；这种"有、无"是有主语的（如"你有法""我有本事"），不过有时候主语系承上文而来（例 C、E）罢了。这种次品补语，是可以移到首品的前面的，如"有闲工夫打听这个事"可以变成"有打听这个事的闲工夫"；递系式的次系是不能移到首品的前面的，如"有跟贾政的小厮上来抱住"不能说成"有上来抱住的跟贾政的小厮"，又如"有小子和车等着"不能说成"有等着的小子和车"①。

目的语前面的叙述词也可以偶然不用"有、无"，例如：

（F）所以我不得空儿来请老太太的安。（101）

很像是说："所以我不得'来请老太太的安'的空儿。"

（G）再想法儿打听东府里的事。（105）

很像是说："再想一个'打听东府里的事'的法儿。"

这种次品补语的好处在于：使次品更占重要的地位，更有力量，因为它不很像一种附属品了；如果这次品仿语太长，则放在目的语后面更顺口些，例如"有本事叫凤丫头弄出来咱们吃"，比"有叫凤丫头弄出来咱们吃的本事"说得轻松多了。

还有一件事最值得注意：这种次品补语都是以动词为骨干的。其中有用主动意义的，如上面的七个例子；又有用被动意义的，如下面的三个例子：

（A）没有别的礼送。（30）

（B）倒没什么说。（10）②

（C）还有句话告诉你。（28）

这等于说"没有别的礼可送""没有什么话可说""还有一句话要告诉你的"；倒转过来就是"没有别的可送的礼物""没有什么可说的话""还有一句要告诉你的话"。

---

① 参看本章第五节。

② 编者注：人民文学出版社本中作"倒没说什么"。

在比较文雅的话里，就往往用得着"可"字，如"有事可做""无书可读"等。注意：在这种被动意义的次品补语的前面，"有、无"却是可以没有主语了。

有时候，次品补语的动词既不是主动，也不是被动，而是一种为动。所谓为动，就是为了某事而生出某种动作或行为，例如：

（A）这有什么伤心的？（19）

"什么"指未知的事物，是伤心的原因。

（B）这有什么不愿意的？

"什么"指未知的事物，是不愿意的原因。

无论被动或为动，如果"有、没"的目的语被省略了，须用后附号"的"字放在"有、没"的后面，例如：

（A）我赠给他三斗米，他有的吃了。

（B）从此我们奶奶作了主，我就没的愁了。（16）

有时候，目的语倒装在"有、没"的前面，"有、没"的后面仍旧须用后附号"的"字，例如：

（C）穷的连饭也没的吃。（48）

（D）连水也没的喝，还说什么招待呢？

注意，这种"没的"依国语习惯不能说成"没有的……"。

（二）句中有语音停顿的

这可以称为准次品补语，因为句子既被语音的停顿隔为两截，语气就不紧凑，这次品和它所修饰的首品的关系，就不很密切了。这种准次品补语，普通总是后面带着后附号"的"字（或代词"者"字）的，例如：

（A）先找着了凤姐的一个心腹通房大丫头，名唤平儿的。（6）

（B）我倒像杨妃，只是没个好哥哥，好兄弟，可以做得杨国忠的。（30）

（C）里头却也有两个姐姐，成个体统的。（61）

（D）原来邢夫人之兄嫂，带了女儿岫烟进京来投邢夫人的。（49）

像这四个例子里的补语也可认为首品，它和前置的首品是居于同位的，譬如 C 例等于说："里头却也有两个姐姐，成个体统的姐姐。"不过这种首品补语究竟是补充前置的首品的意义的，不算十足的首品，所以也可称为准次品。

如果补语后面还有别的话才够一句，它就很像一种夹注，在文章里可用破折号隔开①，例如：

（E）再将吾妹一人——乳名兼美，表字可卿者——许配于汝。（5）

（F）男人只有贾芹、贾芸、贾菖、贾菱四个——现在凤姐麾下办事的——来了。（53）

（G）忽见隔壁葫芦庙内寄居的一个穷儒——姓贾名化、表字时飞、别号雨村者——走了出来。（1）

次品补语后面如果不用"的"字，就是叙述句中的描写语或判断语，譬如某一个句子的主要任务是叙述一个事件，中间插入若干描写语或判断语，表面上似乎插入若干句子，其实若认为次品补语，就可以把句子的结构看得简单了许多，例如：

（A）谁知惜春虽然年幼……孤独僻性，任人怎说……咬定牙断乎不肯。（74）

等于说："谁知那年幼孤僻的惜春……"这句的主要任务是叙述惜春不肯留入画。

（B）那巧姐儿身上穿得花团锦簇，手里拿着好些顽意儿笑嘻嘻走到凤姐身边学舌。（88）

等于说："那身上穿得花团锦簇的巧姐儿……"这句的主要任务是叙述巧姐儿走到凤姐身边学舌。

---

① 这种破折号是可用可不用的。

(C)忽见有一个人,头上戴着毡帽,身上穿着一身青布衣裳,脚上穿着一双撒鞋,走到门上。(93)

等于说:"忽见有一个头戴毡帽,身穿青布衣裳,脚穿撒鞋的人。"这句的主要任务是叙述那人走到门上。

(D)正走之间,见路旁一座大土山子,约有二十来丈高,上面是土石相挽的,长着些高高矮矮的丛杂树木,却到是极宽展的一个大山怀儿。(《儿女英雄传》4)

这句的主要任务是叙述看见一座大土山子,"约有……"以下都是对于这土山的修饰品。

依中国语的习惯,次品如果很长,总是放在其所修饰的首品的后面。因为先说出了首品,它的修饰品无论怎样长,附在后面,就不觉得累赘了。只有那些极度形容语,放在首品的前面,可以描写得更生动些,例如:

公子只道他是要整理衣裳,忽听得喀吧一声,就从衣襟底下,忒楞楞露出一把背儿厚,刃儿薄,尖儿长,靶儿短,剸铁无声,吹毛过刃,杀人不沾血的斩铜折铁雁翎倭刀来。(《儿女英雄传》6)

然而这只是很特别的例子,普通说话都不是这样累赘的。

普通的末品,也总是放在其所修饰的次品的前面的;只有一些特殊的形式,其次序恰恰相反。末品放在次品后面的时候,我们把它叫作末品补语。

使成式的末品都是后置的,我们在第二章第二节里已经说过了。

能愿式也有末品后置的情形。"得"字置于动词的后面,可认为倒置的"能"(见第二章一节)。此外又有"定"字,有时候也置于动词的后面,以表示必然性,例如:

(A)巧姐儿死定了。(84)

(B)他一定是在咱们家住定了的。(49)

描写句中的程度末品 程度末品前置后置均可者,有"极"字,如"极好"也可以说成"好极"。但是"极好"往往用于普通的句子里,"好极"往往用于感叹的句子里。

"不过"用为程度末品时,必须置于其所修饰的谓词之后,例如:

(A)起先觉得打的疼不过。(33)

(B)这是最好不过的了。

"些"字用为程度末品时,必须置于其所修饰的形容词之后①,例如:

(A)还要说软些,才饶你。(47)

(B)再想自己亲身带的倒比买的又好些。(43)

(C)又因这两日凤姐儿声色怠惰了些。(72)

(D)少了这几个人,便觉冷清了好些。②

北京话里的"点儿"或"一点儿",用为程度末品时,它的意义及功用和"些"字完全相等,也是必须置于其所修饰的形容词之后的。

数量末品 凡带有"一、二、三"之类的数目字,及"几、半"等字的末品,若在现代国语里,也是必须置于其所修饰的谓词之后的。无论描写句或叙述句,都是如此(参看第四章),例如:

(A)老祖宗只有伶俐聪明过我十倍的。(52)

(B)竟更比他人好十倍。(49)

(C)心中已活了几分。(13)③

(D)他的痛已经好了一半。

(E)就赁了他庙里的房子住了十年。(63)

(F)我怎么就忘了你两三个月。(26)

只有和"极、很、非常"等字同意义的"十分",可以置于谓词之前(见第一章第八节)。又有不带单位名词的"一"字,也可以置于谓词之前(参

---

① 但若变为"有些",则须前置,例如"你可真真有些疯了"(36)。

② "多着"用为末品时,它的位置也和"好些"相同,例如"早多着哩"(18)。

③ 但若变为"有几分",则须前置,例如"心中已有几分活了"。

看第四章）。

处所限制之后置者 普通的处所限制，都是放在其所修饰的谓词之前的，例如"老爷在大书房等二爷呢"（16），"专在这些浓词艳诗上做工夫"（23），等等。但若有下列两种情形之一者，则必须放在其所修饰的谓词之后：

（一）在处置式里，例如：

（A）把他派在怡红院中。（24）

（B）爱上那风流妖艳之句，也写在扇头壁上。（23）

（二）在被动式里，例如：

（C）他被官厅捉去，关在监牢里。

（D）如今是一盆才透嫩箭的兰花送到猪圈里去一般。（77）

有些单音的不及物动词，当其表示一种趋向（向下、向前之类）的时候，也往往是后置的，例如：

（A）果然应在他身上。（77）

（B）别是掉在茅厕里了。（41）

（C）那里没找到，摸在这里来。（23）

只有少数动词如"住、死"等，是前置后置均可的，例如"我住在北京饭店"，也可以说成"我在北京饭店住"。此外，现代一切叙述词，无论它是及物动词或非表示趋向的不及物动词，它的处所末品都是前置的。

关系位之后置者 第一章第七节里说过，关系位很少是放在叙述词的后面的。只有叙述词用为为动的时候，关系位才是后置的。关系位在本质上虽是首品，在功用上和末品没有分别（见第一章第七节），所以关系位之后置者也可称为末品补语，例如：

（A）小红道："也犯不着气他们。"（26）

为他们而生气。

（B）若碰了一点儿，你可仔细你的皮。（6）

为你的皮而仔细。

（C）你们守着哭什么？（97）

为什么而哭？

（D）大哥还愁什么？（49）

为什么而发愁？

上文所说的数量末品也可认为一种后置的关系位，不过它们的性质和这种为动的关系位颇不相同罢了。

定　义

定义五十三：凡次品，放在它所修饰的首品的后面者，叫作次品补语。

定义五十四：凡末品，放在它所修饰的次品的后面者，叫作末品补语。

订　误

（1）把废物在河里扔。

该改为"把废物扔在河里"，因为处置式的处所末品是放在它所修饰的叙述词后面的。

（2）他很用心在书本上。

该改为"他在书本上很用心"，因为普通的处所末品是放在它所修饰的叙述词前面的。

（3）你们身子比以前十倍好。

该说"……好了十倍"，因为普通的数量末品总是后置的。

比较语法

（1）我去先。

这是粤语及客家话的语法。在国语里，"先"字用为末品时，是放在叙述词前面的，所以说成"我先去"。

（2）我今天比昨天买多四斤肉。

这也是粤语及客家话的语法。在国语里，"多"和"少"用为末品时，是放在叙述词前面的,所以说成"……多买四斤肉"。

练 习

(1) 试把下面这些例子里头的普通次品改为次品补语:

(A) 他买了一所价值七万元,减售五万元的房子。

(B) 他没有和她结婚的意思。

(C) 张先生在旧书摊上买了一本没有封面的书。

(D) 李贵生昨天找着了一个房间倒还干净的旅馆。

(E) 我今天在街上看见了一个头戴草帽,身穿白色制服的青年学生。

(F) 可惜没有帮我的忙的朋友。

(G) 你在这里没有可住的房子。

(H) 他天天做苦工,没有念书的时间。

(2) 试把下面这些处所末品,每一个造成两个句子。要一个是处所末品前置的,一个是后置的,例如以"在家里"为题,答者可以造成"我在家里念书"和"爸爸出去了,把我留在家里"两句:

在河里　在空中　在街上　在门口　在学校里
在桌子下　在路边

第三章　语法成分

第一节　系词

系词有"是、非、为、即、乃、系"等字，准系词有"像、似、如"等字。在现代中国语里，常用的词只有"是"字，常用的准系词只有"像、如"二字。

所谓系词，就是担任连接主位和表位的一种词，由系词所构成的一种句子叫作判断句（见第一章第八节），系词和表位结合，若对于主语而言，可称为判断语。从判断语上观察，判断句可分为三种：

（一）由简单的系词构成者，例如：

（A）只有薛姨妈、史湘云、宝钗是客。（22）

（B）原来次日是王子腾夫人的寿诞。（25）

（C）他是小生，药官是小旦。（58）

（D）姨太太是外人。（103）

（二）系词上面加末品。除了否定作用外，该认为整个判断语受末品修饰，不该认为"是"字本身受末品修饰，例如：

（A）你这么个人，竟是大俗人。（41）

（B）原来也是个银样蜡枪头。（23）

（C）真是意外之事。（72）

（D）你们虽是千金，原不知道这些事。（56）

（三）不用系词的。现代不用系词的判断句很少，却不是没有。其最常见者，是下列的两种情形：

（甲）在简单的问答句里，例如：

（A）您哪儿（的）人？——我山东人。

（B）这话谁说的？

（乙）在复合句的按断式里，按的部分如果用判断语，是可不用系词的，例如：

（A）我们好街坊，这银子是不要利钱的。（24）

（B）探春有心的人，想王夫人虽有委屈，如何敢辩？（46）

（C）你们山坳海沿子上的人，那里知道这道理？（53）

（D）你们女孩儿家，那里知道？（57）

（E）奶奶这样斯文良善人，那里是他的对手？（65）

从主语上观察，判断句可分为四种：

（一）主语为首品词或普通名词仂语者，例如：

（A）他就是我的过继兄弟。（91）

（B）祖上也是读书仕宦之家。（18）

（C）二则别人之父母皆年高有德之人。（57）

（D）却不知盐课林老爷的小姐才是真正的香玉呢。（19）

（二）主语系以次品代首品的，故必须带次品记号"的"字，例如：

（A）姑娘说的是那里的话？（48）

（B）只说用的（人参）是老太太的，不必多说。（77）

（C）又打听他最喜串戏，且都串的是生旦风月戏文。（47）①

（D）他祭的到底是谁？（58）

但是，首品和次品的次序也可以颠倒，形式上像是（二）类，意义上却是属于（一）类，例如：

（E）闻得今年盐政点的是林如海。（2）

等于说："点的盐政是林如海。"

（F）戏演的是《八义观灯》八出。（54）

---

① 若把首品补出，"都"字却须放在主语之后，成为："且串的戏都是生旦风月戏文。"

等于说:"演的戏是《八义观灯》八出。"

（三）主语系谓语形式或句子形式,例如:

（A）胡乱花费,也是公子哥儿的常情。（56）

（B）叔叔大安了,也是我们一家子的造化。（26）

（四）主语不用,或主语、系词都不用,例如:

（A）你揉眼细瞧,是镜子里照的你的影儿。（56）

（B）王夫人打开看时也都忘了,不知都是什么。（77）

（C）怎么拔去肉中刺,眼中钉?是谁的钉,谁的刺?（80）

（D）宝玉笑道:"实在是他作的。"（88）

以上是主语不用。

（E）我告诉奶奶,可别说(这是)我说的。（44）

（F）(这是)老祖宗、姨太太、亲家太太赏文豹买果子吃的。（53）

（G）每日起早吃一钟,(这是)最补人的。（60）

（H）(这是)谁买的热糕?（60）

以上是主语、系词都不用。

从表位上观察,判断句也可分为四种:

（一）表位为首品词或普通名词仂语者,例如:

（A）他是客。（26）

（B）这正是会作诗的起法。（50）

（二）表位系以次品代首品者,故必须带次品词尾"的"字,例如:

（A）我们有两件事:一件是我的,一件是四妹妹的。（45）

（B）想着那个画儿也不过是假的。（40）

（C）你们是一气的。（21）

（D）他是外省来的。（86）

（E）谁又是二十四个月养的?（55）

（F）幸亏他素习是个使力不使心的。（53）

（G）原来这小丫头也是金桂在家从小使唤的。（80）

（三）表位系谓语形式或句子形式，例如：

（A）你说教训儿子为的是光宗耀祖。（33）

（B）最难得的是从小儿一处长大。（57）

（C）恼的是那群混账狐朋狗友的扯是搬非。（10）

（D）气的是金桂撒泼，悲的是宝钗有涵养。（84）

（四）表位省略或系词表位都省略，例如：

（A）叔叔听，这不是？（85）

（B）妹妹尊名？（3）

主位和表位相同的判断句　主位和表位完全相同的时候，这种话似乎等于没有说（例如"岳飞是岳飞"）。但是，有时候为了要表示某人或物和别的人或物不同，却用得着这种句子，例如：

（A）他是他的，我送的是我送的。（60）

（B）你是你，他是他，你犯不着替他生气。

不合逻辑的判断句　有些句子的意义，在逻辑上是讲不通的。除非我们认为说话人的话有所省略，把省略的话补了出来，然后在逻辑上讲得通。这种情形，是由于语言的经济所致。

最常见的不合逻辑的句子乃是判断句。某一些判断句在形式上已具备了主语、系词、表位三个要素，然而它的判断语却不能合于逻辑上的谓语，例如：

（A）他是阳间，我们是阴间。（16）

（B）程日兴的美人是绝技。（42）

（C）众位姑娘都不是是结实的身子。（51）

（D）不知他们是什么法子？（56）

（E）宝玉明知黛玉是这个缘故。（67）

（F）幸而那杯子是我没吃过的。（41）

(G) 我今儿是那里来的晦气?（75）

(H) 秋纹见这条红裤是晴雯手内针线。（78）

(I) 衣裳也是小事。（37）

(J) 我喝酒是自己的钱。（104）

用判断句表示人物的处所时，似乎是一种倒装法，主语在系词的后面，例如：

(A) 刘姥姥之下便是王夫人；西边便是史湘云。（40）

(B) 后头又是这梅花。（50）

然而咱们也可以把它们认为不合逻辑的判断句，"刘姥姥"和"后头"都可认为主语。"一身是胆、满身是汗"一类的话都可作此解释。现在再举两个例子：

(C) 这长安城中，遍地皆是钱。（6）

(D) 扫红锄药手中都是马鞭子。（9）

递系式中的系词 递系式中的系词的前面往往是没有主语的，系词后面的表位兼为次系的主语。已见于第二章第五节，今不赘。

系词"是"字的活用 "是"字自从用为系词之后[①]，越来越灵活了，于是生出了许多似系词而非系词的用途。在下文里，我们所举各例，都不能认为真正的系词，只能认为系词的活用，换句话说就是离开了系词的正当用途，扩充到别的领域去。这几种"是"字都已近似副词或虚词，不是纯粹的系词了。活用的"是"字，大约可分四类：

（一）是认和否认某一事实，例如：

(A) 想是没了，就只有这个。（77）

(B) 他去了，便是要回苏州去了。（57）

(C) 不是阴尽了又有一个阳生出来。（31）

---

① "是"字在上古不是系词。

有时候,"是"字不用也可以,用了则语气更强:

（D）我不过是奉太太的命来,妹妹别错怪我。（74）

（E）这些混账事,我们爷是没有的。（16）

（F）亏得妙师父和彩屏,才将姑娘救醒,东西是没失。（111）

凡故意去作极端肯定的语气,然后作转折语者,亦归此类:

（G）东西是小,难得你多情如此。（45）

（H）咱们走是走,我就只不舍得那个姑子。（112）

（二）解释原因,例如:

（A）他吩咐你几句,不过是怕你在里头淘气。（23）①

（B）昨日已好了些,今日如何反虚浮微缩起来?敢是吃多了饮食?不然就是劳了神思。（53）

（C）那张华不过是穷急,故舍了命才告。（68）

（D）黛玉笑道:"那是顶线不好。"（70）

（E）我是为照管这园中的花果树木来到这里。（83）

如果及物动词后面不带目的位,就须在后面加一个"的"字。这种"的"字只是语气词（参看本章第五节）,不是次品后附号,所以不可错认为判断句中的"是……的"式:

（F）这又是那起没脸面的奴才挑唆的。（60）

（G）众人都说是秋菱气的。（80）

（H）我是刚才眼睛发痒揉的,并不为什么。（81）

凡要求解释原因的问句,亦可归入此类:

（A）这是为什么?（39）

（B）三人都诧异问道:"这是为何?"（56）

（三）等于末品的后附号。这种"是"字,在理论上是可以不用的,

---

① 编者注:人民文学出版社本作"不过不教你在里头淘气。"

但若用它则语气更为舒畅,例如:

(A)只是太富丽了些。(17)

(B)先是进内去和尤氏和丫鬟姬妾说笑了一回。(19)

(C)哥儿已是不中用了。(25)

(D)要是姑娘们使了奶妈子们①,他们也就不敢闲话了。(56)

(E)老太太既是作媒,还得一位主亲才好。(57)

(F)就是哭出两缸泪来,也医不好棒疮。(34)

(G)宝玉虽是依允……(60)

(H)自然是不敢讲究。(56)

(1)横竖是给你放晦气罢了。(70)

(四)以虚代实。有些本该用实词的地方,只用"是"字,靠上下的衬托,就显得出比较实些的意思,例如:

(A)从里面游廊出来,便是惜春卧房。(50)

略等于说:"便看见惜春卧房。"

(B)倘或有人盘问起来,倒又是一场是非。(60)

略等于说:"倒又要生出一场是非。"

(C)鸡蛋、豆腐,又是什么面筋、酱萝卜炸儿。(61)

略等于说:"又要什么面筋、酱萝卜炸儿!"

(D)我能够和姊姊们过一日是一日。(71)

略等于说:"过一日算一日。"

(E)那一股清香,比是花都好闻呢。(80)

略等于说:"比一切花都好闻呢。"这一个例子和前四个例子颇不相同;前四个例子的"是"字都是替代叙述词的,这一个例子的"是"字却是替代加语的。

---

① 编者注:人民文学出版社本作"姑娘们只能可使妈妈们。"

非系词的"是"字　上面所说的系词活用法里,"是"字虽不是真正的系词,到底还是由系词转变而成的,下面所举的三种"是"字,只是一种形容词,和系词是毫无关系的了:

（一）"是"略等于"有道理",例如:

（A）要如此方是。（17）

（B）倒要让他一步为是。（20）

（C）二人皆说："是极！"（37）

（D）你嫂子这也说的是。（88）

（二）"是"字略等于"可以"或"对"。仅用于"就是了"一个仂语里,例如:

（A）每月叫芹儿支领就是了。（23）

（B）你只好生答应着就是了。（23）

（三）恭敬的答应语用"是"字,例如:

（A）贾政忙躬身答道："是。"（15）

（B）赖大连忙答应了几个"是"。（93）

非、为、即、乃、系　在现代语里,这些字都不必用为系词,除"非"字见于下节外,我们不想在本书里多加讨论。只有一点值得在这里郑重说出的,就是"为、即、乃、系"并不完全等于"是","非"并不完全等于"不是"。尤其是系词"是"字活用的时候,往往不是它们所能替代的。

像、似、如　这一类的字并不是逻辑上的系词;只因它们在用途上有些像"是"字,所以普通语法学家也把它们认为系词之一种。我们现在把它们叫作准系词,以示它们的词性和"是"字是相似而不相同的。

在肯定句里,现代准系词常用的只有"像"字,例如:

（A）我倒像杨妃。（30）

（B）大太太一个侄女儿,宝姑娘一个妹妹,大奶奶两个妹妹,倒像一把子四根水葱儿。（49）

（C）他两个倒像一对双生的弟兄。（63）

（D）好个美人儿！真像个病西施了！（74）

"如"和"似"都只算是古语的残留：

（A）面如美玉，目似明星。（15）

（B）再几年，山由烟也不免乌发如银，红颜似缟。（58）

在否定语里，常用的有"不像"和"不如"，但二者的意义并不相同，"不像"往往是不相似的意思，例如：

（A）怪道穿上不像那刺猬似的。（45）

（B）我说那孩子倒不像那狐媚魇道的。（44）

"不如"则表示程度上或价值上的相差[①]：

（C）可怜我熬的连个淫妇也不如了。（44）

（D）一动不如一静。（57）

（E）恭敬不如从命。（62）

"是"和"像"的相通　凡比喻的时候，本该说"像"，但也可以说"是"。反正对话人明知是比喻，不至于误会的，例如：

（A）女孩儿未出嫁是颗无价宝珠；出了嫁，不知怎么，就变出许多不好的毛病儿来；再老了，更不是珠子，竟是鱼眼睛了。（59）

有时候，"是"和"似的（是的）"相应，可以表示一种比喻（例B），又可以表示一种猜想（例C）：

（B）这些老婆子都是铁心石头肠子似的。（58）[②]

（C）薛蝌听了，又是金桂似的声音。（91）[③]

除了"像、似、如"三字外，还有一个"若"字，意义大致相同。因为

[①] 但该用"不如"的地方也偶然可用"不像"，如"从来不像昨儿高兴"（42），但若遇不相似的意义时，就只能用"不像"，不能用"不如"。

[②] 编者注：人民文学出版社本作"这些老婆子都是铁心石头肠子"。

[③] 编者注：人民文学出版社本作"薛蝌听了是宝蟾又似是金桂的语音"。

现代语里不用它,所以就不举例了。

定 义

定义五十五:凡担任连接主位和表位的一种词,叫作系词。

练 习

在下面这些句子当中,指出哪一些"是"字是纯粹的系词,哪一些是系词的活用,哪一些不是系词:

(A)这人还是老爷的大恩人呢。(4)

(B)原该不等上门就有照应才是。(6)

(C)你是个尊贵人。(15)

(D)大清早起,这是何苦来?(21)

(E)心中虽然有万句言辞,只是不能说得。(34)

(F)如何今儿是这样喜欢了?(43)①

(G)倒是亏他才一路说,笑的我这里痛快了些。(54)

(H)他看凡人是个不堪的浊物。(109)

第二节 否定作用

凡能在消极方面否定某一种事情者,叫作否定作用。表示否定作用的词叫作否定词。现在先把现代最常用的几个否定词分别叙述于下:

"无"和"不" "无"字是动词,"不"字是副词。"无"字常用于次品,"不"字常用于末品。"无"字常用为叙述词,"不"字常用为叙述词或描写词的修饰品。"无"和"不"的分别是很大的。在下列诸例中,"无"字不可换成"不"字,"不"字也不可以换成"无"字:

(A)迎春姊妹看众人无意思,也都无意思了。(31)

(B)进来又被王夫人数说教训了一番,也无可回说。(33)

---

① 编者注:人民文学出版社本作"如何今儿又这样喜欢了"。

（C）不过无人处偶然取个笑儿。（46）

（D）倒叫我不安。（8）

（E）蓉哥儿媳妇儿身上有些不大好。（11）

（F）众人喝他不住。（7）

（G）林黛玉只顾拭泪，并不答应。（30）

（H）宝玉料着自己不睡都不肯睡。（109）

"无"的反面是"有"，故"无意思"的反面就是"有意思"。"不"的反面却是不用字表示的，故"不安"的反面就是"安"，"不答应"的反面就是"答应"。

未 "未"字用于不完全的否定。它仅否定过去，并不否定将来（例A）。又在乙事发生的时候，甲事还不曾发生，也叫作"未"（例B、C、D），例如：

（A）晴雯又未大愈，因此，诗社一事，皆未有人作兴。（53）

（B）不料自己未张口，只见黛玉先说道。（20）

（C）我的寿礼还未送来，倒先扰了。（26）

（D）如香烬未成，便要罚。（37）

"未"的反面是"已"，故"未送来"的反面就是"已送来"。"未"又可说成"不曾"，例如：

（A）宝玉因自来从不曾在平儿前尽过心。（44）

（B）袭人从来不曾受过大话的。（30）

"没有"和"没" "没有"是近代才产生的否定词，而且只有官话里用它。在大多数情形之下，"没有"和"没"是通用的。"没有"（或"没"）的用途共有两种：

（甲）替代古时的"无"字，用为次品，例如：

（A）我没有什么送的。（26）

（B）身子也没有着落。（111）

（C）巧媳妇做不出没米的饭来。（24）

　　（D）趁着没人告诉我。（77）

（乙）替代古时的"未"字，用为末品，例如：

　　（A）这些事，我从来没有听见过。（112）

　　（B）从来没听见有个什么金刚丸。（28）

　　（C）我也没细看。（26）

　　（D）二哥的书还没看完。（86）

句末的"没有"却不能省为"没"，例如：

　　（A）连个规矩都没有。（7）

不能说成"连个规矩都没"。

　　（B）吃了药没有？（45）

不能说成"吃药没"。

"非"和"不是" "非"字用为系词的时候，它的意义略等于"不是"①。不过，"非"字是古代语的余留，故须用于文雅的话里；普通白话只用"不是"，不用"非"。所以在下面诸例中，"非"字可以换成"不是"，而"不是"却不可以换成"非"字，否则便成了生硬的白话：

　　（A）若非个中人，不知其中之妙。（5）

　　（B）龄官自以为此二出原非本角之戏。（18）

　　（C）这个地方不是你来的。（19）

　　（D）又不是账，又不是礼物。（28）

此外还有一点必须辨认清楚："非"字是一个单词，"不是"却是两个词合成的仂语，在性质上也是不相同的。有些文言里的"非"字，却还不曾演变为"不是"，例如"除非"不能说成"除不是"（却有人说"除非是"，这是古今词汇的合糅），"非去不可"不能说成"不是去不可"，

---

① 如果追究字源，"非"字和"不是"并不相当。若就现代的意义而言，系词"非"字和"不是"的意义是一样的。

等等。

"别"和"不要" 在北京话里，表示劝阻或禁止的否定词有"别"字[①]：

(A) 别告诉人[②]，连你也有不是。（19）

(B) 你可别多心。（40）

(C) 一时顺了嘴，奶奶别计较。（80）

(D) 别瞎说了。（107）

但普通的官话都用否定的能愿式"不要"来表示劝阻或禁止，例如：

(E) 请你不要见怪。

(F) 我叫你不要这样办，你偏不相信！

表示特别的警告时，用"不可"；表示委婉的劝告时，用"不用"（或"不必"），都是由能愿式借来的（参看第二章第一节），例如：

(G) 宝兄弟明儿断不可不言语一声儿，也不传人跟着就出去。（43）

(H) 林妹妹是爱生气的，不可造次。（97）

(I) 已经来了，也不用多说了。（19）

(J) 你们不用白忙。（19）

否定词的分类，可以有四种分法。第一种分法是：

（1）否定成分即以替代肯定成分者，叫作兼性否定词。此类有"无、非、未"等字。"无"字含有"有"的意思在里头，等于说"不有"[③]；"非"字含有"是"的意思在里头，等于说"不是"；"未"字含有"曾"的意思在里头，等于说"不曾"。"有"字是动词，故"无"字可称为否定性动词；"是"字是系词，故"非"字可称为否定性系词；"曾"字是副词，故"未"字可称为否定性副词。它们虽表示否定，同时仍有叙述或连系

[①] 偶然也用"休"字，如"你快休动，只站着方好"（62）。

[②] 编者注：人民文学出版社本作"不可告诉人，连你也有不是"。

[③] 但习惯上不能说"不有"，只能说"没有"。

或表示时间的任务，故称为兼性否定词。

（2）否定成分加于肯定成分之上者，叫作外附否定词，此类有"不、别"等字。

第二种分法是：

（1）次品否定词：无、没有（甲种）、没（甲种）。

（2）末品否定词：不、未、没有（乙种）、没（乙种）、别、甭（不用）。

第三种分法是：

（1）普通否定词：无、非、不、没有（甲种）、没（甲种）。

（2）时间性否定词：未、没有（乙种）、没（乙种）。

（3）命令性否定词：别、甭。

第四种分法是：

（1）古代残留的否定词：无、非、未[①]。

（2）近代产生的否定词：没有（甲乙）、别、甭。

（3）古今同用的否定词：不。

否定作用的意义　否定词所否定者，有时候不是某一个单词，而是整个的仂语，例如"不很好"，"不"字所否定的既不是"很"字，也不是"好"字，而是"很好"二字[②]。又如"没有最大的床"，"没有"所否定的既不是"最"字，也不是"最大"二字，也不是"床"字，而是"最大的床"四个字。又如"你别躺在床上看书"，"别"字所否定的既不是"躺在床上"（并不是叫你不可躺在床上），也不是"看书"（也不是叫你不可看书），而是"躺在床上"和"看书"两种行为的同时施行。因此，仂语里的修饰品越多，则否定的范围越小。

[①]　像"匪、靡、末、亡、毋、勿、莫"等字，在现代口语里可说是完全消灭了，不能算是残留的。

[②]　若要证明这道理，试把描写语变成判断语，只能说成"这不是很好的"，或"这是不很好的"，却不能把"很"和"好"隔开，说成"这不很是好的"。

"不大"并不完全等于"小","不长"并不完全等于"短","不亮"并不完全等于"暗","不老"并不完全等于"年轻"。一般说起来,否定语总比肯定语的分量轻些。因此,当咱们恭维人的时候,说"不糊涂"(不笨)不如说"聪明"客气些,说"不丑"(不难看)不如说"美"(好看)客气些;当咱们说别人的坏话的时候,说"脾气坏"不如"脾气不好"客气些,说"脏"不如说"不干净"客气些。当咱们说"不大"的时候,往往等于说"不够大",距离"小"的极端还很远;如果说"小",就往往等于说"很小"(事实上,也往往以"很小"替代"小")了。所以一般说起来,否定语在说坏话时是委婉,在说好话时是不够铺张。

　　否定语的特殊形式　普通的兼性否定词,若把相当的肯定词替代了它,意义虽然相反了,但仍是有意义的,例如"无才"和"有才"。然而有些成语就不能这样自由替换了,例如只有"无辜"的说法,并没有"有辜"的说法。又普通的外附否定词,如果取消了,意义虽然相反,但也仍是有意义的,例如"不公平"和"公平"。然而有些成语里的否定词取消了就不成话了,例如只有"不肖"(儿子不肖)的说法,并没有"肖"(儿子肖)的说法。像这类只有否定没有肯定的说法,可以称为否定语的特殊形式。现在再举一些例子:

无聊	无谓	无赖	无精打采	无可奈何	没准儿
不屑	不平(心中不平)		不长进	不中用	不要脸
不碍事	不济事	不服气	不免(只好)	不消(不须)	
不错	巴不得	未免	未必("未必"的肯定语并不是"必")		

　　在使成式里,"不"字表示一种不可能性,例如"走不开、逃不了"等(参看第二章第一、二节)。这也是否定语的特殊形式,因为这种"不"字放在其所修饰的仂语的中间,不像普通的"不"字必须放在其所修饰的仂语的前面。

　　否定语的结构,和肯定语的结构可以不相同,例如"我已经三年不念书了",关系位"三年"以置于叙述词之前为较常见,但若说成肯定语,则"三年"必须后置,成为"我已经念书三年了"(或"我已经念了三年书了"),却不能说成"我已经三年念书了"。

反诘语当否定语用 反诘语可以当作否定语用,这是很自然的道理,不过反诘语的语意更重罢了,例如:

(A) 他那嘴有什么正经?(49)

等于说:"他那嘴没有正经。"

(B) 如今既蒙莫大深恩,给还财产,你又何必多此一奏?(107)

等于说:"不必多此一奏。"

双重否定 否定词只用一个,已够表示否定的意思;若重复至两个,则又转到正面。然而否定词的重复,和完全不用否定词,其效用并不完全相同。这有两种情形:

(一)如果是"不无"和"未免不、未必不"之类,则比普通正面的话显得弱些,同时也就委婉些,例如:

(A) 想尊兄旅寄僧房,不无寂寥之感。(1)

(B) 你这话未免不客气。

(二)如果是普通的两个否定词,无论是否被别的词隔开,都带着若干情绪,使所说的话更显得有力,例如:

(A) 我想历来野史的朝代,无非假借汉唐的名色。(1)

(B) 本府各官无不喜悦。(2)

(C) 且终不能不涉淫滥。(1)

(D) 提起这些事来,不由我不生气。(47)

(E) 不愁不是诗翁了。(48)

(F) 我非把这书念完不可。(6)

(G) 没有一个人不怕他。

定　义

定义五十六：凡能在消极方面否定某一种事情者，叫作否定作用。

定义五十七：表示否定作用的词，叫作否定词。

订　误

（1）他们绝无知道。

该说"他们绝不知道"或"他们完全不知道"。因这里"知道"是叙述词，叙述词前面只能用末品"不"字。"无"字是不能用为末品的。

（2）必实行战时的大学教育不可。

这里须在叙述词前面用"非"字和句末的"不可"相应，否则不成话[①]。

比较语法

（1）这顶帽子没贵，才卖三块钱。

这是桂林一带的语法，以"没"字当"不"字用。"没"读如"媚"。

（2）他今天不有来。

这是昆明一带的语法，以"不有"当"没有"用。

练　习

（1）下面的否定语，试都改为肯定语，使它们的意思恰恰相反：

（A）这一部书编得很不好。

（B）他昨天没来。

（C）今天不用到学校去。

（D）政府复电未到。

（2）试在下面诸例中，分别指出哪一个"没有"等于"无"，哪一个"没有"等于"未"：

（A）他喜欢到没有人的地方去。

---

① 北京土话里，"非"字就有必须的意思，所以句末不必有"不可"，例如："这病非打针才治得好。"也可说成"非得"，例如："这病非得打针。"

（B）没有什么不可以告诉人家的。

（C）没有告假不可回家。

（D）一切都没有决定。

（3）把下面双重否定的句子，改成完全没有否定词的句子，并且使它们的意思大致相当：

（A）这书很有价值，不可不读。

（B）我非教训他一番不可。

（C）其中不无阴谋。

（D）他平日所交游的人无非贤者。

（E）我因责任太重，不敢不加倍努力。

第三节　副词

我们在第一章第二节里，把副词认为介乎虚、实之间的一种词，又把它归入语法成分。副词之所以该认为语法成分者，因为它永远不能做句子中的主要骨干，既不能做主语，又不能做谓词的缘故。

在本节里，我们把常见的副词分别叙述，以显示它们的用途。副词大致可分为八种，如下：

（一）**程度修饰**　当描写词描写人、物的状态时，并未同时描写此种状态的程度。若要描写它的程度，还得加一个末品在此描写词（或仿语）的前面，而此种末品又往往是由副词构成的，例如"石头冷"，冷到什么程度还没有说明；若说"石头很冷"，才表示冷到了高度。

有时候，叙述语也可以受程度副词的修饰，如"你也太操心了"（16）之类。不过，受了程度修饰之后，这种叙述语也不免带些描写性了（参看第一章第八节）。

程度副词可分为绝对的和相对的两种：

（甲）凡无所比较，但泛言程度者，叫作绝对的程度副词。

（1）最高的夸饰　"极"字：

（A）模样又极标致，言谈又极爽利，心机又极深细。（2）

和"极"相当的仂语有"十分、非常"等。

（2）普通的夸饰　"很、怪"等字：

（B）听那口角就很剪断。

"很"的较古形式是"甚"字。"很"的反面是"不大"，例如"我告诉他媳妇身子不大爽快"（10）。比"不大"更委婉些是"不大很"，例如"只是心重些，所以身子就不大很结实了"（84）。比"不大"更夸饰些是"很不大"，例如"头里平儿来回我，说很不大好"（84）。

（C）看了半日，怪烦的。（19）

"怪"字表示讨厌、怜悯一类的情绪。和"很"字不同。

（3）不足的表示　"颇、稍、略、些"等字①：

（D）生得亦颇有姿色，亦颇识得几个字。（79）

（E）皆未有稍及林黛玉者。（20）

（F）不过略谢一语，并不介意。（1）

（G）只是不恭些。（43）

"些"字必须放在描写词的后面（参看第二章第七节），和"颇"的位置不同。

（4）过度的表示　"太、忒"等字：

（H）只是太富丽了些。（17）

（I）都忒不像了。（14）

（乙）凡有所比较者，叫作相对的程度副词。

（1）平等级　"一般"或"一样"：

（A）他的儿子和我一般大。

---

① 一般说起来，"颇"和"甚"的意义大不相同。"颇有姿色"只是略有姿色，不是甚有姿色。

（2）最高级　"最"字：

（B）离了姨妈，他就是个最老到的。（57）

（3）比较级　"更、越发"等字：

（C）你比我更傻。（57）

有时候，咱们假定程度是可以衡量的，所以用"些、好些、几分、许多、十倍"等末品补语，以表种种不同的程度。有了这些末品补语，"更"字就可有可无了（参看第二章第七节）。

（D）勉强支持了一二年，越发穷了①。（1）

"越发"只能用于先后的两个状况相比，有时间的关系；"更"则可以不拘时间。故用"越发"的地方可以用"更"（"更穷了"），用"更"的地方不能用"越发"（"比我更傻"不能说成"比我越发傻"）。

（二）范围修饰　凡指称事物，有时候用得着说明其范围。主语和谓语，甚至目的位，其范围皆有可指，例如"他们都来了"，"都"就是指明"他们"的全体；又如"我只买了苹果"，"只"就是指明我的行为只限于买苹果，并没有买别的东西。这样，叫作范围修饰；用于范围修饰的副词，叫作范围副词。范围副词可分为三种：

（甲）指示主语的范围者。

（1）表示全范围　"都"字：

（A）娘儿们姊妹们都喜喜欢欢的。（22）

"都"的较古形式有"皆、俱"等字。

（2）表示某人、物和其他人、物在同一情形之下　"连、也"等字：

（B）连老爷都不理他。（7）

（C）那时翻出别的来，自然这个也是他的了。（74）

"也"的较古形式是"亦"。

---

① 编者注：人民文学出版社本作"勉强支持了一二年，越觉穷了"。

"连"字是从动词变来的副词。"连"字必须放在主语的前面,"也"字必须放在主语的后面。"连、也"二字相呼应,则语意更重,例如"究竟连我也不知为什么"(64)。

(3)表示某人、物和其他人、物不在同一情形之下 "单"字:

(D)家里姊姊妹妹都没有,单我有。(3)

"单"字是从形容词变来的副词,必须放在主语的前面。

"都、也、连、单"等字虽是指示主语的范围的,然而它们的任务仍在于使谓语更加明显(如言"众人都死了",意思是说这死的事情是属于众人全体的),故当认为末品(副词)。为什么不皆认为次品呢?因为咱们不能把它们用为谓词或加语,例如咱们不能简单地说"他们都、我们也、连我、单我"等,这是不成话的。

(乙)指示谓语的范围者。

(1)表示行为或状态以此为限:

(A)里面只包着两件半旧棉袄与皮挂。(51)

(B)宝玉又不解何意,在窗外只是吞声叫"好妹妹"。(22)

北京话往往以"就"代"只"①。

(2)表示超出某一范围之外 "还、另外"等:

(C)人人都笑我有些痴病,难道还有一个痴子不成?(28)

(D)奶奶另外送你一个实地子月白纱做里子。(42)

"另外"的意义和"还"字大致相同,但"另外"和"还"可以并用。

(丙)指示目的位的范围者。在处置式里,目的位既被提至叙述词的前面,也就可用"都、也"等字来修饰目的位的范围:

(A)越发把船上划子、篙、桨、遮阳幔子都搬了下来预备着。(40)

(B)又将素日所喜的诗词,也教与他念。(35)

---

① 《红楼梦》第三十四回:"不是新的,就是家常旧的。"又三十五回:"我也记得交上来了,就只记不得交给谁了。"又四十一回:"就剩了这一个。"

有时候，处置式虽不用"把、将"等字，连目的位也省略了，也还可以用范围副词，如"都、一总、一概"等：

（C）我一总支了来，交给你们八个人。（14）

（三）时间修饰　中国语的时间观念，除用情貌词尾（见下节）表示外，还可以用副词，例如说"我去"，这里并不表示时间；但若说"我已经去了"，则"已经"这一个词就表示事情已成过去。像"已经"一类的词叫作时间副词。时间副词大致可分为八类：

（甲）着眼在事情是否完成。

（1）表示事已完成　已经：

（A）迎春已经睡着了。（74）

"已经"的较古形式是"已"，它的反面是"没有"或"不曾"。

（2）表示事情未告终止　"还"字：

（B）还有老爷太太管他呢。（20）

"还"字也可以修饰否定语，如"他还没来呢"。

（3）表示事情在进行中　"正"字：

（C）正闹的不开交。（44）

也可说成"正在"或"在"。

（乙）着眼在何时发生。

（1）指最近的过去　"方才"或"刚才"：

（A）我方才不过是趣话取笑儿。（41）

（2）指现在　如今：

（B）如今你们大了，别提小名儿了。（31）

"如今"亦可说成"现在"，但"现在"却是名词关系位，不是副词。

此外有"先前、后来、本来、近来、现在、将来"等，都是表示事情何时发生的。但它们的本质是形容词或名词。故不详论。

（丙）着眼在时间长短。

（1）表示经过很长的时间，包括现在　"总"字：

（A）总不见一点效验。（7）[①]

"总"亦可说成"始终"。

（2）表示充分的时间　尽量：

（B）爷叫的紧，那里有尽量穿衣裳的空儿？（109）[②]

（3）表示颇短的时间　"且"或"暂且"[③]：

（C）你且别处逛逛去，估量着走了，你再来。（46）

（丁）着眼在时间早晚。

（1）表示时间很早　"早就"或"早已"：

（A）不然早就飞了来了。（20）

（2）表示时间不晚，或不会很晚　"就"字：

（B）宝玉道："我就来。"（27）

（3）表示乙事很快地跟着甲事　"便"字：

（C）宝钗听见这话，便两边回头。（32）

现在普通用"就"字替代"便"字，较古的形式是"即"字。

（4）表示时间很晚　"才"字：

（D）等老祖宗归了西，我才死呢。（52）

"才"的较古形式是"方"。注意："才"和"刚才"不同。

（戊）着眼在事情缓急。

（1）表示迅速出乎意料之外　忽然：

（A）忽然人报娘娘差人送出一个灯谜来。（22）

"忽然"的较古形式是"忽"。亦可说成"顿时"。

（2）表示比必要的时间更长　渐渐：

[①] 编者注：人民文学出版社本作"从不见一点儿效"。
[②] 编者注：人民文学出版社本作"爷叫的紧，那里有尽量穿衣裳的空儿"。
[③] 朱自清先生说，现在北京话有"且"字，表示长时间，如"且没有信儿哪"，似与"尽"同。

（B）把头渐渐的低了下去。（81）

"渐渐"的较古形式是"渐"。

　　（己）着眼在事情的重复或延续。

　　（1）表示重复者，有"再、又"二字。"再"字纯粹地陈说事情，"又"字兼带多少情感：

　　　　（A）晚上再来和我说句话儿。（45）

来了再来。①

　　　　（B）那太爷倒伤感叹息了一回，又问外孙女儿。（2）

问了又问。

　　（2）表示延续者，有"仍"字（亦可说成"仍旧"）：

　　　　（C）仍是嘻笑自若。（2）

但是，"仍"字也可以表示重复，例如：

　　　　（D）因家业萧条，仍搬出城外乡村中住了。（6）

　　（庚）着眼在事情次序。

　　（1）先做的事　"先"字（借用形容词为末品）：

　　　　（A）你先给我舀水去罢。（26）

　　（2）后做的事　"再"字（注意：不用"后"字）：

　　　　（B）等撤下饭桌子，再回话去。（55）

"先"和"再"往往是指示做事的手续，所以它们和"先前、后来"的用途是不相同的。

　　（辛）着眼在事情常见或罕见。

　　（1）表示时隙甚短　"每每"或"常常"：

　　　　（A）奶奶自己每每带回家去。（103）

　　（2）表示每次皆然　"动"或"动不动"：

---

① "再上一层楼"（更上一层楼），也可归入此类。

（B）惟有妈妈说话动拉上我们。（57）

　（3）表示无定时而罕见的事实　偶然：

　　（C）不过偶然去他那里一遭。

"偶然"的较古形式是"偶"。

　（四）方式修饰　普通的方式修饰，都用形容词为末品的，例如"所以且静养两天"（7）。不过，如果同样的两个形容词重叠起来，就该认为副词。因为这种叠字词是从来不用为次品的：

　　（A）李纨命人好好跟着。（50）

　　（B）悄悄的服了下去，便升仙去了。（63）

"忙"字，当它用为末品的时候，该认为副词，因为已经不是事情多的意义了。"连忙"也是副词：

　　（C）凤姐听了此话……忙问道……（13）

　　（D）宝玉连忙接了。（15）

"白"字，当它用为末品时，也该认为副词：

　　（E）白起个号做什么？（37）

　　（F）把你的工夫都白糟蹋了。（88）

　有些从动词或形容词演变而成的末品，表示意见或意志者，都可归入方式副词一类，例如：

　　（A）还幸亏老佛爷有眼。（108）

　　（B）我今日才算看见了。（3）

　　（C）大约连老爷二老爷也记不清楚了罢。（29）

　　（D）还许你从此不理我呢。（20）

　　（E）果然法子灵验。（25）

　　（F）若回一件，管驳一件；回一百件，管驳一百件。（55）

　以上表示意见。"幸亏"可说成"亏得"或"幸而"，"大约"可说成"大概"，"还许"可说成"也许"，"管"可说成"包管"。

（G）姑娘将就坐一坐儿罢。（55）

（H）你又怕我多心，故意着急，安心哄我。（29）

（I）若他不还正经礼数，也断不容他刁钻去了。（56）

以上表示意志。"安心"可说成"存心"或"成心"，"断"可说成"决"。

（五）可能性和必要性 "可、能、配"等字都可认为可能性副词，"必、一定、须得"等可认为必要性副词（参看第二章第一节）。

（六）否定作用 "不、未、别"都是否定性副词。"没有"当"未"字用的，也是否定性副词（参看上节）。

（七）语气末品 如"岂、难道、索性、简直、竟、偏、倒、却、反"等（见本章第七节）。

（八）关系末品 如"若、虽、因、既"等（见本章第九节）。

* * *

用途复杂的副词 有些副词是不限于一个用途的，因此，它也就有两个以上的意义。现在将上文所讨论的副词，有两个以上的用途者，重新说明如下：

---

① 语气末品待本章第七节再讨论。下仿此。

② 关系末品待本章第九节再讨论。下仿此。

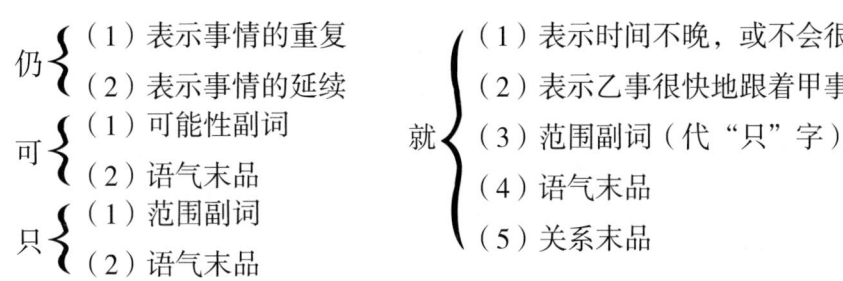

两个以上的副词相连接 两个以上的副词相连接的时候,不该认为甲副词修饰乙副词,只该认为甲副词修饰乙副词所在的整个仂语,例如在"不很好"里,并不是"不"修饰"很",而是"不"修饰"很好";在"还没来"里,并不是"还"修饰"没",而是"还"修饰"没来";在"都忒不像了"里,并不是"都"修饰"忒","忒"修饰"不",而是"忒"修饰"不像","都"又修饰"忒不像"。其余由此类推。

定 义

定义五十八:凡副词,用来表示程度者,叫作程度副词。

定义五十九:凡副词,用来表示范围者,叫作范围副词。

定义六十:凡副词,用来表示时间者,叫作时间副词。

定义六十一:凡副词,用来表示方式者,叫作方式副词。

练 习

试就下面诸例中"还、就、再、仍旧"等字,一一说明其用途:

(A)我还不知道他肯不肯呢?

(B)等我们那一个出来再道乏罢。(104)

(C)还说他老如今不到南省去了。(《儿女英雄传》38)

(D)什么事儿都懂得,可惜就只不懂得什么叫"鹤鹿同春"(同上)。

(E)说着抓起那玛瑙酒杯来,向着门外石头台阶子上,就摔了去。(同上,30)

（F）我想再见一个重孙子，我就安心了。（110）
（G）他今年仍旧回到南方去做事。
（H）他别人都不怕，就怕你一个人。
（I）他动也不动，仍旧坐在那里。
（J）我今天晚上就去看他。
（K）凤姐便命歇歇再走。（15）
（L）那灯笼命他们前头点着……明儿再送来。（45）

第四节　记号

　　记号是一种附加成分，用来表示词或仂语的性质的。在双音词里，两个成分不一定是同样重要的，有时候，其中有一个成分仅仅表示这词的性质，例如"栗子"，"子"字表示"栗子"是一个名词。在仂语里，有时候也有一个虚词是表示仂语的性质的，例如"最好的书"，"的"字表示"最好"是一个修饰品。

　　记号可分为前附的记号和后附的记号二种。前附的例如"所有"的"所"，它表示"有"字是动词；后附的例如"栗子"的"子"。

　　有些记号是只能附加于单词的，例如"栗子"的"子"；另有些记号是附加于单词或仂语均可的，例如"所"字既可构成"所有"，亦可构成"所未有、所常有"等，"的"字既可构成"好的书"，亦可构成"不好的书、最好的书"等。

　　（一）前附号

　　（甲）动词的前附号

　　（1）**"所"字**　"所"字在一般民众口语里是死了。但在知识社会却还保存着，我们在本书里不能不提到它。不过，咱们须知它是古代语法的残余，现代语里，完全不用它也可以表达任何意思的①。

"所"字应该附加的是动词，因此，"所"字后面的字，无论本质是名词或形容词，都不得不变为动词的性质，例如"所宅"的意义略等于"所居"，"所善"的意义略等于"所喜"。

在原则上，"所"字附加的该是及物动词，例如"所见、所闻、所言、所爱"等。除非是要表示一种处所，"所"字才可以加于不及物动词的前面，例如"冀北之土，马之所生"。但这种情形是很少见的。

"所"字的仂语里，可称为组合性记号，它的用途是使连系式转为组合式（关于组合和连系，参看第一章第四、第五两节），例如：

连系式	组合式
仲子居室	仲子所居之室
庖人买肉	庖人所买之肉

现代语里，"所"字渐渐淘汰了。譬如上面的例子，只须说成"仲子住的房子"和"厨子买的肉"就是了。只有知识社会才沿用古代语法，例如：

（A）又将素日所喜的诗词，也教与他念。（35）

（B）又系贾琏国孝家孝中所行之事。（68）

（C）你我方才所说的这几个人，只怕都是那正邪两赋而来。（2）

（D）所欠官银，变卖家产赔补。（48）

上面说过，除了特殊情形之外，不及物动词是不能用"所"字为前附号的，例如"这一次来的人很多"，不能说成"此次所来之人甚多"；"逃走的兵不少"，不能说成"所逃之兵不少"。

"所"字所在的仂语的中心词（参看第一章第四节），必须同时是它所附的动词的受事者，否则也不能用"所"字，例如"我们打胜仗的机会到了"，不能说成"我们所打胜仗的机会到了"（因为我们所打的不是机

---

① "所"字既是一种古代的语法成分，咱们用它的时候就得格外留心。现代青年写文章不通，就往往在这种地方。

会）；"攻的人很轻躁，守的人很沉着"，不能说成"所攻的人很轻躁，所守的人很沉着"（因为所攻所守的都不是人）。

"所有"有时候当"一切"讲，例如：

（A）园中所有之景，悉入目中。（17）

（B）将所有的道士都锁了起来。（63）

当"所"字所附动词的受事者显然可知时，这受事者往往可以省略，例如"仲子所居"，不问而知其为"室"；又假使上文谈到"肉"的事情，则下文仅云"庖人所买"，亦不问而知其为"肉"。这样，可以说"所"字和动词组合成一个首品，原来的主事者却转成一个修饰品，故又可说成"仲子之所居、庖人之所买"等。

（A）前日娘娘所制，俱已猜着。（22）

（B）今见金桂所为先已开了端了。（91）

有时候，受事者的范围甚为浮泛，也被省去：

（C）如今见此光景，心有所感。（64）

（D）我虽丈六金身，还藉你一茎所化。（91）

主事者显然可知时，也可以省略。如果和受事者同时省去，则仅剩"所"字和动词合为一体，等于一个名词的用途：

（E）即有所费，弟于内兄信中写明，不劳吾兄多虑。（3）

（F）病已成势，日无所养，反有所伤。（69）

有时候，主事者虽被省去，却有时间关系位用为修饰品：

（G）只因现今大小姐是正月初一所生，故名元春。（2）

若"所"字所附的是一个动词仂语，须在这仂语的后面加上"的"字，便语气更畅：

（A）他们所偷了来的，都交给我藏着呢。（74）

若动词前面有末品修饰，则"所"字必须放在末品的前面：

（B）况且咱们家的无法无天的人，也是人所共知的。（47）

"所"字又可用于被动式里，和"为"字相应，例如：

（A）宝玉……却为一枝海棠花所遮。（25）

（B）因为声色货利所迷，故此不灵了。（25）

但这种"所"字永远不能和动词合成首品，和上面所说的"所"字在用途上并不相同。

（2）**"打"字**　凡"打"字附加于动词的前面，而又没有打击的意义者，都可认为动词的记号，例如：

打扫　打发　打算　打听　打坐　打扮　打量　打点　打哄　打搅

"打"字偶然也做形容词的记号，例如"打紧"。

（乙）序数的前附号

"第"字　"第"字专用于序数，如"第一、第九、第一千三百零三"，等等。但是，序数有时候也不用"第"字（参看第四章）。

（丙）称呼的前附号

（1）**"阿"字**　"阿"字用于家常或亲狎的称呼。较古的说法有"阿父、阿母"等，现代的称呼，有"阿姨、阿哥、阿姐"等。又有以排行作称呼者，如"阿三"。但北平语是不大用"阿"字的。

（2）**"老"字**　"老"字用于亲狎的称呼，只加于姓氏和排行之上，如"老张、老刘、老三、老七"等。

（二）后附号

（甲）修饰品的后附号

"的"字　"的"字是修饰品的后附号。名词、代词、形容词或动词，用为修饰次品的时候，往往用"的"字做记号，例如：

（A）贾芸听见是宝玉的声音。（26）

（B）你去了，叫谁讨主子的好儿？（44）

（C）也难为他的眼力。（66）

（D）要想长久的法儿才好。（65）

（E）李纨命将那蒸的大芋头盛了一盘。（50）

（F）见方才的衣服上喷的酒已半干。（44）

修饰性的次品仂语，也可以用"的"字做记号，例如：

（A）还有端午节的节礼也赏了。（28）

（B）却做尽悲欢的情状。（18）

（C）不知好歹的种子！（69）

（D）老爷正在厅上看南京来的东西。（12）

（E）左不过是那些金玉铜磁没处撂的古董。（27）

在大多数情形之下，"的"字用不用都是可以的，例如"人的头"也可说成"人头"，"大的山"也可说成"大山"。但若遇下面的两种情形之一，就非用"的"字不可：

Ⅰ．次品是一个及物动词或可以有及物性的动词，例如"蒸的芋头"不能省作"蒸芋头"，"哭的小孩"不能省作"哭小孩"，否则意义就不同了。

Ⅱ．次品是一个句子形式或谓语形式，例如"袭人堆东西的房门"不能省作"袭人堆东西房门"；"南京来的东西"，不能省作"南京来东西"。"闷人天气"虽勉强成话，却不如"闷人的天气"更合习惯。

末品修饰，如果是叠字的末品，或常用为末品的仂语，也用"的"字做记号[①]，例如：

（A）每人只暗暗的写了。（22）

（B）还要细细的追求才是。（61）

（C）又不好意思无端的哭。（26）

（D）无精打彩的卸了残妆。（27）

拟声法和绘景法往往用得着"的"字做后附号（见第五章）。

[①] 这种"的"字，近来有人写作"地"字。这只是写法的不同，和语法没有关系。

当修饰品转为表位的时候,"的"字仍旧跟在后面:

我的书:这书是我的

红的花:这花是红的

智勇双全的人:这人是智勇双全的

爱多管闲事嚼舌头的人:这人是爱多管闲事嚼舌头的

下面是些《红楼梦》的例子:

(A)我们有两件事:一件是我的,一件是四妹妹的。(45)

(B)铺盖也是冷的。(54)

(C)见袭人不言不语,是好性儿的。(59)

(D)芳官竟是狐狸精变的。(64)

当名词首品显然可知的时候,或在承说法里,这名词就可省略,而且这带着"的"字的修饰品就可变为首品:

(A)三日两头儿,打了干的打亲的。(59)

(B)连我们这样没时运的他都想到了。(67)

(C)说着,也将写的拿出来,也有猜着的,也有猜不着的。(22)

(D)一共两封,连宝钗黛玉的都有了。尤氏问:"还少谁的?"林之孝家的道:"还少老太太、太太、姑娘们的,我们底下姑娘们的。"(43)

"的"字又可用为语气词,和上面的"的"字用途不同(参看本章第六节)。

(乙)名词的后附号

(1)"儿"字 名词在什么情形之下可加记号"儿"字?在什么情形之下不能?大致说起来,"儿"字用为记号,系表示这人或事物是小的、少的(这大约是较古的用途),例如:

(A)那是我手里调理出来的毛丫头,什么阿物儿?(19)

(B)那柳家的听了这小幺儿一席话。(61)

(C)因为你们姑娘必要点病儿,所以叫香菱陪着他。(103)

(D)挣不到两个钱儿。

试比较下列的每一对语式,就可以明白,同一的人、物,较小的才称"儿":

孩子:小孩儿　　　　官:官儿　　凳子:小凳儿

盘子:小盘儿　　　　碟子:小碟儿

因此,"些"和"一点"表示微小时,亦可用"儿"字为记号:

(A)好蠢东西,你也轻些儿。(8)

(B)一半点儿错了,你只教导他,说这样话做什么?(20)

但是,"儿"字在现代北京话里,其用途广大到那种程度,几乎可以用为每一个名词的后附号。固然,尊贵的称呼如"父亲、县长",建筑物如"房子、屋子"等,都还不能称"儿";但其余如用品、食物、行为、时间、情况之类,只要是习惯所容许的,就可以加上"儿"字,并没有一定的条理可寻,例如:

事儿　　　话儿　　　花儿　　　样儿　　　脸儿

味儿　　　星儿　　　画儿　　　猫儿　　　伴儿

柄儿　　　曲儿　　　方儿　　　劲儿　　　时候儿

一会儿　　一块儿　　一声儿　　毛病儿　　灯谜儿

老头儿　　媳妇儿　　情面儿　　玩意儿　　小名儿

彩头儿　　取灯儿　　眼镜儿　　心眼儿　　病根儿

头一次儿　七八成儿　大伙儿

下面是《红楼梦》的一些例子:

(A)倒好个模样儿,竟有些像咱们东府里蓉大奶奶的品格儿。(7)

(B)我一头碰死了,也不出这个门儿。(31)

(C)那里还说的上话儿来呢?(6)

(D)我们学些眉高眼低,出入上下大小的事儿。(27)

(E)我瞧大妞妞……又有这个聪明儿。(92)

有些仂语是带着动词的，但"儿"字仍跟在名词或首品之后，例如：

　　招手儿　　点头儿　　拐弯儿　　没法儿　　从小儿
　　不得闲儿　打个赌儿　抽个头儿　凑个趣儿　解个闷儿

下面是《红楼梦》的两个例子：

　　（A）拿我的东西开心儿。（31）
　　（B）今日接你们来给孙子媳妇过生日，说说笑笑，解个闷儿。（108）

有些词，加"儿"和不加"儿"的意义并不相同，例如"今儿"不同"今"①、"这儿"不同"这"、"哥儿"不同"哥"等：

　　（A）前儿一千银子的当是那里的？（74）
　　（B）我正要算算今儿该输多少。（47）
　　（C）今儿他来了，明儿我再来。（8）
　　（D）后儿宝丫头的生日。（108）
　　（E）哥儿姐儿们就搬进去罢。（23）

有些词，后附号"儿"字不关紧要，不用也行；如"眼镜儿"也可说成"眼镜"。写文章时，往往把这类"儿"字省去，不写出。另有些词，却是必须和"儿"合为一体，不能省去的，例如：

　　（A）妞儿一半是内热，一半是惊风。（84）
　　（B）倘或那丫头瞧空儿寻了死，反不好了。（77）
　　（C）如今闹到这个分儿，还想活着么！（112）
　　（D）既作了两口儿，说说笑笑的怕什么？（99）
　　（E）必定他们要弄这两银子的巧宗儿呢。（36）

"儿"字又可用为末品叠字词的后附号，所叠的词原来是什么词都可以不拘，例如：

　　（A）好好儿的又生事。（74）②

---

① "今"是形容词，"今儿"是名词。"前、后"是形容词，"前儿、后儿"都是名词。
② 编者注：人民文学出版社本作"好好的又生事"。

（B）巴巴儿的打发香菱来。（16）

注意：末品用了"儿"字做后附号之后，往往兼用后附号"的"字。

"儿"字用为动词后附号者，只有一个"顽儿（玩儿）"，例如"不过顽儿罢了"（47）。但是，动词若用于短时貌，则可用"儿"字为后附号（参看下节）①。

（2）"子"字　"子"字的用途比"儿"字较狭；只有一部分的名词用得着它，例如：

（A）宝玉便不肯再说，只是剥栗子。（19）

（B）真真这林姐儿说出一句话来比刀子还利害。（8）

（C）我且打发人到你那里去看屋子。（75）

（D）单画园子，成个房样子了。（42）

（E）便将碟子挪在跟前。（75）

（F）不妨咱们多使几两银子。（75）

（G）横竖我不出门……不过打几根辫子就完了。（21）

（H）你素日身子单弱。（8）

（I）他性子又可恶。（8）

名词后附号用"儿"用"子"，全凭习惯而定②。"帽子、鞋子"为什么不能说成"帽儿、鞋儿"？这是没有理由可说的。所可说者，乃是现代北京话里，"儿"字渐占优势。在下列诸例中，《红楼梦》称"子"的，现在北京普通称"儿"，或"儿、子"通用：

一会子：一会儿　这会子：这会儿　扇子：扇儿

"子、儿"二字有时可以连着做后附号，如"铜子儿、瓜子儿、鸡子儿"。

---

① "儿"字的用途也有超出上面所述范围之外的，也只是习惯所成，没有规律可言，例如"我也是不得已儿"（47），"爷把现成儿的也不知吃了多少"（101），"你提晴雯，可惜了儿的"（101）。

② 有时候，用"儿"和用"子"意义不同，如北京话里，"老头儿"是普通的名称，"老头子"则略带讥笑或轻视的意思。

"子"尾和"子儿"尾又可以有不同的意义：现在北京"鸡"可称为"鸡子"，"鸡蛋"则必须称为"鸡子儿"。"铜子儿"又可以省称为"子儿"。

（丙）首品后附号

"头"字　后附号"头"字共有两个用途：

Ⅰ.用为名词的后附号：

　　舌头　　馒头　　罐头　　钟头　　日头　　窝窝头

在某一些词里，必须"头、儿"两字连用为后附号：

　　派头儿　年头儿　水头儿

Ⅱ.和"儿"字连用为动词的后附号，同时使它成为首品：

　　逛头儿　听头儿　吃头儿　看头儿　买头儿　跑头儿

　　用头儿　拉头儿　扶头儿　登头儿

这些词都是对于某种行为的价值表示意见的，例如"逛头儿"的意义略等于"值得逛的"，"用头儿"的意义略等于"可用的"，等等。

（丁）复数记号

"们"字　后附号"们"字共有两种用途：

Ⅰ.用为人称代词的后附号，表示复数，如"我"的复数是"我们"，"你"的复数是"你们"，"他"的复数是"他们"。"咱们"该是"咱"的复数，但单数"咱"字在北京话里是不用的。

Ⅱ.用为名词的后附号。这种用途很狭，大致只以人伦的称呼为限，例如：

　　（A）原来近日贾母说孙女儿们太多了。（7）

　　（B）见宝玉和一群丫头们在那里顽呢。（11）

　　（C）你们说给我的小幺儿们就是了。（8）

　　（D）咱们娘儿们就过去。（97）

有时候，"们"字用于名词之后，不一定表示复数，只是指属于这种名分的人，例如：

（A）你听见那位太太太爷们封了我们做小老婆？（46）

（B）那里有个爷们等着奶奶们一块儿走的理呢？（101）

（戊）代词的后附号

"么"字　"么"字（有人写作"末"）用作代词的时候，只能造成下面的四个词：

首品或次品：甚么（什么）

末品：这么　那么　怎么

在"多么"一个词里，"么"字不是代词的后附号，只是一种末品的记号。"多么"用于赞叹语气，亦可省作"多"（如"多好"）。

（己）动词的后附号

"得"字　这是递系式和紧缩式里的"得"字，也可写作"的"（参看第二章第五、六两节），例如：

（A）贾政还嫌打的轻。（33）

（B）哄的宝玉不理我，听你们的话。（20）

这种"得"字是动词的后附号，因为它是不黏附在别的词后面的。但是，动词加上了"得"字之后，就表示这话没有说完，下面跟着就是一种描写语（例A），或结果式里的从属部分（例B）。

（庚）情貌记号

情貌记号有"了、着"二字（见下节）。

定　义

定义六十二：凡语法成分，附加于词、仿语或句子形式的前面或后面，以表示它们的性质者，叫作记号。

定义六十三：凡记号附加于词、仿语或句子形式的前面者，叫作前附号。

定义六十四：凡记号附加于词、仿语或句子形式的后面者，叫作后附号。

订　误

（1）不能防御五百年后所进步的兵器。

"进步"是不及物动词，不能用"所"字做词头。

（2）我给了他十块钱儿。

"十块钱"是有真确的数量的，依习惯不能用"儿"。

（3）他正在看书儿。

依习惯，"书"不能称"儿"。

（4）一伙强盗们把他们的衣裳什物都抢去了。

强盗不属于人物，依一般口语不该称"们"。这里有"一伙"二字，表示不止一人，更没有用"们"的必要。

比较语法

（1）一个老头子骑一匹小驴子。

这是吴语和普通官话的说法。依北京话该说"老头儿"和"小驴儿"。

（2）你瞧那卖杏子的小孩子。

依北京话该说"杏儿"和"小孩儿"。

练　习

（1）试在下列诸例中，动词可加"所"字的就加上"所"字，不可加的就照旧不加：

（A）我们住的房子已经退租了。

（B）前天死了的那老头儿今天葬了。

（C）他们把运柴的车子送到城里去。

（D）他几年积下来的都用完了。

（E）村中发生传染病，病的人都送进城里去医治。

（F）他新买的汽车现在又卖了。

（2）试在下列诸例中，辨别名词可加"们"字与否：

（A）先生都来了，只有太太没到齐。

（B）我昨天买的苹果，今天分给弟妹吃了。

（C）街上的叫化子都跟着他。

（D）省主席把全省的县长都召集来开会。

第五节　情貌

时间的表现，大多数族语是有的，然而各族语对于时间的看法却不相同。大致说来，人们对于事情和时间的关系：第一，着重在事情是何时发生的，不甚问其所经过时间的远近或长短；第二，着重在事情所经过时间的长短，及是否开始或完成，不甚追究其在何时发生。前者可以罗马语系（法语、意大利语、西班牙语等）为代表，后者可以中国语为代表。

但是，古代中国语里所表现的时间观念，远不如现代的完备。这是中国语法的一大进步。在现代中国语里，咱们有事情开始的表示、继续的表示、正在进行中的表示、完成的表示，又有经过时间极短的表示等。这些虽也涉及时间的过去、现在、将来，然而不以过去、现在、将来为主。它们是表示事情的状态的，可称为情貌，简称曰貌。

就普通说，情貌是在叙述句里才有的。如果描写句或判断句加上了情貌的表示，也就带着多少叙述性。

情貌可大致分为七种：

（1）普通貌　　（2）进行貌

（3）完成貌　　（4）近过去貌

（5）开始貌　　（6）继续貌

（7）短时貌

现在分别陈说如下：

（一）不用情貌成分者

（1）普通貌　普通貌不用情貌成分，这样，并不把时间观念掺杂在语言里，只让对话人（或读者）自己去体会，例如：

(A) 袭人明知其意。（21）

(B) 找我们姑娘说句话。（46）

凡用普通貌的地方往往就是不能用其他六种情貌的地方。

（二）用情貌记号者

（2）进行貌　凡表示事情正在进行中者，叫作进行貌。此类用词尾"着"字表示，例如：

(A) 今儿太太提起这话来，我还记挂着一件事。（34）

(B) 凤姐儿正数着钱，听了这话，忙又把钱穿上了。（47）

末品谓语形式里，往往用得着"着"字，因为"着"字可以表示两件事是同时进行的，例如：

(A) 袭人却只瞧着他笑。（6）

笑的时候，同时瞧着他。

(B) 见了人，瞪着眼就要杀人。（25）

要杀人的时候，同时瞪着眼。

(C) 随着他二人进来。（54）

进来的时候，同时随着他二人。

(D) 莺儿带着老婆子们送东西回来。（67）

送东西回来的时候，同时带着他们：

有时候，甲事和乙事差不多同时，也可以用进行貌：

(E) 贾赦答应着退出来，自去了。（84）

凡某一种行为有相当的持续性者，也可以用进行貌：

(A) 紫鹃连忙端着痰盒，雪雁捶着脊梁。（82）

(B) 那只手仍向窗外指着。（83）

此外，有些事情虽久成过去，然而其成绩或结果还存在着，俨然如未过去者，亦可以用进行貌：

（C）后面又画着几缕飞云，一湾逝水。（5）

（D）票上开着数目。（14）

注意：进行貌不受否定词的修饰。

只有两种"着"字是不属于进行貌的。它们只是普通的动词词尾，和时间观念没有关系：

Ⅰ．在命令句里：

（A）你可如今打听着……只要模样儿配得上就好，来告诉我。（29）

（B）估量着走了，你再来。（46）

（C）湘云又道："快着！"（50）

Ⅱ．在"见、想、觉、穿、赶"等字的后面：

（A）我常见着在那小螺甸柜子里拿银子。（51）

（B）我想着他从小儿伏侍我一场。（54）

（C）我穿着这个好不好？（52）

（D）众媳妇忙赶着问好。（55）

（3）**完成貌** 凡表示事情的完成者，叫作完成貌。此类用后附号"了"字表示。"了"字普通是紧贴在动词或动词仂语的后面的，如果这动词不带目的位或关系位，它就居于一个句子形式的后面，而且常在时间修饰的末品句子形式里，例如：

（A）宝玉见了，都以为奇。（15）

（B）贾母听了，便不言语。（29）

（C）邢夫人拉他上炕坐了，方问别人。（24）

（D）不想吃醉了，便在朋友家睡着了。（75）

如果在处置式和被动式里，它也是居于句末的：

（E）从那一遭把仇都尉的儿子打伤了，我记了，再不怄气。（26）

（F）我们被人欺负了，不敢说别的，守礼来告诉瑞大爷。（9）

如果这动词是带目的位的，"了"字就放在动词和目的位的中间：

(G) 我养了这些儿子、孙子，也没有一个像他爷爷的。（29）

(H) 谁知二爷倒错会了我的意？（68）

而且也常在时间修饰的末品句子形式里：

(I) 他自卸了妆，悄悄的进来。（3）

(J) 凤姐洗了手，换了衣服，问他换不换。（15）

(K) 已经惊动了人，今儿乐得还去逛逛。（29）

(L) 喘了一口气，仍旧躺下。（90）

如果这动词后面虽不带目的位，却带着关系位（数量末品），"了"字也就放在动词和关系位的中间：

(M) 自己撑不住，也就哭了一场。（35）

(N) 想了半天，不觉笑将起来。（26）

(O) 只听外面答应了两声。（9）

(P) 便总依贾母往日素喜者说了出来。（22）

以上所论，都是过去的完成。但是，咱们心理上还可以悬想将来的完成，或假设的完成，例如：

(A) 等他们新来的混熟了，咱们邀上他们，岂不好？（49）

(B) 等请了示下，才敢提去呢。（29）

以上是将来的完成。

(C) 若还不好，我就死了这作诗的心了。（49）

(D) 有人得罪了我醉金刚倪二的街坊，管叫他人离家散。（24）

以上是假设的完成①。

希望和恐惧，都可用"了"字表示，因为希望者是希望事情的完成，恐惧者也是恐怕事情的完成，例如：

---

① "迟、早"一类的字，和"了"字结合，也可表示假设的完成，例如"后日起更以后，你来讨信，早了我不得闲"（24）。这可认为省略动词。像这个例子，等于说："……若早来了，我不得闲。"

（A）正经按那方子，这珍珠宝石定要在古坟里的；有那古时富贵人家装裹的头面拿了来才好。（28）

（B）派他们收拾料理……也可省了这些花儿匠、山子匠，并打扫人等的工费。（56）

以上是表示希望。

（C）又恐当着众人问羞了宝玉不便。（27）

（D）不命他们进来，恐薄了傅秋芳。（35）

（E）只恐怕气味熏了姐姐们。（66）①

（F）这里有老虎，看吃了你！（28）

以上是表示恐惧。

命令式如果是肯定的，就近似一种希望；如果是否定的（禁止语），就近似于一种恐惧。因此，命令式也常用完成貌，例如：

（A）取了我的斗篷来！（8）

（B）拿了给我孙子吃去罢。（8）

（C）你可都改了罢。（34）

（D）你闲着也没事，都替我打了罢。（35）②

以上是肯定的命令。

（E）也别太苦了我们。（22）

（F）别叫他糟蹋了身子才好。（34）

以上是否定的命令。

末品谓语形式里，该用"着"字的地方，改用"了"字，就可以表示整个叙述语是已完成的事实，例如：

（A）他也随后带了妹子赶来。（49）

---

① 像"大红又犯了色"（35）一类的句子可归此类。

② 像"不如把这桶子都推开了"（27）一类的句子，可归此类。

等于说:"他也随后带着妹子赶来了。"

　　(B)只见贾蓉捧了一个小黄布口袋进来。(53)

等于说:"只见贾蓉捧着一个小黄布口袋进来了。"
但如果两件事情并非同时进行,就只能用"了",不能用"着",例如:

　　(A)贾琏揪住湘莲,命令捆了送官。(66)

捆了是送官的方式,但捆和送并非同时进行。

　　(B)他情愿剃了头当姑子去。(66)

剃头是当姑子的形式,但剃头和当姑子并非同时进行。

　　"了"字又可用为语气词(参看下节)。

　　(4)近过去貌　凡表示事情过去不久者,叫作近过去貌。此类用词尾"来着"二字,放在句末(除非句末有语气词):

　　(A)我方才……又打发人进去让姐姐来着。(62)

　　(B)我刚才听见你叔叔说你对的好对子,师父夸你来着。(88)

　　所谓近,是什么时候才算近呢?这完全凭说话人的心理而定。说话人要夸张事情尚在目前,昨天、前天的事情都可以说"来着",例如:

　　(C)昨日家里问我来着么?(65)

　　(D)我前儿听见秋纹说,妹妹背地里说我们什么来着。(82)

　　(E)前儿还特特的问他来着呢。(84)

　　(F)你听见二爷睡梦中和人说话来着么?(109)

甚至很远的事情也可以说"来着",只要说话人心目中觉得是近(往往指言语问答方面)就行了:

　　(G)当日你父亲怎么教训你来着?(33)

　　(H)他和我说来着:"早知担了个虚名,也就打个正经主意了。"
(109)

　　如果"原"("原来")和"来着"相应,就纯然表示过去,和事情的远近没有关系:

（Ⅰ）你这妹妹原有玉来着。（3）

"来着"可省作"来"，例如：

（A）你能活多大？见过几样东西，就说嘴来了！（40）

（B）这脸上又和谁挥拳来？（26）

（三）用末品补语者

（5）开始貌　凡表示事情正在开始者，叫作开始貌。此类借用使成式（参看第二章第二节），以"起来"为末品补语。

Ⅰ．如果是没有目的位的叙述语，"起来"就放在句末，例如：

（A）越发伤心大哭起来。（29）

（B）宝玉见他哭了，也不觉心酸起来。（31）

Ⅱ．如果是有目的位的叙述语，这目的位必须放在"起"和"来"的中间（和普通的使成式相同，参看第二章第二节），例如：

（C）说着，只见那丫头纺起线来。（15）

（D）一面传人挑进蜡烛，各处点起灯来。（18）

（E）这会子又作大和尚了，又讲起了悟来了。（74）

（F）只这一句话，又勾起黛玉的梦来。（82）

凡真能起来的东西，如"拿起来、把那孩子抱起来"等，是表示一种起的方式，是普通使成式。若像上面诸例，则并不表示一种起的方式，只简单地表示开始的意思，所以是开始貌。

"起来"用于末品句子形式里，等于一种时间修饰，例如：

（A）爱惜起东西来，连个线头儿都是好的；糟蹋起来，那怕值千值万，都不管了。（35）

等于说："爱惜东西的时候……糟蹋的时候……"

有时候，未尝有或不宜有的事，也用"起来"。这可说是开始貌的活用：

（A）姐姐怎么给我倒起茶来？（26）

（B）姨妈那里又添了大嫂子，怎么倒用宝姐姐看起家来？（85）

（C）你哄新来的，怎么哄起我来了？（71）

　　（D）好好的，怎么怕起他来了？（34）

（6）继续貌　凡表示事情继续下去者，叫作继续貌。此类也借用使成式，以"下去"为末品补语，例如：

　　（A）你这样办下去，一定会有成绩的。

　　（B）他只管念下去，也不管人家听不听。

继续貌比开始貌较为罕见，而且"下"字后面也不能带目的位。这似乎是一种最近才产生的情貌。

（四）用动词复说者

（7）短时貌　凡表示时间极短者，叫作短时貌。此类用动词重叠起来，例如：

　　（A）忠顺亲王府里有人来，要见见老爷。（33）①

　　（B）我说必要给你争争气才罢。（45）

　　（C）你要记得，何不念念，我们听听？（52）

　　（D）传大夫进来瞧瞧，也得个主意。（82）

　　（E）还得是你去求求王爷，怎么挽回挽回才好。（106）

　　（F）别的姑娘又小，托我照看照看。（56）

由时间短可以生出稍、略的意思（"争争气"等于"稍争气"，"照看照看"等于"稍为照看"），和尝试的意思（试瞧瞧、试求求、试挽回），但最初的意义总是表示时间短，因为两个动词的中间本来是有"一"字的，例如：

　　（G）你倒照一照地下罢。（30）

　　（H）你老把威风抖一抖。（60）

若要加倍表示时间之短，可加"儿"字于动词之后，例如：

　　（A）不过觉得身子略软些，躺躺儿就起来了。（82）

---

①　编者注：人民文学出版社本作"忠顺亲王府里有人来，要见老爷"。

（B）我劝你也动一动儿。（51）

（C）好姐姐，你也理我理儿。（25）

若要同时表示事已完成，可在两个动词中间加上完成貌词尾"了"字，例如：

（A）用手向他脉上摸了摸。（57）

（B）秋纹先忙伸手向盆内试了试。（54）

（C）又听了听，麝月睡的正浓。（109）

* * *

情貌成分对于形容词的影响　情貌既是在叙述句里才有的，所以情貌成分加于形容词的后面时，这形容词也就有了叙述性。下面是"着、了"二字使形容词变性的例子：

（A）他还不大着胆子花么？（16）

（B）宝妹妹急的红了脸。（99）

（C）你湿了我的衣裳。（24）

（D）袭人见了也就心冷了半截。（30）

（E）李纨近日也觉精爽了些。（75）

（F）改日宝二爷好了，亲自来谢。（34）

"起来"和"下去"也可以使形容词带叙述性，例如：

高起来　　大起来　　老起来　　热闹起来

静下去　　乱下去　　糊涂下去

否定语和情貌记号　普通否定语的主要叙述词，是只用普通貌，不用情貌记号的[①]，例如："凤姐正数着钱"，反面是"凤姐不数钱"，不是"凤

[①] 如果在末品谓语的形式里，"不"和"着"却可以同时说出，例如："他不瞧着他笑，只瞧着我笑。"但这里的"瞧"字不是主要叙述词。"不"和"了"也可以同时说出，如"你也不带了扇子去"（32），但这里的"带"字不是主要叙述词，又如"我开不开了，你怎么钻？"（28）"我不开了"是末品句子形式。

姐不数着钱"（进行貌）；"凤姐等上了东楼"，反面是"凤姐等不上东楼"，不是"凤姐等不上了东楼"（完成貌）；"他和我说来着"，反面是"他没有和我说"，不是"他没有和我说来着"（近过去貌）。

下面这些例子，都是些表示过去的否定语，也都只用普通貌，不用情貌记号"了"字：

(A) 我竟不知平儿这么利害！（21）

(B) 那轴美人却不曾活。（19）

(C) 我前儿闹了一夜，今儿还没有歇过来。（19）

(D) 我何尝不要送信儿？（26）

定 义

定义六十五：凡时间的表示，着重在远近、长短及阶段者，叫作情貌。

订 误

(1) 让着他们赶上我们。

"让他们赶上我们"是一个递系式，不能无故插入一个"着"字。而且"让"和"赶上"并不同时，也没有用进行貌的道理。

(2) 谢谢你费着心。

"费心"的事情已成过去，该用普通貌，如"谢谢你费心"。"着"字不合。

练 习

下面诸例，试加上适当的情貌。其本应是普通貌者，则不必加情貌成分：

(A) 大家叹息……一回。

(B) 好妹妹，你错怪……我。

(C) 我并没有比……你，也并没有笑……你。

(D) 只见黛玉蹬……门槛子，嘴里咬……绢子笑呢。

(E) 他忽然呵呵大笑……。

(F) 如今可要依……我行。

（G）刚才下雨……。

（H）请你尝……这味儿好不好？

（I）别弄坏……我的书。

第六节　语气

咱们说话的时候，往往不能纯然客观地陈说一件事情；在大多数情形之下，每一句话总带着多少情绪。这种情绪，有时候是由语调表示的。但是，语调所能表示的情绪毕竟有限，于是中国语里还有些虚词帮着语调，使各品情绪更加明显。凡语言对于各种情绪的表示方式，叫作语气；表示语气的虚词叫作语气词。

语气大致可分为十二类：

（一）决定语气　决定语气是用极坚决的语气陈说一种觉察、决意或判断。此类用语气词"了"字，置于句末。

（1）觉察，是觉察一种情况或境地。此类多数是描写句或能愿式，例如：

（A）凤姐、宝玉躺在床上，连气息都微了。（25）

（B）蓉儿和你媳妇坐在一处，倒也团圆了。（54）

（C）连姨娘真也没脸了。（55）

（D）算起来，奴才比我年轻的又不止一个了。（74）

以上是描写性的句子。

（E）我不能送你了。（9）

（F）太太不管，奶奶可以主张了。（15）

（G）我倒笑的动不得了。（42）

（H）嫣红、翠云那几个也都是年轻的人，他们更该有这个了。（74）

以上是能愿式。

（2）决意，是表示一种决意，或现在就要做的事情，例如：

（A）明日一早定要家去了。（42）

（B）从此只叫你师傅，再不叫姐姐了。（18）

（C）我从今以后，倒要干几件刻薄事了。（36）

（D）太太们说不歇了。（15）

以上是表示一种决意。

（E）好叔子，把他交给你，我张罗人去了。（47）

（F）珍哥，带着你兄弟们去罢，我也就睡了。（54）

以上是现在就要做的事情。

（3）推断，是设想势所必然的事实。此类往往是条件式，例如：

（A）再胡说，我就打了。（15）

（B）多多给你母亲些银子，他也不好意思接你了。（19）

决定语气表示已完成的事实 完成的事实已经成为定局，所以可用决定的语气表示，例如：

（A）新太爷到任了。（1）

（B）此时秦钟已发过两三次昏了。（16）

决定语气和完成貌的分别 决定语气和完成貌的分别，大约有下列的四点：

（1）完成貌往往用于时间修饰或条件式的末品句子形式里，决定语气则不能有此用途，例如：

（A） { 等他去了，你再来罢。　　完成貌
       他还没去，你就来了。　　决定语气

（B） { 如果他去了，你来不来？　完成貌
       如果你不来，我就生气了。决定语气

如果完成貌和决定语气同在一个条件式（或时间修饰）里，则完成貌必居于从属部分，决定语气必居于主要部分，例如：

（A）这一开了（完成貌），见我在这里，他们岂不臊了（决定语气）？（27）

（B）若有了金刚丸（完成貌），自然有菩萨散了（决定语气）。（28）

（2）完成貌只用于叙述句，决定语气则可兼用于描写句和判断句。

（3）完成貌的"了"字放在目的位或数量末品的前面，决定语气的"了"字放在目的位或数量末品的后面，例如：

（A）$\begin{cases} 新太爷到了任。\quad 完成貌 \\ 新太爷到任了。\quad 决定语气 \end{cases}$

（B）$\begin{cases} 他来了三次。\quad 完成貌 \\ 他来三次了。\quad 决定语气 \end{cases}$

有时候，完成貌和决定语气并用，前后只须用两个"了"字，例如：

（A）昨儿已给了人了。（6）

（B）若说起那一房亲戚，更伤了兄弟们的和气了。（9）

（C）这脸上又和谁挥拳来？挂了幌子了。（26）

（D）昨儿他妹子自己抹了脖子了。（67）

（4）决定语气的"了"字除了念成"勒"之外，还可以念成"啦"或"咯"，完成貌的"了"字却不能念成"啦"或"咯"，例如：

（A）若有了金刚丸，自然有菩萨散啦。

（B）昨儿他妹子自己抹了脖子啦。

决定语气和感叹语气　决定语气和感叹语气是很有关系的，因为语气既坚决，就往往说得很重；说得重，就很近于感叹语气了，例如：

（A）咳嗽的才好了些，又不吃药了！（35）

（B）里头还没吃酒，他小子先醉了！（45）

（C）我知道你们今儿又有事情，连饭也不顾吃了！（49）

（D）要是他也说过这些混账话，我早和他生分了？（32）

这种"了"字往往可和感叹语气词"啊"字结合，说成"了啊"，但"了啊"连念又往往变成"啦"音，所以凡带感叹的"了"字都可以看做和"啦"字相等。

决定语气和反诘语气　反诘虽似疑问，其实说话人心中非但无疑，而且是很坚决的，所以反诘语气也可和决定语气并用，例如：

（A）我怎么浮躁了？（30）

（B）他们还只管乱着要救，那里中用了呢？（32）

（二）**表明语气**　凡表明事情的真实性，着重在说明原因、解释真相者，叫作表明语气。此类用语气词"的"字，例如：

（A）因凤丫头为巧姐儿病着，耽搁了两天，今日才去的。（85）

（B）没了硝，我才把这个给他的。（60）

（C）莫非林妹妹来了，听见我和五儿说话，故意吓我们的？（109）

（D）刚才是我淘气，不叫开门的。（30）

以上是说明原因。

（E）本来就要去看的。（85）

（F）等回明了，我们自然过去的。（68）

以上是解释真相。

有时候，特别指明行为出自何人，或施于何事何物，发生于何时何地，这也算是辨别是非，不过所指的范围更狭。形式也有不同，因为这种"的"字是放在叙述词的后面、目的位的前面的。这可说是表明语气的活用，例如：

（A）原是你起的端。（9）

（B）都是你惯的他。（21）

（C）都是颦儿引的他。（48）

（D）二奶奶倒没说的，只是那娼妇治的我。（44）

以上是指明行为出自何人。

（E）是谁叫做的棺材？（25）

以上是要求对话人指明行为出自何人。

（F）原来是留的这个。（19）

（G）好好的一个清净洁白女儿，也学的沽名钓誉。（36）

以上是指明行为施于何物何事。

（H）他是去年九月结的婚。

（I）他是在杭州结的婚。

以上是指明行为发生于何时何地。这一类也可以不用目的位，如"他是去年在杭州死的"。

表明语气和决定语气的分别　表明语气是表明事情的真实性的，决定语气是表明一种觉察、决意或推断的，性质本不相同。偶然有些地方，用"的"用"了"都可以，然而意义也不必相同。用"的"的表示本来如此，用"了"的表示我现在觉察是如此，例如：

（A）这事你不能不管的。

本来不能不管。

（B）这事你不能不管了。

本来也许可以不管，但照现在情况而论，就不能不管了。

（三）夸张语气　凡言过其实，或故意加重语气者，叫作夸张语气。此类又可分为四种：

（1）稍带夸大或责备一类的意味者，用语气词"呢"字[①]，例如：

（A）要是他发一点好心，拔一根寒毛比咱们的腰还粗呢！（6）

[①] 在某一些官话区域里，用"哩"字替代这种"呢"字。

（B）你要看了，连饭也不想吃呢。（23）

　　（C）要不是他经管着，不知叫人诓骗了多少去呢！（39）

　　（D）一百年还记着呢！（21）①

　　（E）阿弥陀佛，可来了！没把花姑娘急疯了呢！（43）

以上表示夸大。

　　（F）还不快换了衣服走呢。（24）

　　（G）还不给你姐姐行礼去呢。（43）

　　（H）谁在外头说话？姑娘问呢。（82）

以上表示责备。

　　此外，凡遇某事正在进行中的时候，也用得着"呢"字。这可以认为夸张语气的活用，例如：

　　（A）老太太等着你呢。（24）

　　（B）上头正坐席呢。（43）

"呢、么"二字连用，是夸张之中带着反诘或疑问，例如：

　　（A）捆着手呢么？马也拉不来！（29）

　　（B）二爷今晚不是要养神呢吗？（109）

　　（C）林姐姐在家里呢么？（87）

　　（D）贾母道："下雪呢么？"（52）

　（2）着意限制陈说的范围，有仅此而已的意味者，用语气复合词"罢了"②，例如：

　　（A）遇见蛇，咬一口也罢了。（27）

　　（B）谁又参禅，不过是一时的顽话儿罢了。（22）

　（四）疑问语气　凡对于事情未明真相因而发问者，叫作疑问语气。常用的疑问语气词有"吗（么）、呢"二字。

---

① "着"和"呢"相连，表示一种极度的描写，如"多着呢、香着呢"。
② 亦可说成"罢咧"，如："你不过要捏我的错儿罢咧。"（42）

"吗"和"呢"的分别　　"吗"和"呢"的用途是大有分别的。用"吗"的地方不能用"呢",用"呢"的地方也不能用"吗"。现在分别讨论如下:

（1）句子里本来没有疑问的字样者,用"吗"字[①],例如:

（A）你也是我这屋里的人么？（24）

（B）老太太近日安么？（81）

（C）你还认得我么？（113）

（D）你们两个人商量些什么？瞒着我吗？（118）

（2）句子里本来有疑问的字样者,用"呢"字,例如:

（A）这会子做什么呢？（19）

（B）我写的那三个字在那里呢？（8）

（C）依你怎么样呢？（43）

没有谓语的"吗"和"呢"　　没有谓语,单用首品也可以发问。在这种情形之下,"吗"和"呢"的用途也不相同。

（1）首品带"吗"字,表示听不清楚或诧异,例如:张三对他说:"李四来了。"他说:"李四吗？"再问一声,恐怕是听不清楚[②]。张三对他说:"李四做了官了。"他说:"李四吗？"表示诧异,因为他向来不曾想到李四会做官的。

（2）首品带"呢"字,表示根究某人或某物的所在,或要求对于某人或某物加以叙述、描写或判断,例如:

（A）便问:"那块玉呢？"（94）

根究那块玉的所在。

[①] 亦可说成"呢吗",如:"妹妹掐花儿呢吗？"但这里"呢"有正在的意思,亦可认为夸张语气和疑问语气合用。

[②] 有时候,并非真的听不清楚,只是因为别人提出疑问,自己故意重述那问的话,使自己的答语更为有力,如:"刘姥姥……因问道:'这是那个小姐的绣房？……'袭人微微的笑道:"这个么？是宝二爷的卧房啊！"（41）

(B) 李四是做了官了, 张三呢?

要求对于张三也加以叙述。

"吗"和"呢"的省略 "吗"和"呢"都是可以省略的, 因为有疑问的语调表示就尽够了。

(1) "吗"字的省略:

(A) 眼睛牙齿都还好? (39)

(B) 这是姐姐吐的? (82)

(2) "呢"字的省略:

(A) 到底是往那里去了? (43)

"啊" 现代北京疑问语气, 该用"呢"字的地方也可以用"啊"字。"啊"字常受上字的影响而变音, 所以又写成"呀、哇、哪"等, 例如:

(A) 你是谁呀? (《儿女英雄传》7)

(B) 你那儿走哇? (《儿女英雄传》7)

(C) 你怎样这么俗起来啊? (《儿女英雄传》8)

(D) 你怎么这样讨人嫌哪? (《儿女英雄传》27)

(E) 这双鞋穿着又合式, 又舒服, 怎么还换哪? (《儿女英雄传》27)

(F) 你爱吃什么啊?

(G) 你今年贵庚啊?

该用"吗"字的地方, 普通是不用"啊"的。但若由推想转成疑问, 也可用"啊", 例如:

(A) 又是蒋玉菡那些人哪? (90)

(B) 不甚利害呀? (84)

(C) 怎么又走不动咧? 脚疼啊? (《儿女英雄传》27)

但没有谓语的"吗"和"呢", 则不可由"啊"字替代。可见"啊"字不是纯粹的疑问语气词, 必须上文有了疑问成分, 它才能帮助疑问语气的。

完全疑问和信多于疑　凡完全疑问，往往用并行的谓语形式；凡信多于疑，往往用"吗"字，例如：

（A）今天你出去不出去？

我完全不知道你的主意。

（B）今天你出去吗？

我猜想你大约要出去。

其余的两种疑问式　除了"吗、呢"二字表示疑问之外，还有两种疑问式：

Ⅰ.句子里用并行的谓语形式，以示疑问，例如：

（A）在这边外头吃的？还是那边吃的？（14）

（B）今儿的话到底是真的是假的？（89）

以上是相反的话并行。

（C）妹妹你说好不好？（23）

（D）不知你能干不能干？说的齐全不齐全？（27）

（E）下采不下采？（92）

以上是肯定语和否定语并列。

这种并行谓语的疑问式，如果要用语气词，也只能用"呢"字，不能用"吗"字；因为相反的话并列，或肯定语和否定语并列，就算本身已带疑问了。如果是相反的话并列，就该用两个"呢"字：

（F）姑娘倒是和我拌嘴呢？是和二爷拌嘴呢？（31）

如果是肯定语和否定语并列，就只能用"呢"字或"啊"字：

（G）他今天来不来呢？

（H）快出去告诉你二爷去，是不是啊？（67）

但是，如果第二个谓语形式不完全，就不能用"呢"字：

（Ⅰ）汤好了不曾？（35）

（J）看见了二爷没有？（100）

（K）过了后儿，知道还像今儿这样不得了？（44）

Ⅱ．句子虽用"可、几、多少、多"等字，以示疑问，例如：

（A）林姑娘的行李东西，可搬进来了？（3）

（B）老太太屋里几个一两的？（36）

（C）如今赵姨娘、周姨娘的月例多少？（36）

（D）你今年多大年纪了？（39）

这种疑问式也是以不用"呢、吗"为常①。

问语和答语的关系　凡带"吗"字的问语，都可以答复一个"是的"或"不"。这又可以有下列的四种情形：

（1）问语用肯定式，答语用"是的"，是表示承认，如："你明天来吗？——是的。"

（2）问语用肯定式，答语用"不"，是表示否认，如："你明天来吗？——不。"

（3）问语用否定式，答语用"是的"，是承认那否定的意思，如："你明天不来吗？——是的。"（我明天不来）

（4）问语用否定式，答语用"不"，是不承认那否定的意思，如："你明天不来吗？——不。"（我明天来）

凡不能带"吗"字的词语，就不能单用"是的"或"不"作答语，如："你明天来不来？——来。""你那一天来呢？——明天。"

（五）**反诘语气**　凡无疑而问，为的是加重语意或表示责难，叫作反诘语气。专用于反诘的语气成分有"不成"二字；"不成"在这种用途上，可认为语气复合词，例如：

（A）不然，那银子钱自己跑到咱家来不成？（6）

（B）偏我和他就两样俱同不成？（56）

---

① 偶然有用的，如："那么妹妹到底几岁了呢？"

"难道"可认为复合副词,和"不成"相应,则语气更为有力:

(C)难道叫我打劫去不成?(6)

有了"难道",句末不用"不成"也可以:

(D)你说你会过目成诵,难道我就不能一目十行了?(23)

(E)他们没钱,难道我们是有钱的?(63)

有时候,"难道"和"吗"字相应,意思也是一样的:

(F)难道这一首还不好吗?(48)

(G)何况这块玉不见了,难道不问吗?(94)

"岂"字也是反诘副词,例如:

(A)日久随土化了,岂不干净?(23)

(B)还是我来给他们带了来,岂不清白?(31)

(C)岂有不信的?(16)

但"岂"和"难道"的意义不完全相同,"岂"字本身含有反诘的意思,故只能和"呢"字相应,不能和"吗"字相应:

(D)岂不是有意绝我呢?(33)[①]

(E)岂不心有余而力不足呢?(78)

此外,"何尝、何不、何必、何妨、何况"等,都是反诘性的末品,例如:

(A)说的何尝错?(36)

(B)我见二爷时常小荷包有散香,何不找一找?(43)

(C)二位爷请坐着罢了,何必多礼?(54)

(D)这随便素的吃些何妨?(43)

(E)连老太太尚且如此,何况他们?(82)

疑问式当反诘用 一切的疑问式都可以当反诘用,这是可以由上下

---

① 编者注:人民文学出版社本中作"岂不是有意绝我"。

文观察出来的，例如：

(A) 不听见说要进来么？（87）

(B) 你既拿款，我敢亲近吗？（32）

以上用"吗"字。

(C) 姑妈听见了？（36）

(D) 他逼着你杀人，你也杀去？（47）

(E) 这不重了我们凤丫头了？（54）

以上是"吗"字省略。

(F) 谁叫你打动去呢？（6）

(G) 这会子撵出去，我还见人不见人呢？（30）

以上用"呢"字。

(H) 为什么都听他的话？（43）

(I) 回了太太，我还吃饭不吃饭？（77）

以上是"呢"字省略。

(J) 又要照着这样儿慢慢的画，可不得二年的工夫？（42）

以上用"可"字。

(六) 假设语气　凡假定事实者，叫作假设语气。此类也用"呢"字表示[①]，例如：

(A) 白来逛逛呢，便罢。（6）

(B) 得闲儿呢，就回，看怎么说。（6）

(C) 在别人呢，一句是贴不上的。（83）

(七) 揣测语气　凡表示揣测者，叫作揣测语气。此类用"罢"[②]字表示，例如：

(A) 姑娘今夜大概比往常醒的时候更大罢？（82）

[①] 也可用"嚜"字。

[②] 编者注：作语气词时今通常用"吧"。

（B）你不至于怪我罢。

（八）祈使语气　凡表示命令、劝告、请求、告诫者，叫作祈使语气。此类可以用语气词"罢"字，例如：

（A）拿了给我孙子吃去罢。（8）

（B）快跟了我喝酒去罢。（20）

（C）来把这个花扫起来，撂在那水里去罢。（23）[①]

（D）好妹妹，恕我这次罢。（35）

（E）既这样，你就把痰盒儿换了罢。（82）

不用"罢"字的祈使语　用"罢"字时，往往是表示委婉商量或恳求；若不用"罢"字，就往往表示非如此不可的意思了，例如：

（A）取了我的斗篷来。（8）

（B）袭人，倒茶来。（63）

（C）探春又嘱咐紫鹃："好生留神伏侍姑娘。"（82）

禁止语　禁止语可算是一种消极的祈使。普通用否定词"别"字，或借用能愿式"不可"二字；"罢"字以不用为常，例如：

（A）别叫他老子吓着他。（23）

（B）宝兄弟明儿断不可不言语一声儿，也不传人跟着就出去。（43）

"少"字，有时也用于禁止语。

（C）是二奶奶的名字，少混说。（54）

（九）催促语气　催促语气用"啊、哇、呀"等字。它的性质很近于祈使语气，只是语气急些。因此，也可以用"罢"字再加"呀"字，例如：

（A）姑娘，喝水呀！（90）

（B）那么着，咱们就搜哇。（《儿女英雄传》11）

（C）张姑娘又催道："走哇，姐姐。"（《儿女英雄传》27）

---

① 编者注：人民文学出版社本中作"来把这个花扫起来，撂在那水里"。

（D）大好日子的什么话呀？走罢呀。（《儿女英雄传》27）

（十）忍受语气 凡表示一种忍受者，叫作忍受语气。此类又可分为二种：

（1）表示对于别人的行为不满意，同时又表示让步。此类用语气复合词"也罢"或"罢了"，例如：

（A）你一般儿不给你也罢。（43）

（B）没有罢了，说上这些闲话。（61）

（2）表示自己的行为是勉强的或放任的。此类借用动词"去"字做末品补语，同时表示语气：

（A）仗着我这不害臊的脸，死活赖去。（68）

这是表示勉强的。

（B）要踢要打凭爷去。（31）

（C）由你爱用那几个字去。（48）

以上是表示放任的。

（十一）不平语气 不平语气表示不平、怨望、感慨、不耐烦等情绪，例如：

（A）贾母道："你怎么恼了，连牌也不替我洗？"鸳鸯拿起牌来笑道："奶奶不给钱么？"（47）

（B）我本也不配和他说话；他是主子姑娘，我是奴才丫头么！（22）

（C）你怎的连我也不认得了？我就是我么！（《儿女英雄传》7）

（十二）论理语气 凡句子表示一种论理的语气，似乎把自己的话认为一种大道理者，叫作论理语气。此类的语气词有"啊、呀、哪、咧、么（吗）"等字。

（A）该随手拿出两个来，给你这妹妹去裁衣裳啊！（3）①

（B）这会子翻尸倒骨的，作了药也不灵啊！（28）

（C）黛玉笑道："原是啊！"（87）

（D）我替你要铁锅来，好炒颜色吃啊！（42）

（E）我不叫你去，也难哪！（19）

（F）也不该拿我的东西给那些混账人哪！（28）

（G）姑娘丢了东西，你们就该问哪！（90）

"咧"字亦写作"啦"，是"了啊"的合音，例如：

（A）那泥胎儿可就成了精咧。（39）

（B）这会子就爱上那不值钱的咧。（72）

（C）那是姨太太多心罢咧。（83）

现在我们把十二类语气及语气词列成下面的一个表：

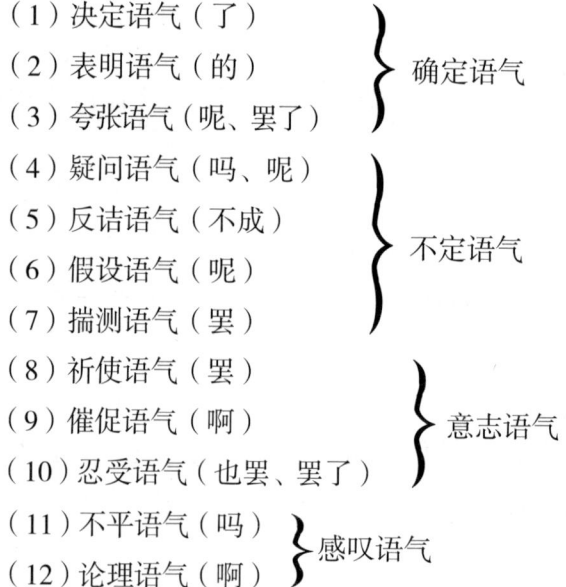

（1）决定语气（了）
（2）表明语气（的）   } 确定语气
（3）夸张语气（呢、罢了）

（4）疑问语气（吗、呢）
（5）反诘语气（不成）   } 不定语气
（6）假设语气（呢）
（7）揣测语气（罢）

（8）祈使语气（罢）
（9）催促语气（啊）   } 意志语气
（10）忍受语气（也罢、罢了）

（11）不平语气（吗）
（12）论理语气（啊）   } 感叹语气

---

① 编者注：人民文学出版社本中作"该随手拿出两个来，给你这妹妹去裁衣裳的"。

定 义

定义六十六：凡语言对于各种情绪的表示方式，叫作语气。

定义六十七：凡表示语气的虚词，叫作语气词。

练 习

（1）试辨别下面这些例子是属于什么语气的：

（A）婶娘不看侄儿和侄儿媳妇面上，只看死的分上罢。（13）

（B）众人诧异：这水又从何而来？（17）

（C）你也拿镜子照照，配递茶递水不配？（24）

（D）每到天热，午间要歇一个时辰的。（30）

（E）做了一首又不好，自然这会子另做呢。（48）

（F）今天不会下雨罢。

（G）下雨呢，就只好不出去了。

（2）下面诸例中，试指出哪一些是"吗"字省略的，哪一些是"呢"字省略的：

（A）咱们哄着老太太开个心儿，有什么恼的？（40）

（B）你当我是谁？（42）

（C）人家脸上怎么过的去？（46）

（D）他这去的必有原故。不是有人得罪了他了？（78）

（E）姐姐才听见说了？（83）

（F）那一个耍的猴儿不是剁了尾巴去的？（50）

（3）下面这些例子里的"了"字，试指出哪些是表示决定语气的，哪些是表示完成貌的：

（A）凤姐吓了一身冷汗，出了一回神。（13）

（B）日落后，王子腾夫人告辞去了。（25）

（C）老太太有了这个好孙女儿，就忘了你这孙子了。（49）

（D）如今我也大了，连我也不便往你们那边去了。（74）

第七节　语气末品

在上节里，咱们看见"难道"和"不成"都是表示反诘的；单用"难道"，或单用"不成"，意思是一样的。那么，"不成"既可认为语气词，为什么"难道"不可认为语气词呢？这完全是位置的关系；"不成"居于句末，句末是语气词所常在的位置，所以"不成"是语气词；"难道"居于谓语或主语的前面，这是末品所常在的位置，所以"难道"是一种末品词。不过"难道"的意思和"不成"的意思是一样的空灵的，所以该称为语气末品。"难道"既是常居末品的，本身也就是副词的性质，所以在字典里它该是一种语气副词。

语气副词有些是专用于语气的，例如"岂、难道、索性、敢、偏、偏生、到底、简直、饶"等；另有些是借用普通副词的，例如"只、竟、也、还、又、并、可"等。

用末品表示语气，除了反诘语气和上节所论的反诘语气相同外，其余的都是和上节不相同的，这样，语气词和语气末品各有用途，使中国语里具有种种不同的情绪。

由末品表示的语气，大致可分为下列的七类：

（一）诧异语气　此类用"只、竟"二字；"只"字意轻，"竟"字意重。

（1）"只"字表示一种意外的发觉，往往加于"见、听"一类的字之上，例如：

（A）凤姐方欲说话，只见荣国府的四个执事人进来。（14）

（B）犹未想完，只听咯吱一声。（27）

（2）"竟"字表示某事出于意料之外，例如：

（A）竟给薛大傻子作了屋里人。（16）

（B）谁知竟被老爷看重了你。（46）

（C）你表兄竟逃走了。（72）

（二）不满语气　此类用"偏"字。"偏"字表示和说话人或对话人的意思相反，或和感情相反，例如：

（A）这会子二爷在家，他偏送这个来了。（16）

这是和说话人的意志相反的。

（B）尤氏笑道："偏不用你！"（71）

这是和对话人的意志相反的。

（C）被人拐出来，偏又卖给这个霸王。（62）①

这是和感情相反的。

（三）轻说语气　此类用"倒、却、可、敢"等字。

（1）"倒"字，是为减轻谓语的语意而设的，例如：

（A）你倒大方得很。（62）

（B）这词上我倒平常。（70）

（C）你答应的倒好，如今还是落空。（16）

以上是减轻描写的力量。

（D）我怎么磨牙了？咱们倒得说说。（20）

以上是减轻必要性。

（2）"却"字，也是为减轻谓语的语意而设的，和"倒"字差不多，例如：

（A）虽然住了两三天，日子却不多，把古往今来没见过的……都经验过了。（42）

（B）我却没告诉过他。（63）

（3）"可"字，也是为减轻谓语的语意而设的。在某一些情形之下，

---

① "偏"又可说成"偏生"，如"偏生他又和我极好"（57）。又可说成"偏偏儿的"，如"偏偏儿的遇见这样没人心的东西"（81）。

"可"和"倒"的意义竟是相同的。试比较下面的两个句子：

（A）这可别委屈了他。（63）

（B）倒别委屈了他们。（74）

但是，普通"可"字的语气总比"倒"字更轻些。像下面这些例子，就只能用"可"，不能用"倒"：

（A）这可该去了。（19）

（B）我可比不得你们奶奶好性儿。（14）

（C）妈妈每日进来，可都是我不知道的。（63）

"可"字又能帮助疑问或反诘的语气（参看上节），更不是"倒"字所能替代的了，例如：

（A）这会子可好些？（34）

（B）倘或打出个残疾来，可叫人怎么样呢？（34）

（4）"敢"字普通只放在"是"字的前面，以减轻"是"字的语意，表示肯定之中带着多少怀疑，例如：

（A）敢是我们就中取势了？（73）

（B）敢是美人活了不成？（19）

（四）顿挫语气　此类用"也、还、到底"等词。

（1）"也"字表示本该那样，或本可以那样，现在也只能这样，例如：

（A）我也不要这老命了。（20）

老命本该要的现在也不要了。

（B）兴儿也不敢抬头。（67）

头本可以抬的，现在也不敢抬了。

（C）也犯不着气他们。（26）

气是本该气的，现在我觉得你也犯不着了。

（D）是谁接了来的，也不告诉。（63）

本该告诉的，现在也不告诉。

"倒也"和"也倒"　　"倒也"和"也倒"的意义相同。这是委婉语气和顿挫语气的结合；但是委婉的成分多，顿挫的成分少，例如：

（A）我这会子跑了来倒也不为酒饭。（16）

（B）这话也倒是。（70）

可也　　"可也"和"倒也"的意思差不多，例如：

（C）果然如此，我可也见个大世面了。（16）

也就　　"就"字本是时间副词，但若和"也"字相连，就有了顿挫的语气。"也就"比"也"的语气重些，例如：

（A）袭人见了自己吐的鲜血在地，也就冷了半截。（31）

（B）你邢妹妹在大太太那边也就很苦。（108）

（2）"还"字是由时间副词和范围副词变来的，共有两种意义：

Ⅰ. 对于不应有的情理表示生气或不满，例如：

（A）是我，还不开门吗？（26）

（B）难道还怕我不谢你吗？（25）

Ⅱ. 对于事情表示夸张。这种"还"字往往和"呢"字相应，例如：

（A）所以妹妹还是我的大恩人呢。（68）

非但不是仇人，还是大恩人。

（B）拿着我们平儿说起，我还劝着二爷收他呢。（68）

非但不阻止，而且还劝他。

（C）你说你是太太打发来的，我还是老太太打发来的呢。（74）

我还比你高一级。

"倒还"和"还倒"　　"倒还、还倒"都和"倒也"的意思差不多，所以凡用"倒还"和"还倒"的地方都可用"倒也"替代，例如：

（A）不如一死，倒还干净。（69）

（B）还倒不倚势欺人的。（39）

（3）"到底"表示穷究真相，例如：

（A）我那个也不好，到底伤于纤巧些。（38）

（B）他们到底年轻，怕路上有闪失。（53）

（C）虽然这柳家的没偷，到底有些影儿。（61）

（D）到底是别人合你怄了气了，还是我得罪了你呢？（81）

（五）重说语气　此类用"又、并、简直、就"等词。

（1）"又"字表示坚决否认的语气，例如：

（A）我又不是鬼。（44）[1]

（B）我又不认得。（47）

（C）这一道门何必关？又没多的人走。（62）

（D）我们又不大会诗，白起个号做什么？（37）

（2）"并"字表示完全否定的语气，例如：

（A）本来请太爷今日来家，所以并未敢预备顽意儿。（11）

（B）我们并没有多吃酒。（62）

（C）奴才并不是姑娘打发来的。（92）

（D）还说并没有到上头，只到奶奶这里来。（92）

"又"字稍带顿挫的语气，"并"字没有顿挫的语气，所以略有不同。但它们都是用于否定语里面，而且又都是把语气加重的，所以都属于重说语气[2]。

（3）"简直"表示坚决之中带着不满意，例如：

（A）那简直要不得。

（B）这简直不成话了。

"简直"并非专用于否定语，这一点也和"又、并"不同：

---

[1]　有时候，"也"字也可替代"又"字，如"你也是聪明人；他们虽没有来说我，他必抱怨我"（106）。

[2]　至于肯定语的重说语气，则有"都"字，如："天都亮了，还睡什么呢？"（82）但这种"都"字的用途不很广。

（C）他简直是欺负我们。

（D）我简直好像他的奴隶似的。

（4）"就"字，表示坚决肯定的语气，例如：

（A）水仙庵就在这里！（43）

（B）我说的就是他。

（六）辩驳语气　此类用"才"字，例如：

（A）李云说："你劝他一劝罢。"张信说："我才不劝呢！"

（B）王欲仁说："他明天会来的。"蔡杰说："他才不来呢！"

注意：此类"才"字只用于否定语里。

（七）慷慨语气　此类用"索性"一个词，表示说话人的慷慨，或别人的慷慨都可以，例如：

（A）索性三妹妹合邢妹妹钓了我再钓。（81）

（B）索性等几天。（49）①

（C）索性凑成十二个便全了。（37）②

（D）只见这三姐索性卸了妆饰。（65）

（八）反诘语气　此类用"岂、难道"等词。"岂"字是古语的残留，"难道"是近代产生的反诘副词（参看上节）。"岂"字意轻，"难道"意重。

（1）"岂"字在现代往往只用于否定语里③，例如：

（A）这岂非有八九分了？（16）

（B）岂不是有意和他分驰了？（18）

（C）见我在这里，他们岂不臊了？（27）

---

① 编者注：人民文学出版社本作"越性"。

② "索性"有时候也可说成"竟"，如"依我说，咱们竟悄悄的把宝姑娘林姑娘请了来玩一回子，到二更天再睡不迟"（63）。编者注：人民文学出版社本中作"越性凑成十二个便全了"。

③ 只有成语"岂有此理"是例外。

（D）吃饭岂不请奶奶去的？（71）

（2）"难道"和"岂"字恰恰相反，它是以用于肯定语为常的，例如：

（A）难道依你说就罢了？（73）

（B）难道我说错了不成？（36）

（C）那黄汤难道灌丧了狗肚子里去了？（45）

现在我们把八类语气末品列表如下：

（1）诧异语气：只　　竟

（2）不满语气：偏

（3）轻说语气：倒　　却　　可　　敢

（4）顿挫语气：也　　还　　到底

（5）重说语气：又　　并　　简直　　就

（6）辩驳语气：才

（7）慷慨语气：索性

（8）反诘语气：岂　　难道

定　义

定义六十八：凡虚词，居于末品常在的位置，而又有语气词的功用者，叫作语气末品。

练　习

下面这些例子里，下面有·的字，试辨别它们是不是语气末品：

（A）我的手脚子粗，又喝了酒，仔细失手打了这磁杯。（41）

（B）咱们家里的班子都听熟了，倒是花几个钱叫一班来听听罢。（43）

（C）就把竹信子抽了去，拿下顶子来，只剩了这个圈子。（45）

（D）晚上同散，岂不好？（47）

（E）这可是云丫头闹的。（49）

（F）又不少吃的，他两个在那里商议着要吃生肉呢。（49）

（G）一剂好药也不给人吃。（52）

（H）前日袭人的妈死了，听见说赏银四十两，这也赏他四十两罢了。（55）

第八节　联结词

词和词可以联结，句和句也可以联结；有些虚词居于词和词的中间或句和句的中间，担任联结的职务。这种虚词，我们叫作联结词。

联结词大致可分为四类：

（一）在组合式里①，把次品联结于首品者　"之"字。

（A）稍能警省，亦可免沈沦之苦了。（1）

（B）故深得下人之心。（5）

（C）连用通关之剂，并不见效。（95）

（D）此系前日圣上亲赐鹡鸰香念珠一串，权为贺敬之礼。（15）

（E）就将芳官扶在宝玉之侧，由他睡了。（63）

（F）宝玉便回明贾母要约秦钟上家塾之事。（8）

"之"和"的"的分别　"之"字是古语的残留，"的"字是现代语的活成分。"之"字是联结词，"的"字已经从联结词演变为后附号。"之"字因为是联结词，所以必须放在次品和首品之间；"的"字因为是后附号，所以可放在一句之末，或主位、目的位、表位之末。像下面各种"的"字的用途，都不是"之"字所能替代的②。

（1）末品修饰

（A）"细细的赏玩了一回"，不能说"细细之赏玩了一回"。

---

① 关于组合式（参看第一章第四节）。
② 语气词"的"字更不是"之"字所能替代，这是用不着多说的了。

（B）"一声不响的走了"，不能说"一声不响之走了"。

（2）主位之末

　　（A）"年轻的都从军去了"，不能说"年轻之都从军去了"。

　　（B）"好好的都卖完了"，不能说"好好之都卖完了"。

（3）目的位末

　　（A）"打了干的打亲的"，不能说"打了干之打亲之"。

　　（B）"我不认识那老的"，不能说"我不认识那老之"。

（4）表位之末

　　（A）"这书是我的"，不能说"这书是我之"。

　　（B）"芳官竟是狐狸精变的"，不能说"芳官竟是狐狸精变之"。

　不用"之"字的组合式　组合式里，用"之"字则语气更畅，然而不用"之"字也可以的。凡不用"之"字的地方，同时也可以不用"的"字，例如：

　　（A）兼着那雨滴竹梢，更觉凄凉。（45）

　　（B）越是粗话越好。（50）

　　（C）女孩儿未出嫁，是颗无价宝珠。（59）①

　　（D）自家姐妹，这倒不必。（67）

　如果用代词"此、这、那、何、什么"等字为次品，就绝对不能用"之"字或"的"字，例如"此人"不能说成"此之人"，"这地方"不能说成"这的地方"，"何事"不能说成"何之事"，"什么衣裳"不能说成"什么的衣裳"等。

　如果首品是"上、下、面、外、前、后"一类的字，而次品又是一个单音词的时候，也是以不用"之、的"为常，例如：

　　床上　　地下　　水面　　城外　　堂前　　病后

---

① 编者注：人民文学出版社本中作"女孩儿未出嫁，是颗无价之宝珠"。

如果首品是个"里"字,就绝对不能用"之"或"的",例如:

屋里　　井里　　口里　　手里

（二）在等立仿语里,把首品联结于另一首品者 "与、和（合）、并、及、同"等字。

"与"和"和"　"和"字是现代语,"与"字是古语的残留,例如:

（A）平儿与众媳妇等都忙告诉他原故。（55）

（B）然后就要治我和四姑娘了。（73）

（C）就是贾府上的琏二爷,和大爷的盟弟柳二爷。（67）

（D）亲丁四人,自然是我和你们两位太太了。（83）

"与、和"的活用法　有时候,"与"或"和"所联结的两个首品在形式上虽似乎是等立的,然而在意义上却是一个主位带着一个关系位。这可认为一种活用法,例如:

（A）故士隐常与他交接。（1）①

（B）如今他在家中,只是和些孩子们混闹。（81）

（C）跟的两个小厮都在厨下和鲍二饮酒。（65）

（D）他总不合（和）宝玉说话。（52）

以上是偕同的意思。

（E）少不得进来,先与贾母请安。（47）

（F）谁和奴才要钱了？（73）

（G）我原想着今日要和我们姨太太借一天园子。（50）

（H）哥哥去托个伙计过去和参行商议说明。（77）

以上是向的意思。

"并"和"及"　"并"和"及"都是古语的残留,而且在口语里差不多是死了,例如:

---

① 另有一种"与"字,和"给"字的意思差不多,乃是一种动词,不可认为联结词,例如"作法子镇压与众人做榜样呢"（55）。

（A）便向养生堂抱了一个儿子并一个女儿。（8）

　　（B）接着荣国府也送了许多供祖之物及给贾珍之物。（53）

　　多数首品的联结　当许多首品相联结的时候，往往只用一个联结词就够了。在这情形之下，联结词不一定放在第二个首品的前面，也不一定放在最后一个首品的前面；说话人往往把这些首品分为两类（或两等），然后把联结词放在这两类的中间，例如：

　　（A）这里王夫人和李纨、凤姐儿、宝钗姊妹等见大夫出去方从橱后出来。（42）

王夫人是一等，李纨、凤姐儿、宝钗等人又是一等。联结词放在第三个首品的前面。

　　（B）难为你孝顺老太太、太太和我。（44）

老太太、太太是一类，我另是一类。

　　（C）薛蟠、贾珍、贾琏、贾蓉并几个近族的……（47）

薛蟠诸人是一类，几个近族另是一类。这B、C两例的联结词，都是放在最后一个首品的前面。

　　偶然用得着两个联结词，也就是把那些首品分为三类：

　　（D）薛姨妈和宝钗、香菱并两个年老的嬷嬷连日打点行装。（48）

　　不用联结词的并行名词　名词并行（多数是首品并行）的时候，用联结词固然可以（如上面诸例），然而完全不用联结词也是常见的事实，例如：

　　（A）就连菱角、鸡头、苇叶、芦根，得了风露，那一般清香也是令人心神爽快的。（80）

　　（B）手里都捧着茶盘、茶钟。（7）

　　（C）宝玉的月钱、我们的月钱，多早晚才领？（55）

　　（D）这会子大嫂子、宝姐姐心里自然没有诗兴的。（49）

如果两个单音词并行，就更少有用联结词的了，例如：

父子　夫妇　弟兄　花果　酒饭　山水　草木　参茸　弓箭　鸟兽

"同"字　严格说起来，"同"字不能认为联结词：一则因它只有"和"字的活用法，没有正用法，例如：

(A) 藕官接了，笑嘻嘻同他二人出来。(59)

(B) 梳了头，同妈都往你那里去。(59)

二则因它可以带后附号"着"字，显然含有动词性，这种情形乃是"与、和、并、及"等字所没有的，例如：

(C) 袭人、宝琴、湘云同着地藏庵的两个姑子正说故事顽笑。(17)

(D) 亏了紫鹃还同着秋纹两个人挽扶着黛玉到屋里来。(97)

(三) 在有关系位的句子里，把关系位联结于谓语者　"于、以"二字。

(1) "于"字及其关系位，在上古本来是放在谓词（及其目的位）的后面的。在中古，仍以此为常见。像下面四个例子，就是合于古代语法的①：

(A) 恭楷写了，挂于灯上。(22)

(B) 乃致祭于……芙蓉女儿之前。(78)

(C) 忽有一个雀儿飞来，落于枝上乱啼。(58)

(D) 因谋之于凤姐儿。(57)

但是，近代"于"字的位置却可以自由了；如果谓词带着目的位，或受末品的修饰，则"于"字及其关系位可以放在谓词的前面，例如：

(A) 士隐于书房闲坐。(1)

(B) 他于十六日便起身赴京。(2)

"于"和"在"的分别　这种"于"字的意义往往被人误会，以为和"在"字的意义相等。其实它们的词性是不相同的。"在"是动词，"于"是联结词。"在"可用为谓词，"于"决不可用为谓词。因此，"张先生在外国，

---

① "于"字只能联结关系位，不能联结目的位。像"族中人谁敢触逆于他？"(9)"他在人前，一片私心，称扬于我"(32)，这种句子是不宜仿效的。

没有回来", 断不能说成"张先生于外国, 没有回来"。"在、于"二字又可同时并用, 因为一个是动词, 一个是联结词, 一实一虚, 它们各有用途, 并非重复, 例如:

（A）古之道术有在于是者。（《庄子·天下篇》）

（B）日常所需, 皆在于此。

谓语形式当作关系位用　谓语形式也可当关系位用, 不过"于"字前面必须是一个形容词或带有形容性的词, 例如:

（A）我因懒于读书, 家父母尚每垂训饬。（5）

对于读书这种事, 我是很懒的。

（B）老太太也不必过于悲痛。（25）

在悲痛上头, 不必太过。

比较式中的"于"字　"于"字用于比较式的时候, 是把比较的人或物联结于描写词的后面, 例如:

（A）子贡贤于仲尼。（《论语·子张》）

（B）就论起那标致来, 及言谈行事, 也不减于凤姐。（65）

这种比较式在现代口语里是不存在的了, 例如"猫小于狗", 现代该成"猫比狗小"。"比狗"乃是末品谓语形式, "于狗"是联结词带关系位, 意思虽颇相似, 语法上的差异却是很大的。

（2）"以"字及其关系位, 系用来表示方式修饰的。它的位置可以在谓词（及其目的位）的后面, 例如:

（A）小厮们又告以纺纱织布之用。（15）①

（B）醉以灵酒, 沁以仙茗, 警以妙曲。（5）

又可以在谓词的前面, 例如:

（C）以桀诈尧, 譬之若以卵投石。（《荀子·议兵》）

---

① 编者注: 人民文学出版社本中作"小厮们又说:'是纺纱织布的。'"

（D）以随侯之珠，弹千仞之雀。（《庄子·让王》）

"以"和"用"的分别　　"以"和"用"的词性不同："用"是动词，有时候用于末品谓语形式里，如"皆用封条封着"[①]；"以"不是动词，所以没有做谓词的资格，例如"不用封条也行"，不能说成"不以封条亦可"。

"于、以"二字还有许多用途，因与现代语关系更小，所以不在本书里讨论了。

（四）联结两个句子形式，或两个谓语形式，或把末品联结于谓词者　"而"字。

（1）联结平行的两个句子形式或两个谓语形式，例如：

（A）受时与治世同，而殃祸与治世异。（《荀子·天论》）

（B）节目之间未为明备，而去取之际，颇欠精审。（《文献通考·序》）

以上是联结平行的两个句子形式。

（C）知音而不知乐者，众庶是也。（《礼记·乐记》）

（D）一怒而诸侯惧，安居而天下熄。（《孟子·滕文公下》）

（E）宝玉笑而不答。（9）

（F）凡人魂魄，聚而成形，散而为气。（98）

以上是联结平行的两个谓语形式。

任何的两种事情，只要说话人认为其间有某种关系，都可以用"而"字表示其关系。至于实际上的关系如何，对话人可从上下文的语意寻求。

在古代语里，首品和首品联结时，用"与"字；谓语和谓语联结时，用"而"字。它们的用途虽不同，但若就其联结平行的事物而论，却是相同的。

（2）把末品联结于谓词，例如：

（A）呼尔而与之，行道之人弗受。（《孟子·告子上》）

[①] 参看第一章第九节。

（B）薛蟠连忙把灯吹灭了，屏息而卧。（91）

这种用途，在现代语里，如果末品是由叠字构成的，就用词尾"的"字。试比较下面诸式：

（A）呱呱而泣：嘻嘻的笑

（B）源源而来：急急忙忙的去了

如果末品是由叙述语转成的，就用情貌记号"着"字或"了"字。试比较下面诸式：

（A）屏息而卧：捏着鼻子走过去

（B）奉其亲而行：带了女儿到北京来

（五）在复合句里，把句子形式联结于另一句子形式者　此类有"且、而且、或、还是、然、然而、但、但是、则、故、所以"等词。

（1）积累式的联结词　而且（较古形式是"且"）：

（A）私自拿了首饰去赌钱而且还捏造假账。（73）

（B）这首不但好，而且新巧有意趣。（49）

（C）不但将亲戚朋友一概杜绝了，而且连家庭中晨昏定省亦发都随他的便了。（36）

不用联结词的积累式　凡用"而且"的地方，都是一种夸张的语意，所以它是往往和"不但"或"非但"相应的（例B、C）。如果用不着夸张，就用不着联结词，例如：

（A）把屋子收拾了，下一扇纱屉；看那大燕子回来，把帘子放了下来；拿狮子倚住烧了香，就把炉罩上。（27）

（B）请宝玉出去奠酒、焚化钱粮、散福。（80）

（2）离接式的联结词　"或是（或）、还是"等词。

Ⅰ．若不是疑问句，就用"或"或"或是、或者"，例如：

（A）闷了也出来合姐妹们顽笑半天，或往潇湘馆去闲话一回。（70）

（B）倘或他来支取东西，或是说话，小心伺候才好。（14）

（C）他不在家，或是属相生日不对，所以先说与兄弟了。（57）

（D）一年学里吃点心，或者买纸笔，每位有八两银子的使用。（55）

Ⅱ．若是疑问句，就用"还是"，例如：

（E）就演罢，还是再等一会子？（42）

（F）在这边外头吃的？还是那边吃的？（14）

注意：这种"或"和"还是"往往是用两三个相应的，就是每一个谓词或句子形式的前面，都有一个"或"字或一个"还是"①，例如：

（A）一草一苗，或丢或坏，就问这看守的赔补。（14）

（B）快带了他去，或打，或杀，或卖，我一概不管。（74）

（C）独黛玉或抚弄梧桐，或看秋色，或又和丫头们嘲笑。（37）

（D）还是单画这园子呢？还是连我们众人都画在上头呢？（42）

（3）容许式和转折式的联结词　"然、然而、但、但是"等：

（A）虽不出门，然筹划计算。（55）

（B）虽未大愈，然亦可以出入行走得了。（77）

（C）虽心下恨不能一死，但王夫人盛怒之际，自不敢多言。（77）

（D）贾母心中却不十分愿意，但想儿女之事自有天意。（79）

"然"和"然而"是较古的形式，"但"和"但是"是现代的形式②。

（4）按断式和理由式的联结词　"况且"（较古形式是"况"）：

（A）我知道，你那十个杯还小；况且你才说是木头的，这会子又拿了竹根子的来，倒不好。（41）

（B）都察院素与王子腾相好，王信也只到家说了一声，况是贾府之人，巴不得了事。（68）

在按断式里，按的部分和断的部分中间是用不着联结词的。只因有时候，按的部分分为两层，按上加按，就用得着"况且"，作为两层按语中

---

① 这种用途就颇近似关系末品。参看下节"积累式的关系末品"一条。

② "但是"也可说成"只是"，例如"虽有一点茄子香，只是还不像是茄子"（41）。

间的联结工具，如 A 例，杯小是嫌竹根杯子不好的第一个理由，刚才说过是木头的，是嫌竹根杯子不好的第二个理由，所以用"况且"去联结它们。又如 B 例，都察院和王子腾相好是第一个理由，贾府的人是第二个理由，所以也用"况"字①。

（5）申说式的联结词　"一则、二则"等。

在申说式里，陈说部分和解释部分之间也用不着联结词。只因有时候，解释的部分分为两三层，就只好用"一则、二则"等（参看第一章第九节）。但"一则、二则"只是准联结词，不是纯粹的联结词，所以这里不详细讨论。

（6）时间修饰和条件式的联结词　"则"字：

（A）宗邑无主，则民不威。（《左传·庄二十八年》）

（B）仁则荣，不仁则辱。（《孟子·公孙丑上》）

（C）用之则行，舍之则藏。（《论语·述而》）

（D）强本而节用，则天不能贫。（《荀子·天论》）

（E）生前聚之，死则散焉。（98）

"则"字是古语的残留；只因书报上还有用它的地方，所以大略地说一说，它还有其他用途，本书里不想讨论了。

（7）原因式的联结词　"故、所以"等：

（A）姐姐曾说今日今时必有个绛珠妹子的生魂前来游玩，故我等久待。（5）

（B）弟已久有此意，但每遇兄时，并未谈及，故未敢唐突。（1）

（C）今日因吃了面，怕停食，所以多顽一回。（63）

（D）必是宝姑娘送来的东西少，所以生气伤心。（67）

"故"字是较古的形式，"所以"是现代的形式。

---

①　按断式和申说式的性质很近，故"况且"又可用于申说式，例如"好歹你守着我，我还能放心些；况且也不用做这买卖，也等不着这几百银子来用"（48）。

定　义

定义六十九：凡虚词，居于两个语言成分的中间，担任联结的职务者，叫作联结词。

练　习

下面这些例子里，试指出哪些联结词是妥当的，哪些是不妥的：

(A) 大学生有受教育和教育于人的义务。

(B) 你要借什么之书？

(C) 他爱你，但是你不爱他。

(D) 父亲同母亲都是年老的人了。

(E) 我和你是朋友。

(F) 哥哥这会子正于书房里。

(G) 这屋子大，但是那屋子小。

第九节　关系末品

上节所说的联结词第五类，是居于两个句子形式的中间担任联结的职务的。此外还有一种词，它们并不居于两个句子形式的中间，它们的位置往往是末品所常在的位置（即主语之后，谓词之前），然而它们能表示句和句的关系，或上文和下文的关系。这种词，当其独立时，可称为关系副词；当其入句时，可称为关系末品。

关系末品大致可分为八类：

（一）积累式的关系末品　"又、也"等字。

（1）"又"字表示甲事之外又有乙事，例如：

(A) 饶这么着，老太太还怕他劳碌着了。大夫又说好生静养才好。(32)

(B) 才要把这米账合他们算一算，那边大太太又打发人来叫。(45)

（C）只是五儿那一夜受了委屈烦恼，回去又气病了。（63）

（D）将自己枕的推给宝玉，又起身将自己的再拿了一个来枕上。（19）

有时候用几个"又"字，分放在有关系的几方面，则语意更紧。在这情形之下，"又"字所在的谓语往往是很短的，例如：

（A）见识又浅，嘴又笨，心又直。（19）

（B）他就披上了，又大，又长。（31）

（C）你手里又有了钱，离着我们又远。（53）

（D）外边晴雯听见他嫂子缠磨宝玉，又急，又臊，又气。（77）

（2）"也"字表示平行的几件事。这种"也"字，普通至少用两个，分放在有关系的方面，例如：

（A）我也不等银子使，也不做这样的事。（15）

（B）到了第二日是十六日，年也完了，节也完了。（54）

有时候用"也有"，就是把某一些人、物分作几种情形来叙述，例如：

（C）也有坐在山石上的，也有坐在草地下的，也有靠着树的，也有傍着水的。（41）

"又"和"也"的分别　　单用一个"又"字的时候，大致总有一定的顺序的，不像用"也"字的地方，次序可以自由（如 A 例，可说成"我也不做这样的事，也不等银子使"）。几个"又"字相照应的时候，次序也可以自由了，不过，"又"字往往用于描写语（"又大，又长"），或带描写性的谓语（"又急，又臊，又气"），"也"字往往用于叙述语，也是不完全相同的。

一面　　"一面"本可认为关系位，但关系位本来也有末品的性质（参看第一章第七节），而且"一面"往往是两个或几个相照应的，所以咱们也不妨把它认为关系末品，例如：

（A）一面也擦着泪，一面递给司棋一个绢包。（77）

（B）一面想，一面看，一面又用手摸去。（41）

（二）转折式的关系末品　"反、倒、却"等字。

（1）"反"和"倒"　"反"字用为关系末品时，和"倒"字用为关系末品时的意义差不多，故亦可说成"倒反"：

（A）弟兄两个本是风月场中耍惯的，不想今日反被这闺女一席话说住。（65）

（B）不说咱们不留神，倒像两宅商议定了送虚情怕费事一样。（53）

（C）妈妈急的这个样儿，你不说来劝，你倒反闹的这样。（34）

（2）"却"字　"却"字表示事情的转变，例如：

（A）柳湘莲见三姐身亡，痴情眷恋，却被道人数句冷言，打破迷关。（67）

（B）刘姥姥便赶来拉他的手……却撞到板壁上。（41）

（C）众人答应了，宝玉却等不得。（49）

（D）心中甚喜，却碍着邢夫人的脸。（74）

有时候，说成"却又"，意思是一样的：

（E）看见宝玉进来请安，心中自是喜欢，却又有些伤感之意。（71）

有时候，竟可单说一个"又"字，替代"却又"的意思：

（F）没有个单放了他妈，又只打你妈的理。（71）

（G）我原想着今日……摆两桌粗酒，请老太太赏雪的，又见老太太安歇的早。（50）

"反"和"却"的分别　"反"字意重，"却"字意轻。用"反"字的地方可以用"却"，然而许多用"却"字的地方不能用"反"。

注意：这里转折式的关系末品如果和"虽、饶"等字相照应，就变了容许式的关系末品。

（三）时间修饰的关系末品　"愈、越"等。

（A）赵姨娘听见凤姐的话，越想越气。（51）

（B）贾宝玉愈听愈不耐烦。（115）

　　"愈"是"越"的较古形式。两个"越"字相照应时，表示互相有关的两种情况作平行的进展。

　　注意：如果是一种假设，则"越、愈"就变了条件式的关系末品，例如："我想你越早到越有好处。"

　　（四）条件式的关系末品　　"若、要、倘或、就、便"等。

　　条件式本来可以不用"若、要、倘或"等词的（参看第一章第九节）；不过，若用它们，意思就更明显些。

　　"就"和"便"，本来是表示乙事很快地跟着甲事的（参看第三章第三节）；但若和"若、要、倘或"相照应，也可认为关系末品。

　　下面是"若、要"和"就、便"相照应的两个例子：

　　（A）若使得，我便还学；若还不好，我就死了这做诗的心了。（49）

　　（B）要不是二爷的亲戚，我就骂出来。（24）

有时候，单用"就"字，也可构成条件式：

　　（C）早知他来，我就不来了。（8）

　　（D）叫人知道了我就吃不了兜着走了。（23）

　　（E）好就好，不好，就抖露出这事来。（21）

　　"若、要、倘或"除了和"就"字相照应之外，还常常和语气末品相照应，例如：

　　（A）要不是这个意思，忽然好好的送两块帕子来，竟又令我可笑了。（34）

　　（B）若说在香菱身上，倒还装得上。（103）

　　（C）若你们家一日糟蹋这么一件，也不值什么。（62）

　　（D）我若跟了去，老太太若问起我过去作什么的，倒不好。（46）

　　（E）倘或明儿宝姑娘来了……也得罪了，事情岂不大了？（28）

　　（五）容许式的关系末品　　"虽、虽然、饶、纵、纵然、便、就、就是、那怕①"等。

（1）"虽"和"虽然"是表示事实的容许的（参看第一章第九节），例如：

（A）宝蟾虽亦解事，只是怕金桂。（80）

（B）周瑞家的虽不管事……所以各处房里主人都喜欢他。（71）

（C）代儒家道虽然淡薄，得此帮助，倒也丰丰富富。（12）

（2）"饶"字也是表示事实的容许的，不过它的意义是"虽然如此还不算数"，和"虽"的意义不同，例如：

（A）饶没打成你，我如今反受了罪。（59）

（B）你们饶压着我的头干了事，这会子反哄着我，替你们周全。（68）

（3）"纵、纵然、便、就、就是、那怕"，都是表示假设的容许的②，例如：

（A）到那时，你纵有了书，你的字写的在那里呢？（70）

（B）你便要去，也不敢惊动，何况身上不好？（30）

（C）我就死了，魂也要来一百遭。（30）

（D）那怕再念三十本《诗经》，也都是掩耳偷铃哄人而已。（9）

容许式的关系末品，也是常常和语气末品相照应的。如上面(1)类C例，"虽然"和"倒也"相应，又如（3）类C例，"就"和"也"相应，D例，"那怕"和"也"相应。现在再举几个例子如下：

（A）虽然你是老太太房里的人，此刻不敢把你怎么样，难道你跟老太太一辈子不成？（46）

（B）他虽没这样造化，倒也是娇生惯养的。（19）

---

① 编者注："那怕"今应写作"哪怕"，为与引文对应，故未改。

② 假设的容许，古代也可用"虽"。《红楼梦》五十七回"林家虽穷得没饭吃，也是世代书香人家"，这就是用古代的语法。

（C）就是哭出两缸泪来，也医不好棒疮。（34）

（D）饶生了气，还拿话压派我。（31）

（六）理由式的关系末品　"既"字：

（A）既这样，叫人请来。（71）

（B）如今既是贵昆仲高谊，顽不得许多了。（66）

如果有两重理由，就用"既"和"又"相应，例如：

（C）我既不贤良，又不容男人买妾，只给我一纸休书，我即刻就走。（68）

"既"字也是常常和"就、也、还"等字相照立的，例如：

（D）既是你的女婿，就带了你去面禀太爷便了。（2）

（E）既托了我，我就说不得要讨你们嫌了。（14）

（F）蓉儿既没他的事，也该放出来了。（107）

（G）姑娘既知道，还奈何我？（46）

（七）原因式的关系末品　"因为"（较古形式是"因"）：

（A）我因为见他实在好的很，怎么也得他在咱们家就好了。（19）

（B）因家叔家兄皆在外，小丧不敢久停。（69）

（C）因偶然一顾，便弄出这段事来。（2）

（D）这两日，因老太太千秋，所有的几千两都使了。（72）

有时候，"因"字可以直贯到很远，把几个句子联络成为一个很长的原因式，例如：

（E）因我方才到林姑娘那边，见林姑娘又正伤心呢。问起来，却是为宝姐姐送了他东西，他看见是他的故乡土物，不免对景伤情（以上是因）。我要告诉你袭人姐姐，叫他过去劝劝。（67）

"因"字又往往和"所以"相照应，使语意更紧凑些：

（A）你们因不知诗，所以见了这浅近的就爱。（48）

（B）今日因吃了面，怕停食，所以多顽一回。（63）

（八）目的式的关系末品　"好"字：

（A）自己用戥子按方秤了，挬在里面，等巧姐儿醒了，好给他吃。（84）

（B）晚上再悄悄的送给你去，早晚好穿。（57）

这种"好"字和"可以"的意思相近，但因它是专用于目的式的，就可以认为关系末品了。

现在我们以关系副词为纲，列成下面的一个表：

又、也：积累式

反、倒、却：转折式和容许式

愈、越：时间修饰

若、要、倘或：条件式

就：条件式和理由式

虽、纵、饶、便、就、那怕：容许式

既：理由式

因：原因式

好：目的式

假使把复合句分为前后两部分，则关系副词的分配，可如下表：

前部分：越、若、要、倘或、虽、纵、饶、便、就、那怕、既、因

后部分：又、也、反、倒、却、越、就、好

定　义

定义七十：凡虚词，虽不常（或永不）居于两个句子形式的中间，然而它们能表示句和句的关系者，叫作关系末品。

练　习

（1）下面这些例子里，下面有·的字，试辨别它们是不是关系末品：

（A）若生扭了，倒不好了。（50）

（B）说着，又命人去叫了平儿来。（44）

（C）虽是泥塑的，却真有那翩若惊鸿……的姿态。（43）

（D）我便为这些人死了，也是情愿的。（34）

（E）又是什么好物儿？你倒不如把前日送来的……戒指儿带两个给他。（31）

（F）如今便赶着躲了，料也躲不及。（27）

（2）下面这些例子里，有空格的地方，试把适当的关系末品填上：

（A）我〇是假心，立刻死在眼前。

（B）〇要学做诗，你〇拜我为师。

（C）〇这么严，他们还偷空儿闹个乱子来。

（D）〇如此，我在北门外头桥上等你。

（E）〇如此说，也等花姑娘回来。

（F）他〇不肯说出来，众人看他面目黄瘦，便知失于调养。

（G）也不知那神是何人，〇听些野史小说，便信真了。

（H）这里走的几个大夫，〇都还好，只是你吃他们的药，总不见效。

第四章　替代法和称数法

第一节　人称代词

在第一章第二节里，我们已经提及人称代词。人称代词是替代人的名称的，例如张三、李四说话，谈起王五，那么在张三口中的"我"就是张三，"你"就是李四，"他"就是王五。可见人称代词所代的人是没有一定的，是随着情形而不同的：假使是王五和张三说话，谈起李四，那么在王五口中的"我"却是王五，"你"却是张三，"他"却是李四。这是很容易懂的道理。

就人称代词而论，"我"和"你"是一类，"他"自成一类，在语言里，未用"他"字以前，必先把"他"所替代的名称说出，例如张三和李四谈起王五，必须先说王五，然后说"他"；否则李四会不明白这"他"指的是谁。在语法上，人称代词前面的名词，同时又是它所替代的，叫作先词，例如这里王五是"他"的先词。就普通说，"他"往往是有先词的，而"我"和"你"都不必有先词，因为说话的时候"我"和"你"都是在场的人，自然用不着说明"我"和"你"所指的是谁。如果他也在场，自然只须用手指出，也不必用先词了①。

有时候，互相不知名的几个人谈话，也可以用"我、你、他"。可见人称代词所替代的不一定是名词，而是实际上的人。

单数和复数　人称代词的复数形式，就是在单数形式的后面加上一个"们"字（参看第三章第四节），例如：

---

①　当咱们能用手指出的时候，甚至前后两个"他"字可指不同的人，例如"琥珀又笑道：'不是他，就是他。'说着又指黛玉"（49）。

	单数	复数
第一人称	我	我们
第二人称	你	你们
第三人称	他	他们[①]

但是，依国语的旧习惯，若单数形式后面跟着表示复数的数词，就不用"们"字，也有复数人称代词的用途，例如：

（A）等我叫出他来，你两个见了再走。（47）

（B）见了他两个，亦不免缱绻羡慕。（9）

"咱们"和"我们" 在现代北京语里，第一人称复数还有"咱们"和"我们"的分别：

第一人称复数 { 包括式：咱们
              排除式：（我们）

什么叫作包括式呢？包括式就是把对话人包括在内。什么叫作排除式呢？排除式就是不把对话人包括在内。再说明白些就是：

咱们＝我＋你（或再和别人）

我们＝我＋他或他们（但没有你在内）

下面是些《红楼梦》的例子：

（A）袭人（对宝玉）冷笑道："……从今咱们两个丢开手，省得鸡声鹅斗，叫别人笑。横竖那边腻了过来，这边又有个什么四儿、五儿伏侍你。我们这起东西，可是白玷辱了好名好姓的！"（21）

（B）湘云的脸越发红了。勉强笑（对袭人）道："你还说呢！那会子咱们那么好，后来我们太太没了，我家去住了一程子，怎么就把你配给了他，我来了，你就不那么待我了。"（32）

[①] 在现代白话文里，阴性的"他"写作"她"，中性的"他"写作"它"或"牠"，因而复数也有"她们、它们、牠们"等。这只是文法上的欧化，和话法没有关系。参看第六章第六节。编者注：今"牠"已划归"它"的异体字，故中性的"他"只有"它"一个写法了。

"咱们"包括袭人在内;"我们"不包括袭人在内。

(C)刘姥姥(对狗儿)说道:"谁叫你偷去呢?也到底想法儿大家裁度;不然那银子钱自己跑到咱家来不成?"(6)
"咱"包括狗儿在内。

(D)凤姐向宝玉笑道:"你林妹妹可在咱们家住长了。"(14)
"咱们"包括宝玉在内。

(E)紫鹃……劝(黛玉)道:"……别人不知宝玉那脾气,难道咱们也不知道的?"(30)
"咱们"包括黛玉在内。

(F)袭人(对宝玉)道:"……若叫老太太回来看见,又该说我们躲懒,连你的穿带之物都不经心了。"(64)
"我们"不包括宝玉在内。

(G)赵姨娘(对马道婆)道:"你又来了!你是最肯济困扶危的人,难道就眼睁睁的看着人家来摆布死了我们娘儿们不成?"(25)
"我们"不包括马道婆在内。

(H)探春(对吴新登家的)笑道:"……再迟一日,不说你们粗心,倒像我们没主意了。"(55)
"我们"不包括吴新登家的在内①。

在北京俗语里,偶然也可以用"咱们"替代"我"字,例如:

(A)宝玉道:"放心,放心。咱们回来告诉你姐夫、姐姐和琏二嫂子。"(7)
这"咱们"只是宝玉自称。

(B)再说别的,咱们白刀子进去,红刀子出来!(7)

---

① 关于"咱们"和"我们",有一种很流行的误解,以为"咱们"的范围大,"我们"的范围小。但是,像上面的(A)例,"咱们"只包括袭人和宝玉两人;(E)例,"咱们"只包括紫鹃和黛玉两个人,范围并不大,(F)例"我们"包括袭人、晴雯、麝月、秋纹一班人,范围并不小。

这"咱们"只是焦大自称。

礼貌式 现代北京语对于第二人称单数和第三人称单数又有一种礼貌式如下：

	普通式	礼貌式
第二人称单数：	你 nǐ	您 nín
第三人称单数：	他 tā	怹 tān

礼貌式只适用于很客气的会话里，例如做买卖的人称顾客为"您"，仆人对主妇称男主人为"怹"之类。用不着客气的地方，自然用不着礼貌式，例如父对子或子对父都不称"您"①。

北京俗话对于第一人称单数也有一个礼貌式（自谦），就是借用复数的"我们"（念成 mme），例如：

（A）女先儿忙笑着站起来说："我们该死了，不知是奶奶的讳！"（54）

这里的"我们"是女先儿自称，只是一个人。

（B）红玉笑道："愿意不愿意，我们也不敢说；只是跟着奶奶，我们也学些眉眼高低出入上下，大小的事儿也得见识见识。"（27）

这里的"我们"是红玉自称，也只是一个人。

最恭敬的会话里不用人称代词 当咱们说话的时候，若要对于对话人特别表示敬意，就不自称为"我"，也不称对话人为"你"或"你们"。若要对于所谈及的人表示敬意，也不用"他"或"他们"。凡该用人称代词的地方，最好是用一种身份的名称来替代。自称为"我"还可以，若当面称尊长为"你"，就被人认为没有礼貌了，例如：

（A）老太太这话，儿子如何当的起？（33）

---

① 《红楼梦》里没有"您"，只有"你老人家"和"你老"，例如"李奶奶，你老人家那里去了？"（26）又如"你老只会炕头上着混说，难道叫我打劫偷去不成？"（6）南方官话也有"你老人家"（桂林）、"你家"（昆明）、"那家"（长沙），"你家"的音变之类，也都可算是礼貌式。

（B）世兄的才名，弟所素知的。（115）
　　（C）姐姐如何反不解这意思？（8）
　　（D）妹妹身上好？（27）
　　（E）姨妈既这么说，我明日就认姨妈做娘。（57）
　　（F）也并没有见昨日太太说的那样的，想是太太记错了？（3）
　　（G）小的闻得老爷补升此任。（4）

以上诸例中，"儿子、弟、小的"，都指"我"而言，"老太太、世兄、姐姐、妹妹、姨妈、太太、老爷"，都指"你"而言。

　　（H）奶奶惯会说这话。成年家大手大脚的，替太太不知背地里赔垫了多少东西，真真赔的是说不出来的，那里又和太太算去？（51）
第二个"太太"本可用"他"字，现在为了表示敬意，仍用"太太"。

　　（I）二位爷请坐着罢了，何必多礼？（54）
　　（J）诸公题以何名？（17）

I、J 两例中，"二位爷"和"诸公"，都是替代"你们"的。

　　这种身份的名称，比"您、恁"二字更有礼貌，更能普遍应用①。但是，有时候为避免误会起见，用第二人称单数的时候，也不妨在身份名称的前面或后面加上一个"你"，例如：
　　（A）只我们两家六条性命，都是你姑娘救的。（《儿女英雄传》8）
　　（B）照姑娘你这么说起来，我们爷儿今日大远的跑了来干什么来了？（《儿女英雄传》25）

　　古代残留的"其"字　古代的人称代词，到了现代，有完全活着的，例如"我"字；有完全死去的，例如"汝"字。至于"其"字，它在口语里总算是死去了，但是现代白话里有时候还用得着它。它虽是第三人称的代词，但是它和现代的"他"字的用途大不相同，所以值得在这里

---

① 我们举《红楼梦》为例，并不是教大家沿用"老爷、小的"一类的称呼。但若在家称母亲作"妈"而不称"你"，在学校称教员作"先生"而不称"你"，总是比较有礼貌的。

另外叙述一番。

（一）"其"字的主要用途是次品修饰，等于现代国语的"他的"或"他们的"①，例如：

（A）可惜上月其母竟亡故了。（2）

（B）不敢稍加穿凿，至失其真。（1）

（C）除范石湖田家之咏，不足以尽其妙。（17）

（D）各色树稚新条，随其曲折。（17）

（二）"其"字不能用于纯粹的主位，只能用于包孕句里，做首品句子形式的主语②：

（A）其为人谦恭厚道。（3）

"其为人"是首品句子形式，"谦恭厚道"是它的描写语。

（B）更有一种风月笔墨，其淫秽污臭，最易坏人子弟。（1）

"其淫秽污臭"是首品句子形式，"最易坏人子弟"是它的描写语。

在近代语的递系式里，"其"字又可用为次系的主语，例如：

（A）万不可因我之不肖，自护己短，一并使其泯灭也。（1）

（B）又送甄家娘子许多礼物，令其且自过活。（2）

但是，"其"字决不能做简单句的主语，因此，"他很聪明"不能译为"其甚慧"；"他来了"不能译为"其至矣"；"他是我的朋友"不能译为"其为吾友"；"他不过是一个傻子罢了"不能译为"其乃一愚人耳"。

（三）"其"字不能用于纯粹的目的位。在古代语里，目的位用"之"不用"其"。下面两个例子当中，上两栏是合语法的，下一栏是不合语法的：

（A）我很欢喜他：余甚喜之：余甚喜其

（B）我就扔了它：余遂弃之：余遂弃其

---

① 若依欧化的写法，B、C、D 三例该是"它的"或"它们的"。"其"字本身就能包含"的"字的意思，所以不能说"其之"或"其的"。

② 关于包孕句和首品句子形式，参看第一章第六节。

但是，若在处置式里，目的位被提到叙述词的前面，却又可以用"其"字了，例如：

（A）政府即将其革职。

（B）将其解往军法处审问。

（四）"其"字不能用于关系位。在古代语里，关系位也是用"之"，不用"其"。下面两个例子当中，上两栏是合语法的，下一栏是不合语法的：

（A）为他流泪；为之陨涕；为其陨涕

（B）用它做菜；以之为肴；以其为肴

现代也有人用"其"字于关系位了，但这是不对的，因为"其"字既是古代语法的残留，咱们就该依照古代语法去用它。若对于它的用途没有把握，就索性不用它也很好，因为现代的人称代词已经是很够用的了。

定　义

定义七十一：凡词能替代实词者叫作代词。

定义七十二：凡代词能替代人的名称者，叫作人称代词。

比较语法

（1）我是辽宁人，你是江苏人，他是云南人，我们都是中国人。

这是一般官话的说法，若依北京话，这里的"我们"该说成"咱们"。

（2）请你让一让，马来了！

这也是一般官话的说法，若依北京话，这里的"你"该说成"您"。

订　误

（1）我对一个西洋人说："咱们中国人的家庭观念是很重的。"

在这种地方，无论一般官话和北京话（国语），一律该说"我们"，不该说"咱们"。

（2）你别欺负咱们，咱们虽穷，却是不受人欺负的。

错误同上。

练 习

（1）下面的一段话里头，请分别填入"咱们"或"我们"，使它适合北京话的习惯：

我对母亲说："〇〇有的是空屋子，让庆云到〇〇家里来住几天罢。"母亲答应了，我又去对庆云说："〇〇有的是空屋子，请你到〇〇家里来住几天罢。"

（2）下面的几个例子里头，请指出哪一些"他"字是不能用"其"字替代的：

（A）说句良心话，谁还能比他呢？（26）

（B）要是他哄我们呢，自然没了。（39）

（C）晚上催他早睡，早上催他早起。（51）

（D）他的东西，我们略动一动，也不依。（56）

（E）有我呢，他不敢委屈了你。（23）

（F）说他中用，赏了他一百两银子。（69）

（G）便指着他的脸说道……（74）

（H）况且素日你又待他甚厚。（79）

第二节　无定代词、复指代词等

一、无定代词

有些代词，它们所替代的人物是颇模糊的，所以叫作无定代词。现在分述如下：

人　有时候，不能确指是谁，或不必说出是谁，就用"人"。"人"字是不拘单复数的，例如：

（A）那边大太太又打发人来叫。（45）

（B）人先笑话我，说我当家倒把人弄出个花子来了。（51）

（C）怪道人说热身子不可被风吹。（51）

（D）被人碰见倒不好。（77）

以上是不能确指是谁。

（E）今日他又去勾搭人。（10）

（F）今儿当着人，还是我跪了一跪。（44）

以上是不必说出是谁。

"人"字又可以当"人家"或"别人"讲，分见下文。

人家 "人家"和"人"的意思差不多，不过"人家"往往带着情感，不像"人"字可以不带情感，例如：

（A）人家还替老子死呢！（47）

（B）把人家女儿说的这么坏，还说是佳人！（54）

但是，"人家"也可以从无定代词变为确有所指的代词。本该用"我"或"他"的地方，若用"人家"，就更显得俏皮，例如：

（A）人家说是便怎么样？（《儿女英雄传》18）

这"人家"指的是"我"。

（B）你看着人家赶蚊子的分上，也该去走走。（36）

这"人家"指的是"他"。

这种确有所指的"人家"，也可以单说"人"字，例如：

（A）你只怨人行动嗔怪你，你再不知道你呕的人难受。（20）

这"人"指的是"我"。

（B）你太把人看糊涂了。（55）

这"人"也指的是"我"。

"别"和"别人" "别"是指在指定的范围以外，所以既不是"这"，也不是"那"，而是"这"或"那"以外的事物，例如：

（A）姑娘请别的屋里坐坐罢。（32）

（B）别的原故，实在不知道。（34）

"别人"就是"别的人"。它是一个仂语，而有代词的用途。凡正在说"我"的时候，不是"我"的都是"别人"；正在说"你"的时候，不是"你"的都是"别人"；正在说"他"的时候，不是"他"的都是"别人"。这样看来，"别人"可以不是"我"，不是"你"，不是"他"，却又可以包括"我、你"或"他"在内。"别人"和"人家"是有分别的："人家"只是泛指世上某一个人或某一些人，"别人"却是和某一个人或某一些人相对而说的另一个人或另一些人，例如：

(A) 晴雯姐姐素日和别人不同。（78）

(B) 这一件衣裳也只配他穿，别人穿了，实在不配。（49）

(C) 你都抢了去，别人都闲着，也没趣。（50）

(D) 别人还可以！赵姨奶奶一伙的人见是这屋里的东西，又该使黑心弄坏了才罢。（37）

这些"别人"都不能用"人家"替代的。但是，该用"人家"的地方却可以偶然用"别人"：

(E) 又有好亲戚挟制着别人。（80）

"别人"在目的位的时候，也可以单说"人"，例如：

(A) 这是自己发的，也怨不得人了。（47）

(B) 那是把好的给了人，挑剩下的才给你，你还充有脸呢！（37）

大家　"大家"是表示统括的代词，同时也是一个无定代词。它所指的人，虽不能确说出来，但它确实包括那几个人，却也往往没有一定。"大家"又可以说成"大家伙儿、大伙儿"等，例如：

(A) 大家叹息了一回。（22）

(B) 他们既随和，你也随和，岂不大家彼此有趣。（22）

(C) 还像适才坐着，大家说说笑笑，岂不斯文些儿？（22）

(D) 一面说，一面大家看梅花。（50）

(E) 因这上头，大家伙儿才商量着。（《儿女英雄传》19）

"大家"如果用于同位，所代的人就变为确定的了，例如：

(A) 我们大家都去。

(B) 他们大家都不干了。

有时候，"他"和"我"相应，或"你"和"我"相应，也和"大家"的意思相同或相似，例如：

(A) 明儿他也来迟了，后儿我也来迟了，将来都没有人了！（14）

(B) 家里上千的人，他也跑来，我也跑来，我们认人问姓还认不清楚呢！（52）

(C) 二人你一句，我一句，正闹着。（24）

"这、那"用于泛指 "这"和"那"本是指示代词（见下节），所指的东西该是有一定的。但是有时候它们所指的事物也很模糊，等于无定代词的用途，例如：

(A) 众声不一，这一个如此说，那一个又如彼说。（9）

等于说："某一些人这样说，另一些人又那样说。"

(B) 哄着我替你梳头，洗脸，做这个，弄那个。（32）

等于说："做某一件事，又做其他的事。"

(C) 才见得到了几时有这么个光景，到了几时又有那么个光景。（84）

等于说："有某一个光景，又有另一个光景。"

某 "某"字所替代的，事实上是确定的人或物，只是叙述事情的人觉得没有说出的必要，就用"某"字来替代，例如：

(A) 这下剩的按房分开，某人守某处。（14）

凤姐吩咐的时候，一定说出人和地的名字，不过曹雪芹觉得没有叙述的必要罢了。

(B) 后有一行小字："某年月日书赐荣国公贾源。"（3）

(C) 我母亲实在某年某月某日给了他二十两银子退准的。（69）

（D）你须待某年某月某日某时。

以上的时间都是确定的，只是叙述得不确定。

等　"等"是古代残留的代词。它是表示概括的，譬如说"张三、李四等"，就是等于说"张三、李四和某一些人"。当咱们列举许多人或许多事物的时候，有时嫌太繁，有时知道得不完全，只把其中的若干人或若干事物说出来，其余的都用"等"字（或"等等"）去概括他们或它们，例如：

（A）凤姐、李纨等只在地下伺候。（53）

（B）邢夫人、李纨、凤姐、宝玉等出厅分东西迎着贾母。（95）

现代语里，若系指人而言，可以用"那些人"或"他们"放在专名的背面，替代"等"字的用途，例如：

（A）又是蒋玉菡那些人哪！（90）

（B）只可气晴雯、绮霞他们这几个都算在上等里去。（26）

二、复指代词

自己　复指代词只有"自己"一个词。因为它常常和主位或目的位居于同位，或复指一句的主语，所以叫作复指代词，例如：

（A）他自己骂自己。

上一个"自己"和"他"同位，下一个"自己"复指本句的主语。

（B）他骂他自己。

"自己"和目的位的"他"同位。

（C）他不喜欢他自己的相貌。

"他"居于次品，"自己"和"他"同在次品。

复指代词的功用，在第三人称更为明显，例如"我骂我"和"你骂你"，都不会有两可的意义。至于"他骂他"，就有两可的意义，既可说是他骂他本人，又可说是他骂另一个人。若说成"他骂他自己"，就不会有两可的意义了。

"自己"独用为首品,不和"他"字相连的时候,更为着重,那种地方,若单用"他"字,意义就非常含糊;若用"自己",意义就非常清楚,例如:

(A)凤姐算着园中姊妹多,性情不一,且又不便另设一处,莫若送到迎春一处去;倘日后邢岫烟有些不遂意的事,纵然邢夫人知道了,与自己无干。(49)

这里的"自己"如果用"他"字,就令人不知是指迎春、邢夫人或邢岫烟,或凤姐;现在用"自己",既然全句的主脑是凤姐,自然是指凤姐了。

(B)黛玉伸手拿起,打开看时,却是宝玉病时送来的旧绢子,自己题的诗,上面泪痕犹在。(87)

这里若用"他"字,令人很容易误会是指宝玉,因为宝玉距离最近。现在用"自己",既然全句的主语是黛玉,自然是指她了。

有时候,"自己"居于末品所常在的地位(叙述词的前面),而又不和主语紧接着,就该用为末品,不必再认为同位[①],例如:

(A)姐姐也自己保重些儿。(34)

(B)只见他皱一回眉,又自己含笑一回。(48)

(C)一时,探春便先有了,自己提笔写出。(37)

用于末品的"自己"或"自家",有时候是独自或一个人的意思,例如:

(A)自己吃,只怕又吃不下去。(89)

(B)你们不去,我自家去。(29)

三、交互代词

相 "相"字又可说成"互相",是一个表示交互性的代词。它只能用于末品,例如:

(A)故二人最相投契。(2)

---

① "自己"用于末品时,在现代北京话里也可说成"自哥(个)儿"。

（B）从此再不能相见矣。（66）

（C）黛玉忙起身迎上来见礼，互相厮认。（3）

（D）一一的都互相拜见过。（9）

以上"相"字是指人而言。

（E）别是这两字罢？其实和"庚黄"相去不远。（26）

（F）果然与宝钗之说相符。（49）

以上"相"字是指事物而言。

"相"字有时候丧失了交互性，那么它就只像一个倒装的"他"，或倒装的"你、我、自己"，等等，例如：

（A）众人忙相劝慰。（3）①

等于说："忙劝慰他。"

（B）因素常一个打坐的，今日又不肯叫人相伴。（112）

等于说："不肯叫人陪伴自己。"

"相"字后面应该是一个及物动词；如果不是及物动词，像"相好、相熟"之类，应该认为例外：

（A）本来咱们相好。（85）

（B）拣个相熟的，把三丫头聘了罢。（65）

现代口语里，"相"字渐渐失势，一般民众只用"你、我"二字相照应②，以表示交互性，例如：

（A）后来两个竟是你疼我，我爱你。（58）

等于说："后来两个竟是互相疼爱。"

（B）众姊妹弟兄皆你悄悄的扯我一下，我暗暗的又捏你一把。（75）

（C）二人你看我，我看你，都不敢答应。

等于说："二人相视不敢答。"

---

① 编者注：人民文学出版社本中无此句，疑似"众人忙都宽慰解释"一句的不同版本。

② 在文雅的话里，也可用"彼此"替代"相"字，例如"何不起个别号？彼此称呼倒雅"（37）。

注意：须用两个"你"字，两个"我"字，上一个句子形式的"你"和下一个句子的"我"相对，上一个句子形式的"我"和下一个句子形式的"你"相对。这种"你、我"，表面上是第一、第二人称，实际上指的是第三身。上一个句子形式的叙述词和下一个句子形式的叙述词，往往是相同的（例C），至少也须是意义近似的（例A、B）。

四、被饰代词

古代残留的"者"字 普通的代词都是不受次品修饰的，只有"者"字恰恰相反，它是必须受次品修饰的。咱们可以把它叫作被饰代词，例如：

（A）安富尊荣者尽多，运筹谋画者无一。（2）

（B）被殴死者乃小人之主人。（4）

（C）香菱、晴雯、宝钗三人皆与他同庚，黛玉与他同辰，只无同姓者。（63）

以上的"者"字都替代被限制的"人"，例如"安富尊荣者"等于说"安富尊荣的人"。

（D）只用箫和笙笛，余者一概不用。（54）①

这里的"者"字是替代被限制的"物"。"余者一概不用"，等于说"余物一概不用"。

"者"字替代"人"或"物"或"事"这种大类名的时候，可以不必有它的先词。否则必须有它的先词，例如：

（A）我的两个兄弟，大者十岁，小者八岁。

"兄弟"是"者"的先词。

（B）书不必尽读，佳者读之，劣者舍之。

"书"是"者"的先词。

"者"字不受人称代词和专名的限制，所以"这书是我的"不能译

---

① 编者注：人民文学出版社本中作"只提琴至管箫合，笙笛一概不用"。

成"此书是我者","这钱是张先生的"不能译成"此钱是张先生者";又不受指示代词的修饰,所以"这者、那者",都不成话。

定 义

定义七十三:凡代词,其所替代的人物不能十分确定者,叫作无定代词。

定义七十四:凡代词,非但可以复指名词,而且可以复指人称代词者,叫作复指代词。

定义七十五:凡代词,表示交互性者,叫作交互代词。

定义七十六:凡代词,必须受次品的修饰者,叫作被饰代词。

比较语法

(1)这几块糖,咱们俩分吃了罢,大家一半。

吴语有这种说法,意思是每人一半。国语不能这样说。

(2)别人家不理你,你怎么样?

吴语的"别人家",等于国语的"别人"或"人家"。

练 习

(1)下面这段话里,请分别填入"人、人家、别人、大家、自己"等:

志周喜欢骂〇〇。他永远看不见〇〇的过失,只看见〇〇的过失,有一天一个朋友被他当面骂了一场,就对他说道:"你一开口就骂〇〇,难道〇〇做的事都是错的,你做的事都是对的不成?

(2)在下面这几个例子里,指出哪一些"的"字是不能用"者"字替代的:

(A)你别管是谁的,横竖我领情就是了。(32)

(B)大家来细细评论一回,独湘云的多。(50)

(C)比那强十倍的,也没昧下一遭儿,这会子就爱上那不值钱的咧!(72)

(D)林姑娘是个有心计儿的,至于宝玉,呆头呆脑,不避嫌疑是

有的。(90)

第三节　指示代词

假如您指着两个房间给人看，并且说："这是我住的，那是我妈住的。"这里的"这"和"那"，就替代着那两个房间。又如您到商店去买手表，经过了选择之后您说："我要这个，不要那个。"这里的"这个"和"那个"，就替代着那两个手表。就普通说，"这"字总是指较近的人物而言，"那"字总是指较远的人物而言。"这"和"那"都是特别指出某一人物的，所以叫作指示代词。我们先把普通的指示代词列成下面的一个简表：

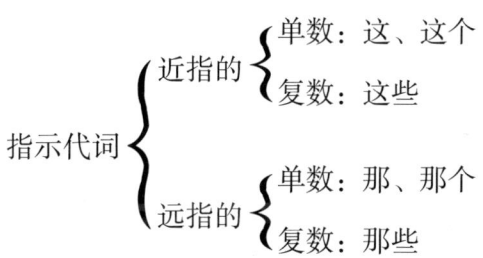

指示代词用为首品　"这"和"那"都可用于首品，但以居于主位者为限，例如：

(A) 这不是我那一块玉。(85)

(B) 那不是林家的人。(57)

事情虽是无形的，也可用指示代词，往往是指示出来以便解释原因，所以有"是"字跟着（参看第三章第一节），例如：

(A) 这是急火攻心，血不归经。(13)

(B) 那也是穷极了的人，没法儿了，所以见我们家有这样事，他就想赚着几个钱。(95)

如果在目的位,就用"这个"和"那个",不用"这"和"那"①,例如:

(A)原来是云儿有这个。(29)

(B)史大妹妹有一个,比这个小些。(29)

(C)也罢,就说我叫你送这个给他去了。(34)

(D)那个我不要。(19)

指示代词用为次品 当咱们指示某一事物的时候,有时需要把那事物的名称同时说出,例如您指着一本书告诉我说"这是我的",这话未尝不通,但只怕我跟着你的手指看去,却看见一枝铅笔,就误会你所说的是铅笔。因此,为了明确起见,你最好是说"这是我的书"或"这书是我的"。依前一个说法,"这"字是首品;依后一个说法,"这书"合成一个仂语,"这"字可认为次品,例如:

(A)这水又从何而来?(17)

(B)这脸上又和谁挥拳来?(26)

(C)那胭脂膏子也等我来再制。(9)

(D)他那帖子上的事,难道与你相干?(85)

(E)这一省逛一年,明年又到那一省逛半年。(50)

所谓指示代词,自然不一定是可以用手指得出的。凡当前的事物,即使是无形的,也可用"这"字,例如:

(A)这话不差。(45)

(B)这事岂可轻恕?(73)

凡非当前的事物,不可用手指出的就用"那"字,例如:

(A)为那玉也不是闹了一遭两遭了。(30)

(B)只拿那糖腌的玫瑰卤子和了,吃了小半碗。(34)

有时候,"这、那"后面虽没有事物的名称,却有数词和单数名词

---

① "这个"和"那个"也可用于主位,例如"这个多一点,那个少一点;这个太疏,那个太密"(82)。

替代所说的事物，也可认为次品，例如：

(A) 那一种大约是茞兰，这一种大约是金葛。（17）

(B) 不想老天爷可怜，省我走这一趟。（72）

(C) 那一个已经是疯疯傻傻，这一个又这样恍恍惚惚。（96）

凡承上文所说的人物而言，就称为"这人、那人"，等等，例如：

(A) 这日想着约一个人同行，这人在咱们这城南二百多地住。大爷找他去了……第二天，大爷就请找的那个人喝酒。（86）

(B) 只见旁边转出一个人来"请宝叔安"。宝玉看时，只见这人……（24）

有时候，"这、那、这些、那些"并没有一点儿指示的意思，可算是一种冠词，专为引起一个名称而用的①，例如：

(A) 这抬炮仗的人抱怨卖炮仗的扦的不结实。（54）

(B) 我想着世上这些祭文都过于熟烂了。（79）

(C) 比如那花儿开的时候儿叫人爱。（31）

(D) 那文官更不比武官了。（36）

(E) 若非圣人，那天也断断不把这万几重任交代。（36）

"这"和"那"还可以加在人名的前面。这样，更没有修饰或限制的意思，例如：

(A) 原来这小红本姓林。（24）

(B) 这里林黛玉体贴出手帕子的意思来。（34）

(C) 这宝蟾必是撞见鬼了，混说起来。（103）

(D) 那贾瑞只盼不到晚上，偏生家里亲戚又来了。（12）

(E) 你吃那鲍太医的药，可好些？（28）

---

① 承上的"这"和"那"，冠词的"这"和"那"，都往往没有近指、远指的分别，用"这"用"那"都可以。有时因话的轻重，却有分别；"那"轻而"这"重，例如："那鱼猪不过贵而难得；这藕和瓜，亏他怎样种出来的！"（26）

（F）那柳家的听得此言，便慌了手脚。（74）

"这个"当"这种"讲 有时候不能论"个"的东西，也称为"这个"，就往往有"这种"的意思：

（A）早起沏了碗枫露茶……这会子怎么又沏了这个来？（8）

（B）我不明白你这个话。（32）

（C）你竟有这个心胸，想得这样周全。（34）

（D）那里有闲工夫打听这个事去？（67）

（E）这个天我怕水冷。（54）

此 "此"字是古代残留的指示代词，等于现代的"这"和"这个"，所以主位、目的位和次品修饰，都可以用它，例如：

（A）此乃玄机，不可预泄。（1）

（B）从此也可怜见些才好。（9）

（C）此轩中煮茗操琴，不必再焚香了。（17）

本 "本"是"别"的反面，凡自己所在的地域、现在的时间等，都可称为"本"①，例如：

（A）就出在本朝，本地，本年，本月，本日，本时。（54）

（B）家中虽不甚富贵，然本地也推他为望族了。（1）

"这些"和"那些" "这些"和"那些"是复数的指示代词，例如：

（A）我们这些奴才白陪着挨打受骂的。（9）

（B）那一个配比这些花儿？（21）

（C）那些村姑庄妇见了凤姐、宝玉、秦钟的人品衣服。（15）

（D）你的那些姑娘们也该教训教训。（28）

但是，如果"这、那"后面有数词，就用不着"些"字，例如：

（A）这两天都被我赶出去了。（90）

---

① 还有所谓"本人"，就是自己的意思。

（B）我写的那三个字在那里呢？（8）

（C）那四五个丫头如今也好了。（34）

又如果，"这"或"那"用为主语，没有先词，而它所指示的名词又是用"和"字联成复数的，也不用"些"字，例如：

（A）把小幺儿们多挑几个在这二层门上和两边的角门上①，伺候着要东西传话。（29）

（B）那不是三爷和兰哥来了？（87）

指示代词的省略　当名词或单位名词前面有数目字的时候，指示代词可以省略，例如：

（A）说着二人便告辞。（8）

（B）后来两个竟是你疼我，我爱你。（58）

以上是指示代词的普遍用法，以下我们要分别叙述方式的指示、程度的指示、处所的指示、时间的指示等。

（一）方式的指示

方式的指示可如下表：

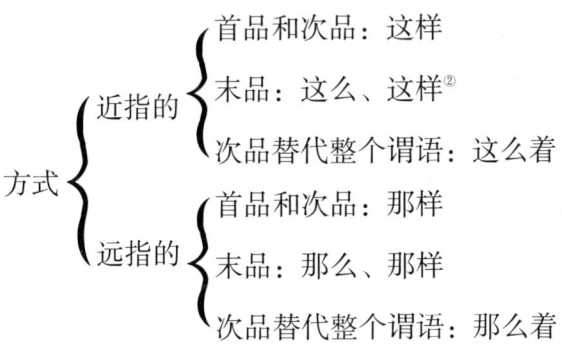

---

① 编者注：人民文学出版社本中作"把小幺儿们多挑几个在二层门上同两边的角门上"。

② "这么"和"这样"的词性稍有不同。"这么"是一个单词，专用于末品；"这样"是一个仂语（"这个样子"），可用于次品。当"这样"用于末品的时候，可算是关系位。"那么"和"那样"由此类推。又"这么、这样、那么、那样"也可指示程度，参看下文。

"这样"和"那样"用于首次品　用于首次品的"这样"和"那样",比用于末品的少些,例如:

（A）既是这样,你替我舔舔就饶你!（75）

（B）弄得这样光景。（81）

（C）我不喜欢那样的人。

"这么"和"那么"　"这么"又可说成"这样","那么"又可说成"那样",都是用于末品的,例如:

（A）琏二奶奶要传,你们也敢这么回吗?（71）

（B）我也是这样想,只是睡不着。（82）

（C）这是他亘古少有一个贤良人才这样待你。（68）

（D）他倒这样争锋吃醋。（69）

（E）老太太那样疼他。（57）

"这么着"和"那么着"　"这么着"和"那么着"是替代整个谓语形式的,有时甚至可以替代一大段的话,例如:

（A）黛玉……便说道:"你既这么说,为什么我去了你不叫丫头开门呢?"宝玉诧异道:"这话从那里说起?我要是这么着,立刻就死了。"（28）

"这么着"替代"不叫丫头开门"。

（B）平儿忙也上来要见礼,二姐……连忙亲身搀住,只叫:"妹子快别这么着,你我是一样的人。"（68）

"这么着"替代"见礼"。

（C）凤姐笑着又说了几句。贾母笑道:"这么着也好。"（96）

"这么着"替代凤姐所说的一段话。

（D）舍弟的药就是那么着了?（83）

"那么着"替代原来的服药方法。

有联结作用的"这样"和"那么"　有时候"这样"（或"这么着"）

和"那么"（或"那么着"）有承上起下的作用，近似于联结词和关系末品的性质，例如：

（A）凤姐冷笑道："……那园子里还要种树种花儿，我正想个人呢。早说不早完了。"贾芸笑道："这样，明日婶娘就派我罢。"（24）

（B）探春便让李纹。李纹不肯。探春笑道："这样就是我先钓。"（81）

（C）这么着，我就限韵了。（37）

（D）那么，你岂不是白走一趟吗？

（E）黛玉笑道："冬寒十月，谁带什么香呢？"宝玉笑道："那么着①，这香是那里来的？"（19）

"这"和"那"也可以有承上起下的作用，但是往往有"可、倒"一类的字跟着，例如：

（A）这可怎么出去呢？（41）

（B）再真把宝玉死了，那可怎么样好？（82）

（C）这倒不好合他交手。（《儿女英雄传》6）

不然　古代所谓"然"，等于现代所谓"这么着"或"那么着"，"然"字在现代口语里可算是死了，但是它的否定语"不然"却活着。"不然"就是"若不这么着"的意思，例如：

（A）念书是很好的事，不然，就潦倒一辈子了。（9）

（B）你去问问二老爷和你珍大哥，不然，还该叫人去到太医院里打听打听才是。（83）

所指示的事情在后头　指示代词所替代的事物不一定是在前面的，也可以是在后头，例如：

（A）竟这么着罢：我送他几两银子使罢。（83）

---

① 编者注：人民文学出版社本中作"宝玉笑道：'既然如此，这香是那里来的？'"。

"这么着"所替代的是"送他几两银子"。

（B）所以才商量着，作成那样假局子：我们爷儿三个人来，好把人家引进门儿来。（《儿女英雄传》19）

"那样假局子"替代下文所述的办法。

（二）程度的指示

程度的指示往往带着表示夸张的意思，譬如说"这样好"，意思是说好到了这程度，也就是说好到了高度。程度的指示可如下表：

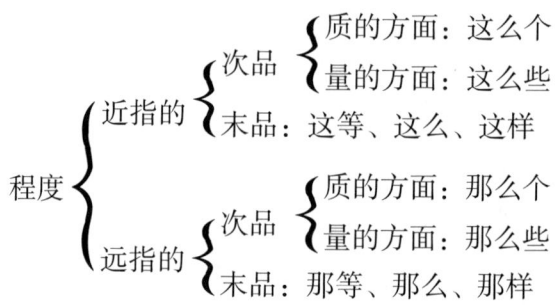

"这么个"和"那么个" "这么个"可认为"这么一个"的省略，"那么个"可认为"那么一个"的省略①，都是为夸张而用的，例如：

（A）再瞧什么稀罕物儿，也不过是这么个东西！（19）

（B）花的银子也照样打出你这么个银人儿来了。（45）

（C）就只没看见你这么个有头有脸大管事的奶奶！（74）

（D）我见他们吓的那么个样儿。（101）

"这么些"和"那么些" "这么些"可认为"这么"和"这些"的混合，"那么些"可认为"那么"和"那些"的混合。都是甚言其多②，例如：

（A）这么些婆婆婶子凑银子给你做生日，你还不够？（43）

---

① 也可说成"这么一个、那么一个"，例如《儿女英雄传》二十三回："再不想大远的从德州别了这么一个干脆的招手儿来。"

② 如果有数目字，偶然可以单用"这"字，例如"你站了这半日，可乏了？"（35）

（B）倒像是客，有这么些套话！（85）

（D）床底下堆着那么些（钱），还不够你输的？（20）

"这等、那等、这么、那么、这样、那样" "这等"和"那等"是专为程度末品而用的，例如：

（A）怎么这等高兴？（50）

（B）原来这样标致人才，又这等刚烈。（66）

（C）谁知他家那等荣贵，却是个富而好礼之家。（2）

"这么、这样、那么、那样"既可用于方式末品，又可用于程度末品。下面是用于程度末品的例子：

（A）真真我竟不知道你这样好。（34）

（B）有什么事这么要紧？（45）

（C）熬了这么大年纪。（55）

（D）想和尚们的那样腌臜，只恐怕气味熏了姐姐们。（66）

（E）你打谅我是同你们姑娘那样好性儿。（74）

（F）我也没那么大的精神和他们尽着吵去。（84）

递系式里的极度描写 在递系式的次系里，若要做极度的描写，就该用"这么着、那么着"，或"这样、那样"，或"这个样子"等，不能单用"这么、那么"，因为指示的成分在这种地方，已经算是次品谓语了，例如：

（A）这算什么大事？忙的这么着！（7）

（B）就困的这么着？（30）

（C）不好的这么着，怎么还能说话呢？（82）

（D）怎么几日不见，就瘦的这么着了？（11）

（E）他又生得那样。（57）

（F）那用急的这个样子？（74）

（三）处所的指示

处所的指示是很简单的。大致只有"这里"和"那里"的分别。如下表：

处所 { 近指的：这里、这儿
      远指的：那里、那儿

"这里"和"那里"是普通官话，"这儿"和"那儿"是北京方言。"这里、那里"用于首品：

(A) 这里又住的近，又是亲戚。(36)
(B) 离了这里就完了。(57)
(C) 他们该做到那里的时候，自然有了。(14)
(D) 才咽气的人，那里不干净。(13)

用于次品：

(A) 家父前日在家提起延师一事，也曾提起这里的义学倒好。(7)
(B) 我到过北京，那里的风俗很淳厚。

用于末品（关系位）：

(A) 这里贾母喜得逢人便告诉。(56)
(B) 这里薛姨妈将箱子里的东西取出。(67)

"这里、那里"用于首品时，也可说成"这个地方、那个地方"。如果是指有一定界限的地域而言，又可说成"这边、那边"。如果是在指示的范围以外，就该说成"别处"。这些都不必一一举例了。

（四）时间的指示

时间的指示，如果是泛指的，也很简单。试看下面的一个表：

时间 { 近指的：这会子、这会儿①
      远指的：那会子、那会儿

"这会子"和"那会子"往往用于末品（关系位）。下面是《红楼梦》的一些例子：

---

① 时间又可说成"这早晚"，例如"二爷这早晚才来！"(85)

（A）这会子见了这花，因有所感。（30）

（B）那会子不害臊，这会子怎么又害臊了？（32）

（C）这会儿窗户纸发清了。（82）

关于月份的指示，咱们所在的一个月就称为"这一个月"或"这个月"①。这个月的前一个月称为"上一个月"或"上月"，这个月的后一个月称为"下个月"或"下月"，例如：

（A）这个月的月钱，连老太太、太太还没放呢。是为什么？（39）

（B）怪道上月我烦他打十根蝴蝶结子，过了那些日子才打发人送来。（32）

（C）太太或看准了那个丫头，就吩咐了，下月好发放月钱。（36）

关于年和日的指示，又有不同。"这一年"和"这一日"是不大说的，"上年、下年、上日、下日"在习惯上更不说。另有它们的特别名称，如下表：

年 {
这年的前两年：前年
这年的前一年：去年、旧年
这一年：今年
这年的后一年：明年
这年的后两年：后年②
}

日 {
这日的前两日：前日、前天、前儿
这日的前一日：昨日、昨天、昨儿
这一日：今日、今天、今儿③
这日的后一日：明日、明天、明儿
这日的后两日：后日、后天、后儿④
}

---

① "这个月"的"这"念 zhèi，是"这一"的合音。

② 前年的前一年，可称为"大前年"；后年的后一年，可称为"大后年"。

③ 北京俗话又可说成"今儿个"，如《儿女英雄传》二十七回："今儿个可不兴吃饭哪！"

④ 前天的前一天，是"大前天"；后天的后一天，是"大后天"。

下面是《红楼梦》的一些例子：

（A）今年雪大，外头都是四五尺深的雪。（53）

（B）眼泪却像比旧年少了些的。（49）

（C）明年又到那一省逛半年。（50）

（D）前日才进京，今日来瞧姐姐。（91）

（E）我正要算算今儿该输多少。（47）

（F）昨日晚上睡觉，还是好好儿的。（83）

（G）明日一早定要家去了。（42）

（H）明儿是舅老爷的生日。（52）

"前日、今日、明日"的活用法。若是在某一些情形之下，"前日"只指的是前几天或前一些时候，"今日"只指的是现在，"明日"只指的是将来。这样，有定期的字样变了无定期的意义了，例如：

（A）大姑娘，听见前儿你大喜了。（32）

（B）前儿我听见凤姑娘和鸳鸯悄悄商议。（53）

（C）今日一技无成，半生潦倒。（1）

（D）他们明儿出了门子，难道你还赔不成？（45）

"那、这"和年月日　除了本年、本月、本日之外，如果要指定某一个时期来说，就只能用"那"字[①]。这种"那"字，多半是指以前的时期而言[②]，例如：

（A）那年我换给二爷的一块绢子，二爷见了没有？（88）

（B）那日并没个外人，谁走了这个消息？（74）

但是如果所指示的不止一年、一月、一日，而且包括本年、本月、

[①] 因为"这年"就是本年，"这月"就是本月，"这日"就是本日，所以不能用"这"字。

[②] 自然，以后的时期也可说，例如："明年三月十五日是他的六十寿辰，到那一天，咱们应该热烈地庆祝一番。"

本日在内,却又该用"这"字,不该用"那"字了,例如:

(A)这几年我越发精神短了。(74)

(B)这两天都被我赶出去了。(90)

定 义

定义七十七:凡词用来特别指出人物或其德性,或其行为的方式、德性的程度等,叫作指示代词。

练 习

在下列各句的空格内,填入适当的指示代词:

(A)你看见一个东西,像牛〇〇大。

(B)爸爸问我说:"我给你〇〇块糖呢?"我说:"我给弟弟吃了。"

(C)我当初不知道他是〇〇坏人。

(D)你再〇〇,我就打你了。

(E)有〇〇老头子,财产很多,但是一个字也不认得。

第四节 疑问代词

疑问代词就是"谁"和"什么"之类。譬如您的书被人弄脏了,您就问:"是谁弄脏了我的书?"人家会告诉您说是李德耀;但如李德耀恰在眼前,人家会指示给您看,并且说:"就是他。"如果弄脏了书的人是不相识的,人家又往往说:"就是这个人。"由此看来,如果依照严格的说法,疑问代词并不是一种真正的代词,因为它们既不能有先词,也不曾替代什么;不过,它们在疑问句中居于一个未知部分,就像替代着这未知部分,所以一般人把它们叫作疑问代词。

大致说起来,疑问代词可认为是和指示代词相配的,例如问一声"是谁",就可答一声"是这个人"(虽然也可回说"是他、是李德耀"之类）；问一声"是什么",就可答一声"是这个东西"。下面的一个表,就是表示疑问代词和指示代词的关系的：

$$
疑问代词 \begin{cases} 这个人：谁、那一个 \\ 这个东西：什么、那一个 \\ 这样（次品）：什么 \\ 这么、这样（末品）：怎么、怎么样 \\ 这么着：怎么着、怎么样 \\ 这么个：怎么个 \\ 这么些：多少 \\ 这里、这儿：那里、那儿 \\ 这会子：多早晚、多咱 \end{cases}
$$

自然,疑问代词也可用于反诘。下面我们将分别叙述这个表里面的这些疑问代词。

谁 "谁"是专指人而言的疑问代词,而且是不拘单数复数的。它可以用于首品和次品,例如：

(A)这来者是谁？（3）

(B)谁叫你跑了去讨没意思？（20）

以上是用于首品。

(C)这又是谁的指甲划破了？（19）

(D)你细想想,昨儿谁的不是多？（44）

以上是用于次品。

"什么" 用于首品 用于首品的"什么"（"甚么"）是专指事物而言的（不指人）,例如：

(A)砚台下是什么？（63）

(B)你们做什么呢？（62）

"什么"用于次品　用于次品的"什么"可以是指人而言①，也可以是指事物而言。

指人而言的"什么"，和用于次品的"谁"，意义上并不相同。"谁"用于次品，是表示领有，"什么"用于次品，是表示德性、种类等，例如：

（A）他是谁的儿子？

要求说出他的父母的姓名。

（B）他是你的什么人？

要求说出他和你是哪一类的亲属。

指事物而言的"什么"也是要求指出事物的德性或种类的，例如：

（A）什么雀儿变俊了，会说话？（41）

（B）薛蝌道："什么事？"（85）

有时候"谁"和"什么"并用，表示反诘，就显得更有力量，例如：

（A）这时候谁带什么香呢？（19）

（B）谁生什么气？（67）

"什么"的活用法　"什么"用于次品时，共有三种活用法，都不是表示要求答复的②。

（1）对于某事物知道得不清楚，加上"什么"，表示说话人自己不能确信，例如：

（A）只有一位小姐，名叫什么茗玉。（39）③

（B）是个什么知府家，家资也好，人才也好。（89）

（2）要数说几样东西，先说一个"什么"，或插进一个"什么"，

---

① 只该说"什么"，不说"什么样"。北方土话又可用"煞"（"啥"）替代"什么"为次品，例如"这是什么东西？有煞用呢？"（6）编者注：人民文学出版社本中为：这是什么爱物儿？有甚用呢？

② "什么"用于首品时，也有些特别用途，见下文。

③ 若照现代的新标点，可写成"只有一位小姐，名叫什么茗玉。（？）"编者注：人民文学出版社本中无"什么"。

表示一面想一面说的样子，例如：

（A）还有什么丹椒、靡芜、风莲，见于《蜀都赋》。（17）

（B）……鸡蛋、豆腐，又是什么面筋、酱萝卜炸儿。（61）

（3）有一种"什么"用于否定语或反诘语里，系表示坚决的否认或强烈的辩驳，例如：

（A）从来没听见有个什么金刚丸。（28）

（B）那里是什么女孩儿？竟是一位青脸红发的瘟神爷！（39）

（C）说声恼了，什么儿子，竟是审贼！（45）

（D）罢呀！还说什么拜谢不拜谢？（68）

"那一个、那一件、那一天"等 "那一个"既可以指人，也可以指物，然而它是要求在一定范围内指出一个，所以和"谁、什么"不同，例如：

（A）你要有个好歹，我指望那一个来？（35）

意思是说，在我这些亲属当中，我指望那一个呢？

（B）从太太起，那一个敢驳老太太的回？（39）

太太以下的人当中，那一个敢这样做？

（C）你看这三个字，那一个好？（8）

这三个字当中，那一个好？

至于"那一件、那一天"之类，固然也可以是在一定范围内的，但也可以是没有范围的，例如：

（A）他那一件事不是听姑娘们的调停？（52）

（B）那一天不跌两下子？（40）

（C）鬼不成鬼，贼不成贼，那一点儿像个佳人？（54）

"那一个、那一件、那一天"之类都是仂语（疑问代词＋数词＋单位名词），这种疑问的"那"字，和指示的"那"字读音不同。疑问的"那"念上声；指示的"那"念去声。近来有人把疑问的"那"写成"哪"，使它和指示的"那"在文法上也有分别。①

"怎么"和"怎么样" 用于方式疑问的时候②，意义是相差不多的，例如：

(A) 人家怎么弄了来了？（48）

(B) 你说该怎么罚他？（45）

(C) 又窄又脏，爷怎么坐呢？（19）

(D) 我心里怎么过的去呢？（68）

(E) 婶娘是怎么样待你？（68）

纯粹方式疑问的"怎么"，也可说成"怎"，"怎"是"怎么"的前身，例如：

(A) 怎舍得叫你叠被铺床？（26）

(B) 只是人已来了，怎好送回去？（69）

"怎么"的活用法 "怎么"有时候用于原因疑问。这是"怎么"的活用，"怎么样"却不能有这种用法，例如：

(A) 你怎么不和他们去？（20）

(B) 你怎么不怨宝玉外头招风惹草的那个样子？（34）

(C) 怎么说走就走？（52）

(D) 怎么他们都凑在一处？（49）

(E) 你侄女儿不好，你们教导他，怎么撵出去？（52）

这种地方，"怎么"和"为什么、做什么"的意思都很相近，例如：

(A) 为什么你们不小心伏侍？（29）

怎么你们不小心伏侍？

---

① 编者注：今表示疑问皆用"那"字，"那""哪"已不通用。此条下为保持王力先生原文与引文一致性不加改动。

② "怎么"又可说成"怎的"，例如《儿女英雄传》第二十九回："怎的你这见识就合我的意思一样？"又可说成"怎生的"，例如同书第九回："这事要爹妈作主，怎生的只管问起妹妹来？""怎么样"用于末品时，也可说成"怎生般"，例如同书第十七回："不知要怎生般把你这位老太太安荣尊养。"

（B）你做什么也来了？（53）①

你怎么也来了？

"怎么着"和"怎么样"是要求答复整个谓语的。它们的意义相差不多，例如：

（A）姐姐别管，看他怎么着。（59）

（B）这是那里的话？你是怎么着了？（32）

（C）但只五儿的事怎么样？（62）

（D）三姑娘看着怎么样？（49）

但是有时候，也不算是替代整个谓语，因为它们的前面可加"能、要"一类的字，后面可加"我、你、他"一类的字，例如：

（A）叫我能怎么样呢？（81）

（B）你到底要怎么样？（35）

（C）你又敢怎样呢？（68）

（D）我只以理待他，他敢怎么着我？（65）

"怎么"普通是不能替代整个谓语的；只有在"了"字的前面的时候，它可以替代整个谓语，例如：

（A）姑娘们怎么了？（52）

（B）你奶奶这两日是怎么了。（72）

"怎么个"是和"这么个、那么个"相配的②，但是"这么个"往往带着夸张的语意，"怎么个"却往往只是纯粹的疑问，例如：

（A）家里奶奶多大年纪？怎么个利害样子？（65）

（B）但不知怎么个凑法儿？（43）

---

① 这种"做什么"，北京俗话说成"干吗"。

② "怎么个"也可说成"怎样个"或"怎生个"，例如"这个宝玉不知是怎样个惫懒人呢"（3），另一本作"……怎生个惫懒人物"。再者，关于事情，却该说成"怎么回事"，不说"怎回事"，例如《儿女英雄传》第五回："那两个骡夫都问怎么回事。"

"多少"是和"这么些、那么些"相配的,但是"这么些、那么些"总带着夸张的语意,"多少"就只表示纯粹的疑问或纯粹的反诘,例如:

(A)王大夫来了,给他多少?(51)

(B)单只说春夏两季的玫瑰花共下多少花朵儿?(56)

关于问数法,参看下节。

"那里"("哪里")和"那儿"("哪儿")是对于处所表示疑问。"那里"是普通官话,"那儿"是北京方言,例如:

(A)画到那里了?(50)

(B)那里是好的呢?(26)

以上用于首品。

(C)姑娘说那里话?(40)

(D)这是那儿的话?(《儿女英雄传》4)

以上用于次品。

(E)素云那里去了?(40)

(F)那里顽不得?(20)

(G)你那儿走哇?(《儿女英雄传》7)

(H)妈,这可那儿去呢?(《儿女英雄传》35)

以上用于末品。

"那里"的活用法 "那里"("那儿")在反诘语里,有时候并没有什么地方的意思,只是否认某事的可能性或否认某种判断的真实性,例如:

(A)那里就醉死了?(28)

(B)那里还搁的住花香来熏?(52)

(C)那里就穷到如此?(53)

(D)我那里等得?(55)

(E)两块玉差远着呢,那里混得过?(85)

（F）我那里说的上来？（108）

以上是否认某事的可能性。

（G）那里是请我做监察御史？（45）

以上是否认某种判断的真实性。

"多早晚"和"多咱" "多早晚"就是什么时候的意思[①]，是对于时候的疑问。它只能用于末品。"多咱"就是"多早晚"的合音，例如：

（A）我多早晚闹着要去了？（31）

（B）多早晚上任去？（45）

（C）袭人到底多早晚回来？（52）

* * *

疑问句变成非疑问句 本来包含有疑问代词的句子形式，如果转入更长的句子里，属于那个句子的目的位[②]，那么，那整个的句子就不算是疑问句了，例如：

（A）不知他是怎么个情理。（25）

"他是怎么个情理"是"不知"的目的位。

（B）就只不记得交给谁了。（35）

"交给谁"是"不记得"的目的位。

（C）咱们这里打发人跟过去听听到底是什么事。（85）

"到底是什么事"是"听"的目的位。

（D）又不懂这些话到底是什么意思。（116）

"这些话到底是什么意思"是"不懂"的目的位。

* * *

疑问代词的特别用途 古代的疑问代词，本是专为疑问或反诘之用

[①] 普通官话就只说"什么时候"，不说"多早晚"。又可说成"几时"，例如："你几时又有个麒麟了？"（31）

[②] 偶然也可居于主位。

的。到了近代，它们非但在字面上发生了变化（例如"何"变为"什么"），而且产生了些特别的用途。在这些特别用法上，它们不再表示疑问或反诘，只等于一种特别的人称代词或指示代词。这些特别用途，大致可分为四种，现分别叙述于下：

（一）疑问代词替代说不出的事物

说不出的事物，有时候是事情尚未实现，所以不能逆料；有时候是事情虽成过去，有些人或物要说出来感觉困难或麻烦，而且不说出来也不要紧，倒反有简洁的好处，所以索性不说。这些说不出的事物，都可用疑问代词来替代，例如：

（A）没人记的清楚谁是谁的亲故。（59）
既然没有人记得，自然不能把名字说出了。

（B）谁醉了，多挨几下子打，也是有的。（47）
醉了不拘是谁，所以不必说出名字。

（C）你想什么吃，只管告诉我。（35）
也许是想荻苓霜吃，也许是想莲叶蕊吃，也许是想茄子或别的东西吃，现在不能预料。

（D）要拿什么，好歹等太太到家。（61）
所要拿的是什么，现在不知道。

（E）有什么难为你，有我呢。（81）
难为你的事现在不知道。

（F）又说给他这是什么树，这是什么石，这是什么花。（41）
说给他的时候，自然是把真实的名字说出来的，但那些名字在这里不关重要，不说出倒反简洁些。

（G）你只监察着我们里头有偷安怠惰的，该怎么样罚他就是了。（45）
处罚的方式是要看情形而定的，现在不能预先判定。

（H）安老爷这才把此番公子南来，十三妹在荏平悦来店，怎的合他相逢，在黑风岗能仁寺，怎的救他性命，怎的赠金联姻，怎的弹弓退寇，从头至尾说了一遍。(《儿女英雄传》16)

事情都是上文叙述过的，用"怎的"二字，以免复述的麻烦。

（二）疑问代词代替任何事物

疑问代词，在某一些情形之下，可以替代任何事物。这就是说，在所说及的人或事物的范围之内没有一个例外①。这种疑问代词往往是有"凭他"或"任凭"或"不管"引起的，例如：

（A）凭他是谁，打死了总是要偿命的。(85)

打死了任何人，总是要偿命的。

（B）凭他怎么经过见过，怎么敢比老太太呢？(40)

无论经验到了任何程度。总不敢比老太太。

（C）但只凭着怎么不好，万不敢在妹妹跟前有错处。(28)

无论我不好到了任何程度，总不敢得罪妹妹。

（D）宝姐姐有心，不管什么他都记得。(29)

任何事情他都记得。

疑问代词后面跟着"都"字或"也"字，也能有"任何"的意义，例如：

（A）谁都喜欢他。

（B）谁也不敢惹他。

（C）这两天什么事都不能做。

（D）怎么留也留他不住。

（三）疑问代词很像代数字的功用

有时候，两个相同的疑问代词互相照应，咱们可把它们比代数学上的X，例如我说："谁听我的话，我就喜欢谁。"这"谁"所替代的人是

---

① 但有时候却只有任何一个的意思，例如"你们谁取了碟子来是正经"(37)。

没有一定的，但是前后两个"谁"字所替代的必须是同一个人。如果已经知道头一个"谁"所替代的人的名字，则第二个"谁"所替代的人的名，也一定知道。若依数学上的说法：

　　X 听我的话，

　　我就喜欢 X；

　　今知 X 是张三，

　　故知我所喜欢的是张三。

自然，这种用途并不限于"谁"字，一切的疑问代词都可以有这种功能。下面是一些《红楼梦》的例子：

谁[①]

　　（A）谁先得了谁先联。（49）

　　（B）凭你说是谁就是谁。（65）

　　（C）妹妹说谁妥当，就叫谁在这里。（68）

　　（D）谁收在屋里谁配小子。（111）

什么

　　（E）什么顺手，就是什么罢了。（52）

　　（F）问他什么应什么。（61）

　　（G）我什么时候叫你，你什么时候到。（67）

那一……

　　（H）作那一处的官，就是那一方的父母。（45）

　　（I）以后那一行乱了，只和那一行说话。（14）

怎么

　　（J）等他好了出来，爱怎么添，怎么添。（55）[②]

---

① 第二个"谁"字偶然可以省略，例如"到了谁手里住了鼓，吃一杯"（54）。其余的疑问代词，第二个也有省略的可能。

② 编者注：人民文学出版社中作："等他好了出来，爱怎么样添了去。"

（K）求姐姐吩咐，怎么说，怎么好。（《儿女英雄传》16）

"多少"和"多……"

（L）要多少银子给他多少。（48）

（M）咱们村庄人家儿那一个不是老老实实守着多大碗儿吃多大的饭呢？（6）

（四）疑问代词帮助委婉语气

在否定语里，疑问代词可以帮助委婉语气，例如：

（A）他得不到什么。

比"他一点儿东西也得不到"语气委婉。

（B）没有什么事情可做。

比"没有事情做"语气委婉。

（C）他的学问并不怎么好。

比"他的学问并不好"委婉些。

（D）我并没有怎么样苛待过你。

比"我并没有苛待过你"委婉些。

有时候，"不怎么样"就代表不怎么样好的意思，例如：

（E）胡道长我是知道的；但是他家教上也不怎么样。（92）

定　义

定义七十八：凡词，居于首品、次品，或末品的地位，表示疑问或反诘者，叫作疑问代词。

订　误

（1）不管你什么样聪明，不用功读书就不能成材。

这是闽粤人常犯的错误。"什么样"该改为"怎么样"。"什么"只能用于首品和次品，不能用于末品。

（2）有人敲门，李妈开门问道："您找那一个？"

该说"您找谁？"因为并不是要求那人在许多人当中指出一个人来。

练 习

试用适当的疑问代词填补下面诸例句中的空格：

（A）你到〇〇去？

（B）他〇〇受得这样的苦？

（C）这箱子是〇的？

（D）谁得罪我，我就骂〇。

（E）姊姊〇〇身上又不舒服了？

（F）〇叫你多管闲事呢？

（G）咱们俩感情很好，〇忍分离？

（H）他到底是〇〇〇泼妇？我倒要见见她！

第五节　基数、序数、问数法

本节所说的话，也许诸位觉得太浅了：数数儿谁不会呢？但是诸位应该知道：语法并不能专讲深的，不讲浅的，只该问是不是语法，不必管它浅不浅[①]。中国人的称数法，乃是中国语法的一个主要部分。世界各族语的称数法并不相同，例如咱们所谓"一万"，英、法等语却称为"十千"；咱们所谓"八十"，法国人却称为"四个二十"；咱们所谓"七"，柬埔寨人却称为"五二"。由此看来，一般人所认为当然如此的称数法，在别的族语里并不一定是当然的。中国人的称数法和别的族语不同的地方，就是中国语法的特征，所以我们不能不加以叙述。

一、基数

十进法　中国人数数儿是以十进的，即是数了一、二、三、四、五、

[①] 中国现代语法对于中国人，只是教他们对于已懂的语言加以研究和分析，并不是教他们学话。这一部书里，凡读者觉得太浅的地方，都该拿这种眼光去读它。

六、七、八、九、十之后，就数到十一、十二、十三……。九十九以后是一百，十个一百是一千，十个一千是一万。万以上，虽有亿、兆等名称，但普通可称为十万、百万、千万、万万等。

加和乘　数数儿有加的办法和乘的办法，例如"十四"是十加四，这是加的办法；"三十"是三乘十，这是乘的办法；"三十四"是三乘十又加四，这是加和乘混用的办法①。

十、百、千、万，如果说成"一十、一百、一千、一万"，也是乘的办法。以"一"乘，等于不乘，所以依理说，"一"字用不用都可以。但是习惯上有些地方用"一"字，有些地方不用。大致的情形如下：

（1）"十"字前面不用"一"字，例如普通只说"十四、十八"等，而不大说"一十四、一十八"等。

（2）"百、千、万"的前面用"一"字，例如普通只说"一百三十二、一千四百二十九、一万三千"等，而不大说"百三十二、千四百二十九、万三千"等。"一万一千一百十一"不能说成"万千百十一"。

下面是两个《红楼梦》的例子：

（A）谁知有个真真国的女孩子，才十五岁。（52）

（B）共使银一千一百十两。（64）

文字上，"二十"可写成"廿"，"三十"可写成"卅"，但北京等处的口语里仍旧只说"二十"和"三十"，不说"廿"和"卅"②。

零　凡三位数以上，如果中间有一个空位，就把一个"零"字放在中间，例如：

（A）单请一百零八众僧人在大厅上拜大悲忏。（13）

（B）那女娲氏……于大荒山无稽崖炼成……顽石三万六千五百零

---

① 由此看来，"四万万七千万"和"四万七千万"都是通的。"四万万七千万"是四个万万加七千个万；"四万七千万"是四万七千个万。

② 别处方言有说"廿"的，例如吴语和粤语、客家话等。

一块。（1）①

高一级的数量名称和低一级的数量名称的中间，也可用"零"字，例如：

(C) 虽走了一个月零两日，日子有限。（53）

如果中间有两个（或更多）的空位，普通也只用一个"零"字，例如"三千零八个"，不必说成"三千零零八个"。

空位在最后一位或最后几位者，不用零字，例如"五百四十"不称为"五百四十零"，"六千七百"不称为"六千七百零零"。

"二"和"两"　"二"和"两"在意义上没有大分别，但是在用途上却须依照习惯。大致说起来，可以有下面的四个原则：

（1）单位名词的前面，如果只有一位数，就用"两"不用"二"，例如"两个人"不能说"二个人"，"两匹马"不能说"二匹马"，"两本书"不能说"二本书"，"两船米"不能说"二船米"，"两顿饭"不能说"二顿饭"，"两件事"不能说"二件事"。

但是有些例外：如二尺布、二寸缎子、二斤牛肉、二两金子等。

（2）单位名词的前面，如果不止一位数而"二"字又在最后一位者，就用"二"不用"两"，例如"十二个人"，不能说"十两个人"，"三百四十二匹马"不能说"三百四十两匹马"等。

只有"零二个"也可以说成"零两个"。

（3）如果没有单位名词跟着，就用"二"用"两"都可以，例如"二人"也可以说"两人"。

但若"二"字用于首品，就不能用"两"，例如"知其一不知其二"，不能说"知其一不知其两"。

---

① "十"字前面的"一"字不说出，所以也像空了一位，偶然也用"零"字，例如"仍欠六百零十两"（64）。有时候，说话人要特别着重在那畸零的数目，没有空位也故意用个"零"字，例如"发心要写三千六百五十零一部《金刚经》"（88）。

（4）序数用"二"不用"两"①，见下文。

在某一些情形之下，用"两"用"二"都行。下面是一些常见的例子：

两丈：二丈　　两毛钱：二毛钱　　两位：二位

二千：两千　　二万：两万

"对"和"双"　"对"和"双"都是相似或相配合的两个。它们可用为单位名词。除鞋袜等少数物件用"双"字外，普通总是用"对"字，例如：

（A）他们两个是一对。（50）

（B）折盂三对。（105）

（C）尤氏仍是一双鞋袜。（62）

但若用有次品修饰，等于"两"或"二"的用途的时候，就只能用"双"，不用"对"：

（D）贾母奄奄一息的，微开双目。（105）

"半"和"一半"　"半"应该是百分之五十，但普通所谓"半"，只是一个大概的说法。"半"字用于次品或零数时，只说一个"半"字；若用于首品，就往往说成"一半"，例如：

（A）又命春燕也拨了半碗饭。（62）

（B）丈量了一共三里半大。（16）

（C）每样得了一半。（17）

"半"字又可用于夸张的意思。有时候是甚言其多，有时候是甚言其少，看全句的意义而定，例如：

（A）一技无成，半生潦倒。（1）

（B）那姑子去了半日。（43）

（C）宝玉听了，寒了半截。（113）

---

① "下午二时"的"二"是序数，所以不能用"两"；"下午两点"的"点"是单位名词（"两点钟"），所以不能用"二"。

（D）已死了大半个了。（57）

（E）薛蟠听如此说，喜的酒醒了一半。（47）

以上是甚言其多。

（F）半刻工夫，手里拿出两枝来。（7）

（G）过一年半载，生个一男半女。（46）

以上是甚言其少。

分数 中国语里，普通所谓分数总是分母大于分子的，例如"十分之六、三十八又九分之四、九十二又百分之四十七"，等等。

中国人对于数量的分配，喜欢讲十分之几（旧习惯不讲百分之几）。十分之几就是俗所谓"成"，例如："三成"就是十分之三，"七成"就是十分之七。

大概的数目 当说话人不能说出一个确数的时候，就只说一个大概的数目。这种大概的说法，还可以细分为四类：

（1）说出相近的两个数目。这虽不是确数，却是可能的范围最小，和确数相差不远，例如：

（A）连叫了两三声，秦钟不睬。（16）①

（B）怨不得你不懂，这是四五门子的话呢。（27）

（C）原来是一个十七八岁的极标致的一个小姑娘。（39）

（D）就是咱们娘儿四个人斗呢，还是添一两个人呢？（47）

有时候，十位、百位、千位、万位的数，只说出两个整数，不说零数者，这两个整数也可说相近的确数。这样，可能的范围较大，和确数相差就较远了，例如：

（A）贾蔷那边也演出二三十出杂戏来。（18）

（B）我活了八九十岁。（105）

---

① "两、三"可倒过来说，例如"又见三两个妇人都捧着大红油漆盒"（6）。"三年两年，不过配上个小子"（46）。"二、三"也可倒过来说，如"赏我们三二万银子"（45）。

（C）家内也有二三千金的过活。（48）

（2）说出大概的整数。普通用"几"字（几字的前身是"数"字），例如：

（A）这几日没见添病，也没见大好。（11）

（B）贾母帮了几十两银子。（17）

（C）上下几百男女人，天天起来，都等他的话。（68）

（D）花上几千银子才把知县买通。（86）

"几"字如果没有"十、百、千"等字跟着，往往有表示少数的意思，例如：

（A）前儿在一处看见二爷写的斗方儿，越发好了；多早晚赏我们几张贴贴。（8）

（B）又许他几个钱，也就依了。（44）

"两"字有时也可以当"几"字讲，也是表示少数的意思，例如：

（A）越发该会个夜局赌两场了。（45）

（B）二奶奶的事，他还要驳两件。（55）

（C）哄了我这两日，如今怎么连一句话也没有？（77）

"一"和"半"相应，也是表示少数，例如：

（A）怎么一时半刻的就不会体谅人？（32）

（B）过一年半载，生个一男半女。（46）

"三"和"五"连着说，大致是说"三"至"五"之间①，例如：

（A）三五日，疼痛虽愈，伤痕未平。（48）

（B）然有时来往，三五日不定。（58）②

（C）料着贾母爱听的三五出戏的彩衣包了来。（54）

（D）就是现银子，要三五千，只怕也难不倒。（72）

---

① 但习惯上只有"三五"的说法。"五七、六八、七九"之类都不成话。

② "三、五"之间也可以有字隔开，如"不过三年五载，各人干各人的去了"（62）。

（E）每年也有三五十万来往。（88）

（3）只知整数，不知零数，故以"几、多"等字来替代那不能确知的零数，例如：

（A）使剩了还有二十几两。（69）

（B）狠命的又打了十几下。（33）①

（C）今年九十多岁了。（39）

（D）小厮、老婆子、丫头一齐动手，抬了二十多张下来。（40）

（E）我一年多不来，你还认得我么？（113）

"几"和"多"也稍有分别。固然，像"二十几两"也可以说成"二十多两"；但若在三位数以上，"几"字后面还应该加上整数的名称，"多"字却没有这种需要，例如三千多个人只能说成"三千几百个人"，不能说"三千几人"。"几"字的前身是"数"字，"多"字的前身是"余"字，所以三千余人，也只能说成"三千数百人"，不能说"三千数人"。

凡整数没有确实的数目的时候，零数也不能用字表示，咱们只能说"几千人"或"数千人"，不能说"几千多人"或"数千余人"。同理，也只能说"二三千人"，不能说"二三千多人"或"二三千余人"。因为凡不确定的整数，本来就包括一切可能的零数在内。所谓"数千人"并非专指整整的二千或三千、四千之类，二千多或三千多仍旧可称为"数千人"，不必称为"数千余人"。同理，二千多或三千多仍旧可以大概地说成"二三千人"，不必称为"二三千余人"。

（4）利用副词或副词性的末品语。"来"字是表示大概数量的副词，"上下"是表示大概数量的末品语②。意思是说，也许比这个数目多些，

---

① 编者注：人民文学出版社本中作"狠命盖了三四十下"。

② 上下，有些地方说成"左右"。关于年岁之类，也可说"约莫……光景"，例如《儿女英雄传》第十七回："那背弹弓的人，约莫五十光景。"

也许稍为少些，例如：

(A) 我跟了太太十来年。（30）

(B) 原来这梦甜香只有三寸来长。（37）

(C) 这里贾母花厅上摆了十来席酒。（53）

(D) 堂客也共有十来顶大轿，三四十顶小轿。（14）

(E) 今年方五十上下。（4）

"来"和"上下"在用途上又稍为不同："来"字用于单位名词之前，"上下"用于单位名词之后，例如"五十岁上下"，若用"来"字，该说成"五十来岁"。

此外又有"上"字和"把"字，它们虽也表示大概的数量，但同时又带有夸张的语意。"上"字的位置在数词之前，甚言其多；"把"字的位置在单位名词之后，甚言其少，例如：

(A) 家里上千的人，他也跑来，我也跑来，我们认人问姓还认不清呢！（52）

(B) 引了上万的人跟着瞧去。（54）

(C) 九月一场碗大的雹子，方近二三百里地方，连人带房，并牲口粮食，打伤了上千上万的。（53）

(D) 我在这里不过点把钟工夫，就要走了。

(E) 这里虽说干净，个把苍蝇也是有的。（10）

注意，"把"字前面必须有单位名词，数量必须是"一"，而这"一"又不能明说出来（没有"一点把钟"和"一个把苍蝇"的说法）。①

满数和歉数　尽量往多里说，叫作满数；尽量往少里说，就叫歉数。满数可以说"十"，可以说"百"，也可以说"千"或"万"，须

---

① 有时候，"千、万"等字也可视同单位名词，而说"千把、万把"等，例如："万把块钱不算什么。"

看事物的普通最高数量而定。譬如道路十里百里太近，不算满数，必须千里万里才算满数；至于读书，一目十行，就算满数了，例如：

（A）一人拚命，万夫莫当。（103）

（B）千里搭长棚，没有个不散的筵席。（26）

（C）千金难买一笑。（31）

（D）那身子竟有千百斤重的。（96）

（E）我就死了，魂也要一日来一百遭。（30）

（F）趁此时纵有十个罪，也只一人受罚。（73）

有时候，用这个字当满数固然可以，用那个字也未尝不通，例如"送君千里，终须一别"，若说成"送君万里"也通。在这种地方，就得依照习惯了。大家都说"送君千里"，就不必创造一个"送君万里"了。"千夫所指，无病而死"只说"千"；"一人拚命，万夫莫当"，却说"万"。这都是习惯使成。又有时候两种说法都是合于习惯的，例如"百般怜惜"和"万般怜惜"。咱们并不能认为"万般"比"百般"更多，它们都不过表示一个满数罢了。

至于歉数，下文所述的"几"字和"两"字都是（"给他几个钱"和"给他两个钱"）。但是歉数的极点，自然连"一"都没有。所以凡要说完全没有，就说连"一"都没有；凡禁止的命令，也表示连最少的"一"都在禁止之列，例如：

（A）一点味儿也没有。（35）

（B）却要一句话，一点泪，也没有了。（97）

（C）那人自然是一枝花也不许掐，一个果子也不许动了。（56）

关于程度的描写，中国人喜欢讲分数，十分为满数，八九分和七八分为近满数；三分为歉数，一二分为最歉数①。若说"几分"，就是不完全或差不多的意思，例如：

　　（A）十分细致精巧。（45）

　　（B）这时贾母也十分欢喜。（75）

以上是满数。

　　（C）他此时又带了七八分酒。（41）

　　（D）见他这个光景，如何不猜八九分呢？（11）

以上是近满数。

　　（E）脸上方有三分喜色。（35）

以上是歉数。

　　（F）太太也得让他一二分。（55）

以上是最歉数。

　　（G）心中已活了几分。（13）

　　（H）也有几分人才。（21）

以上是不完全的表示。

　此外还有一种满数的说法，就是用"无数"二字，例如：

　　（A）便将世上所有的东西，摆了无数叫他抓。（2）

　"好"字　"好"字用于"几"字或"些"字的前面，是表示对于数量的夸张②，例如：

　　（A）好几处都有。（8）

　　（B）如今我们家里现有好几位太医老爷瞧着呢。（10）

---

　①　十分，近来有人说成"万分"，也勉强可通，只是和"三分"的说法不相称。至于说成"十二分"或"十二万分"，则大可不必。反正是个满数，加到"一百二十万分"都无济于事，倒反把中国语法的系统弄乱了。

　②　偶然也可用于"半"字之前，例如"那时迎春已来家好半日"（80）。

（C）亏他魔了这好几年。（54）①

（D）侄儿有几个朋友办过好些工程。（88）

二、序数

"第"字和序数　普通的序数，是在基数的前面加上一个"第"字（参看第三章第四节），例如：

（A）这是第二小犬。（114）

（B）第七名中的是谁？（119）

但是，有些序数却是不用"第"字的，例如：

（A）那一夜五更多天，外头几个家人进来，到二门口报喜。（120）"五更"是第五个"更"，"二门"是第二道门。

（B）世袭一等神威将军贾代化……世袭三品爵威烈将军贾珍。（13）"一等"是第一等，"三品"是第三品。

这"第"字的用和不用，固然是要依习惯而定。但是，有几种事物的序数，是一定不用或可以不用"第"字的，不妨特为指出如下：

（1）用以纪时的年月日，不用"第"字，例如"民国三十年三月二十日"不说成"民国第三十年第三月第二十日"。

时刻及"更"都归此类，所以"五点三刻"不说"第五点第三刻"，"三更"不说"第三更"。

（2）排行不用"第"字，例如"刘三"不称"刘第三"，"三妹"不称"第三妹"。

（3）官爵的等级以不用"第"字为常，例如从前的一品官不称为"第一品"。

（4）分类时，可以不用"第"字，例如：果品有五种：一红枣，二栗子，三落花生，四菱角，五香芋。（19）

---

① 编者注：人民文学出版社本中作"亏他魔了这好几年"。

分别叙述理由也归此类，例如：一来送妹待选，二来望亲，三来亲自入部销算旧账。（4）①

序数的别称 序数往往有另外一种名称，尤其是"第一"有它的别称。普通替代"第一"者，有"头一"等，有时也可以省称为"头"，例如：

（A）头一社是他误了。（45）

（B）头一日在我们破花园子里摆几席酒。（45）

（C）头一件，你冻着也不好。（51）

（D）头一次，是那僧道来说玉的好处。（120）

（E）头胎生的公子名叫贾珠。（2）

关于纪时的年月日，纪元的第一年称为"元年"（不称"一年"），每年的第一个月称为"正月"，每月的第一旬称为"初一、初二、初三"，以至"初十"。自从我国改用阳历之后，正月才改称为"一月"，每月的第一旬才改称为"一日、二日、三日"（或"一号、二号、三号"）等，例如：

（A）唐贞观元年是公历627年。

（B）惟有前年正月里接了他来，住了两日。（31）

（C）一家子也是过正月节。（54）

（D）生在大年初一。（2）

（E）怪道前儿初三四儿，我在沈世兄家赴席，不见你呢。（26）

排行是中国的特别风俗，凡同胞的兄弟姊妹，就按着序数称呼②。但同行第一个不称为"一"，而称为"大"，例如：

（A）话犹未完，已见赖大进来。（93）

（B）贾政出外看时，见是焦大。（105）

（C）我们大姑娘，不用说，是好的了。（65）

---

① 编者注：人民文学出版社本中作"一为送妹待选，二为望亲，三为亲自入部销算旧账"。

② 有些地方不必同胞，堂兄弟姊妹也同排，甚至更远些的同辈也同排。

（D）想当日你叔叔也曾劝过大老爷。（80）

（E）薛大哥，你该罚多少？（28）

"第一"的活用法　"第一个"或"第一件"之类，加于次品之上，往往有末品的用途，就是等于"最"字的意思。"头一个"或"头一件"之类也能有这种用途，例如：

（A）这茗烟乃是宝玉第一个得用，且又年轻不谙事的。（9）

茗烟乃是宝玉最得用的人。

（B）这是第一件大的。

这是最大的事。

（C）你是头一个出了名的至善至贤的人。（77）

你是最著名的好人。

"第二"的活用法　"第二"用于年和日，指的是某一定年限的下一年（次年）或某一定日子的下一日（次日），例如：

（A）他们结婚的第二年，就生了一个儿子。

（B）第二日便都到阎王庙里来烧了香。（54）

序数和基数的分别　序数有"第"字的时候，固然是和基数有分别的；即使没有"第"字，在现代语里，序数仍是常常能和基数分别。没有"第"字的序数，同时也就决不能用单位名词；反过来说，现代语里的基数后面，总是有单位名词跟着的[①]，例如"九月"是序数，"九个月"是基数；"三妹"是序数，"三个妹妹"是基数。这是很容易分辨的。

三、问数法

"多少"和"几"　数量的询问，普通用"多少"二字。"多少"以用于次品为常，例如：

（A）他到底一月多少钱？（58）

---

① 有极少数的例外，见第四章第七节。

（B）你认了多少字了？（92）

有时候，所问的事物是已知的或易知的，就只用"多少"去替代首品。这种事物往往是银钱之类①，例如：

（A）这一包银子共多少？（43）

（B）王大夫来了，给他多少？（51）

"几"字也可用于询问。不过用于询问的"几"字和非询问的"几"字，在形式上和位置上完全相同。咱们只能凭上下文的语意去断定它是不是询问，例如：

（A）共总宝叔屋内有几个女孩子？（26）

（B）今年十几岁了？（7）

多　有时候，单用一个"多"字，"多"字后面跟着一个形容词，也可以当询问之用。现在举出最常用的几个仂语如下：

多大？＝多少岁数？或多少面积？……

多远？＝多少路？

多久？＝多少时候？或多少日子？

多长？＝多少尺寸？

多高？＝从高的方面说，有多少尺寸？

多重？＝多少分量？

例如：

（A）你今年多大年纪了？（39）

（B）你能活了多大？（40）

（C）不知天有多高，地有多厚。（68）

（D）这里到二十八棵红柳树还有多远？（《儿女英雄传》5）

（E）你打算在成都耽搁多久？

---

① 但别的事物也不是不能说，例如"薛大哥，你该罚多少？"（28）

（F）这一只鸡有多重？

问数语转成夸张语 "多少"本是询问的语，但是有时候却并非询问，而是对于数量表示夸张。这又可细分为两类：

（1）"不知多少"，意思是太多了，数不清，例如：

（A）直烧了一夜方息，也不知烧了多少人家。（1）

（B）为这病请大夫吃药，也不知花了多少银子钱呢？（7）

（C）他后来不知赔多少不是呢。（32）

（2）"多少"等于"许多"，也可说成"多多少少"，例如：

（A）你连多少大生日都料理过了，这会子倒没了主意？（22）

（B）不……不好了！多多少少的穿靴戴帽的强……强盗来了。（105）

多么 "多么"的"多"字，大约是从问数法的"多"字转来的，但是"多么"却专用于感叹，不用于询问。而且只能用于末品（程度的夸张），不能用于次品。"多么"又说成"有多么"，或简单地说一个"多"字[①]，例如：

（A）大概也不知道你小大师傅的少林拳有多么霸道。（《儿女英雄传》6）

（B）你今天多么高兴！

（C）无论多么穷，总不该贪那不义之财。

（D）你瞧，多好！

（E）你的衣裳多脏！

注意：这种"多么"，不能说"多少"或"多么样"。

定　义

定义七十九：凡表示数量的数词，叫作基数。

定义八十：凡非表示数量，而系表示次序等级之类的数词，叫作序数。

---

① 这种"多"字念阳平声。

订　误

（1）今天到会者，数百余人。

该说"数百人"，否则该说"三百余人"之类。

（2）你瞧他多少漂亮！

该说"多么漂亮！"不该说"多少漂亮"①。因为这里是感叹，不是询问。

（3）他的嘴究竟有多么大呢？

该说"多大"，不该说"多么大"，因为这里是询问，不是感叹。

比较语法

（1）有一条大鲤鱼，有二斤重。

北京普通说"二斤"，不说"两斤"，但是其他各处方言多有说"两斤"的。

（2）孔子的弟子有三千几百个。

粤语可以说"有三千几人"。

练　习

试解释下面这几个句子为什么是不妥的：

（A）雇了一二百多个工人来造房子。

（B）我在路上遇见了二三个朋友。

（C）我觉得万把块钱太多了，我拿不出。

（D）十二万里姻缘一线牵。

第六节　一、一个

一、一

"一"字因为是数目的开始，所以它能有许多引申的意义和活用法。

---

① 但"多漂亮"却是可以说的，因为"多"可以当"多么"讲。

第四章　替代法和称数法……269

现在拣最常见的来说一说。

"一"等于"每一"　"每"字的普通意义是——皆然，所以"一"字能有"每一"的意思①，例如：

(A) 我就死了，魂也要一日来一百遭。（30）

(B) 一个月分出二两银子来给我。（37）

(C) 一个上面放着炉瓶，一分攒盒。（40）

(D) 一个女人嫁一个男人。（92）

凡说"每一"，后面必定说出一个数目。但如果说到价钱，那么价钱的数目往往放在前面②，例如：

(A) 一两银子一个呢，你快尝尝罢。（40）

(B) 一千两银子一把，我也不卖。（48）

"一"等于"同一"　凡所谓"同"，就是同是一物或同属一类等。所以"一"字的意义引申就能有"同一"的意思，例如：

(A) 咱们两个人一样的年纪。（9）

(B) 你也不必和他们一般见识。（74）

(C) 你老人家该别和他一块儿来。（26）

(D) 逐句评去都还一气。（50）

(E) 一个桌子上吃饭，一个床儿上睡觉。（28）

"一"表示总数　凡总数都可认为"一"，因为是许多数目合为一体，例如：

(A) 再添上凤姐儿和宝玉一共十三人。（49）

(B) 跟随的一共大小六个丫环。（59）

"一"表示满或整　"一"是一个整数。它不是部分的，而是全体的，

---

① 自然，说成"每一"也可以，例如"每一榻前两张雕漆几"（40）。单说"每"字也可以，例如"每人一把乌银洋錾自斟壶"（40）。

② 这样倒过来，就不能用"每"字了。

所以能有满或整的意思，例如：

（A）我只一心留下你。（19）

满心留下你。

（B）索性激起一腔闷气来。（97）

激起满腔闷气。

（C）见这里的花好，你就没死活戴了一头！（41）

戴了满头的花。

（D）昨夜听见一夜的北风。（50）

听见整夜的北风。

（E）宝玉发了一晚上的呆。（77）

发了整个晚上的呆。

尤其是受损害的东西，用"一"字表示夸张，例如：

（A）溅了一书墨水。（9）

（B）没的臊一鼻子灰。（55）

（C）踩了一脚水。

（D）蹭了一身松胶。

"一"表示快或容易　"一"字放在身体部分之前，后面又有动词跟着，则往往是表示事情很快或很容易，例如：

（A）一脚跨进门去。（《儿女英雄传》7）

很快就进去了。

（B）不等他说，我便一口道破。（《儿女英雄传》16）

很容易就道破了。

"一"表示完全或极度　这一类"一"字往往是次品语或末品语的一个成分，例如：

（A）凡一应事①，都是他提着太太行。（39）

（B）一概是齐全的。（46）

"一应"和"一概"都表示没有例外。

（C）然后锁上门，一齐下来。（40）

"一齐"表示同时而且没有例外。

（D）就是这个端阳节所用，也一定比往常要加十几倍。（24）

"一定"是事先完全决定。

（E）明儿一早打发小厮们雇辆车装上。（42）

（F）十四日一早就长行了。（48）

"一早"表示极度的早。

"一"表示连续　"一"怎能表示连续呢？因为连续不断就像一体，例如：

（A）一径来至一个院门前。（26）

"一径"又说成"一直"，是不停止又不在别的地方逗留的意思。

（B）你这一向病着，那里有什么新鲜东西？（75）

"一向"是在时间上没有隔断过。

（C）宝玉见王夫人起来，早一溜烟去了。（30）

"一溜烟"是像一道长烟，不停步。

（D）贾母那边听见，一叠连声问。（38）

"一叠"就是"连"的意思。

"一"表示单独　"一"和"多"是相对的，所以"一"能表示单独的意思。"一个人"或"一人"用于末品，例如：

（A）他一个人在这里做什么？（57）

（B）只剩下晴雯一人在外间屋内爬着。（77）

---

① 编者注：人民文学出版社本中作"凡百一应事，都是他提着太太行"。

"一个"或"一位"，用于专名之前，例如：

（C）外头只有一位珍大哥哥。（54）

"一"表示突然　凡经过时间很短，一动就完事者，可用"一"字表示，例如：

（A）黛玉将头一扭道："我不稀罕。"（29）

（B）三人吓了一跳，回身一看。（46）

"一"表示时间修饰　"一"字放在叙述词的前面，可以表示时间修饰，例如：

（A）这个话一传开了，别人都还可已，只是那些丫头们天天不得出门槛子，听了这话，谁不要去？（29）

等于说："这个话传开了之后。"

（B）如今听你一说，倒要找出两件来斟酌斟酌。（55）

等于说："如今听你说了之后。"

这种"一"字又可说成"这一"①，有"这次……之后"的意思，例如：

（A）这水仙庵的姑子长往咱们家去；这一去到那里，和他借香炉使使，他自然是肯的。（43）

等于说："这次去到那里之后。"

（B）我这一进来了，也得空儿，好歹教给我做诗，就是我的造化了。（48）

等于说："这次进来之后。"

（C）他这一得了官，正该你乐呢。（45）

等于说："他这次得了官之后。"

但是，"一"字虽表示时间修饰，却和普通的时间修饰不尽相同。它最适宜于和"就、便"一类的字相应，表示乙事很快地跟着甲事，这

---

① 但是，有时候"这一"并不等于说"之后"，却是"这一天"的意思，例如"这一上京，原仗的是邢夫人与他们治房舍，帮盘缠"（49）。

种用法只能说"一",不说"这一",例如:

(A)一落胞胎,嘴里便衔下一块五彩晶莹的玉来。(2)

(B)心里一酸,那眼泪便要流下来。(110)

(C)大约一到家中就要过去的。(82)

(D)一听贾琏要同他出去,连忙摘下剑来。(66)

上文说过,时间修饰是和条件式相通的(见第一章第九节)。"一"字既能表示时间修饰,也就能表示条件①,例如:

(A)奶奶一喜欢②,赏我们三二万银子就有了。(45)

等于说:"奶奶若喜欢。"

(B)太太这么一想,心里便开豁了。(120)

等于说:"太太若这么想……"

(C)他一翻脸,嫂子,你吃不了兜着走。(59)

等于说:"他若翻脸。"

"这一"也可用于条件式,有"若再这样"的意思,往往用于劝解的话。事情正在进行中,劝解的人想要阻止,例如:

(A)哥儿这一哭,倒添了他的病了。(16)

等于说:"哥儿若再哭。"

(B)老太太这一生气,回来老爷更了不得了。(95)

等于说:"老太太若再生气……"

"一"和"一"相重 "一"和"一"相重,或"一个、一件"之类相重③,可以有两种意思:

(1)表示逐一(一个接着一个)的意思,例如:

---

① 有时候,"若"或"倘"和"一"字并用,更显得是条件式,例如:"若是宝玉一回来,咱们这些人不知怎样乐呢!"(119)"倘或我一出头……我们岂不伤和气?"(9)

② 编者注:人民文学出版社本中作"奶奶要赏,赏我们三二万银子就有了"。

③ "一"和"一"相重是古代的形式,"一个、一件"之类相重,是现代的形式。

（A）宝玉听说，答应着，一一按次斟上了。（54）

（B）那婆子一一谢过下去。（59）

（C）这里贾母带着众人，一层一层的瞻拜观玩。（29）

（D）命人上去开了缀锦阁，一张一张的往下抬。（40）

（E）用手翻弄寻拨，一件一件的挑与贾母看。（29）

（F）只见凤姐的血一口一口的吐个不住。（110）

（2）表示全都如此，没有例外①，例如：

（A）一个一个像烧糊了的卷子似的，人先笑话我当家倒把人弄出个花子来。（51）

（B）一个个闲着没事办。（56）

（C）大约这些奶子们一个个仗着奶过哥儿姐儿。（73）

（D）我不过挨了几下打，他们一个个就有这些怜惜之意。（34）

"一"和"一"相应　　"一"和"一"相应，可以有三种用途：

（1）两个"一"字各在一个谓语形式或句子形式里，并且是叙述句，系表示每一都如此，没有例外，例如：

（A）可知男人家见一个爱一个也是有的。（12）

（B）就算你比世人好，也不犯着见一个打趣一个。（20）

（C）有你们一日，我且受用一日。（51）

（2）两个"一"字各在一个句子形式里，并且是判断句，系表示此一和彼一须分为二，例如：

（A）赎金凤是一件事，说情是一件事，别绞在一处说。（73）

这是不能混同的。

（B）背着父母私娶一层罪，停妻再娶一层罪。（68）

这是不止于一的。

---

① 表示逐一者，同时也往往表示无例外，例如"一个一个都从墙根儿底下慢慢的溜下来了"（29）。但是表示无例外者不一定表示逐一。

（3）两个"一"字中间夹着一个形容词，形容词后面往往有"似"字，或形容性仂语，"一"字后面往往有"年、月、日"一类的字，表示累进的情形，例如：

（A）一天大似一天，还这么涎皮赖脸的！（30）

（B）一天纵似一天。（47）

（C）贾琏的亏空一日重似一日。（107）

（D）那自然府上是一年不够一年了。（114）

"这一、那一、哪一"的合音和写法　"这一"的合音是ㄓㄟ，"那一"的合音是ㄋㄟ，"哪一"的合音是ㄋㄟ。念了合音之后，若写入文章里，"一"字就往往不写出了，例如：

（A）先还可恕，这句更不通了。（28）

等于说"这一句"。

（B）今儿老太太喜喜欢欢的给了这件褂子。（52）

等于说"这一件"。

（C）我的那首原不好，这评的最公。（37）

等于说"那一首"。

（D）快去请进那位菩萨来救命。（12）

等于说"那一位"。

（E）这是那个小姐的绣房？（41）

等于说"哪一个"。

（F）那位姑娘带进来的？（41）

等于说"那一位"。

单位名词前面的"一"字可省　有时候，叙述词或系词的后面紧接着单位名词，就可认为"一"字省略了。只有"一"字可省，别的数目字都不可省，例如：

（A）扶着个小丫头。（49）

（B）你且吃杯热酒再去。（50）

（C）我有个宝贝与你。（12）

（D）只见有个老嬷嬷进来传凤姐的话。（24）

（E）原来就是个蔷薇花的"蔷"字。（30）

（F）没头没脑，遍身内外，滚的似个泥母猪一般。（47）

此外，"一个一个"也可省为"一个个"①，"一篇一篇"也可省为"一篇篇"等，例如：

（A）一个个闲着没事办。（56）

（B）一篇篇的背诵起来。（《儿女英雄传》4）

二、一个

在现代口语里，"一"字独用，往往只是一些活用法（见上文）。若要表示真正的数目，"一"字后面必须带着一个单位名词，如"一个人、一只鸡、一件事"等（参看下节）。其中要算"一个"最为常见，例如：

（A）我荐一个人与你。（13）

（B）有一个字帖儿，瞧瞧是什么话。（22）

（C）里头床头上有一个小荷包拿来。（37）

（D）那大姐儿因抱着一个大柚子顽，忽见板儿抱着一个佛手，大姐儿便要。（41）

甚至该用别的单位名词的，若数目是"一"，也往往可以用"个"②，例如：

（A）一个药也是混吃的！

不说"一剂"。

---

① "一个个"等于说"一个一个"，见下文。

② 注意，有些"这个、那个"却是本来不包含"一"字的，例如"就为这个试出你来了"（32）。"这个天点灯笼？"（45）"咱们老辈子有这个规矩么？"（101）

（B）一个床儿上睡觉。（28）

不说"一张"。

（C）大儿子只一个眼睛。（76）

不说"一只"。

（D）远看像个马。

不说"匹"。

无形的事物也可称为"一个"　普通的首品词，往往可以加上"一个"或"个"（须依习惯而定），例如：

（A）他须得吃个亏才好。（47）

（B）冻死饿死，也是个死。（68）

（C）还要特治一东，请你们去细谈一谈。（26）

（D）这会子抬人走了的，也不嫌个忌讳。（70）

仂语用为首品，也可称为"一个"或"个"：

（E）题奏之日，谋了一个复职。（3）

（F）我给你老人家赔个不是。（40）

（G）好一个"东风卷得均匀"！（70）

大概的数目可称为"个"　如果大概的数目是用一种平行语构成，如"一男半女、一年半载"之类，前面可以加上"个"字（但不说成"一个"），例如：

（A）生个一男半女。（46）

（B）在外面住着，过个一年半载。（64）

（C）这会子再发个三五万的财就好了。（72）

"一个"在专名之前　依理，专名所指的人物本来就只有一个。若专名之上再加"一个"，这就表示那人或物尚未为对话人所认识[①]，例如：

[①] 这种用法，着重在"一"的数目，不重在"个"字，所以别的单位词也可以用，例如"扬州有一座黛山"（19）。

（A）这阊门外有个十里街，街内有个仁清巷。（1）

（B）到一个悼红轩中，有个曹雪芹先生。（120）

"一个"表示偶然或万一　"一个"也像"一"一样，可以用时间修饰或条件式。用于时间修饰者，有偶然的意思；用于条件式者，有万一的意思，例如：

（A）一个不留神，就掉在水里。

（B）一个不信，你嘴里只管答应着，心里别主意。（《儿女英雄传》19）

"有个、没个"表示一种道理　有时候，"有个"表示有这道理；"没个"表示没有这个道理，例如：

（A）我又不是呆子，怎么有个不信的呢？（47）

（B）听了这话，他有个不奉承去的。（46）

（C）没个娘才死了，他先弄小老婆的。（46）

"个"字介绍一种极度形容语　"个"字有时候竟变为有虚词的性质，做联结的工具，把一种极度形容语黏附在一个句子形式的后面，表示夸张的语意。这种用法，又可细分为三类：

（1）"个"字后面表示事情的一种严重结果。这种严重结果，往往只是极度夸张的话，并非事实，例如：

（A）将冯公子打了个稀烂。（4）

（B）把我气了个死。（74）

有时候，虽没有说出一种严重的结果，却说出那说话人所希望的结果：

（C）等我家去，打你一个知道！（83）

（2）"个"字后面采用一种带有夸大性的成语，例如：

（A）我乐得去吃一个河涸海干。（45）

（B）你连我瞒了个风雨不透。（《儿女英雄传》19）

（3）"个"字后面用"不休、不住"一类的夸大语，例如：

（A）黛玉也哭个不住。（3）

（B）湘云只伏在宝钗怀里笑个不住。（50）

比较语法

（1）一天大似一天。

除了官话区域之外，不用"似"字，例如吴语说成"一日大一日"，粤语和客家话说成"一日大过一日"。

（2）把我气了个死。

这种"个"字，除华北官话外，都不说，例如吴语说"拿我气煞"或"气煞我"。

练 习

下列诸句，试改为更合口语（更俗）的句子：

（A）他和我同一个房间。

（B）他到我家里来闹了整天。

（C）这米要卖每石十二元。

（D）他恰巧和我撞了满怀。

（E）他自从得病之后，一天比一天瘦了。

（F）最好是每家有一口井。

（G）他单身走了七千里的路。

（H）我打算刚到北京就去拜访他。

（I）敌人若敢来犯，咱们要打他落花流水。

（J）从前宋朝有一个人，名叫富弼，拒绝割地给契丹。

第七节 人物的称数法

在中国古代语里，数目字是直接地黏附在人物的名称上面的。直至现代，在文雅的话或成语里还常常保存着这一种形式，例如：

（A）向外的匾上凿着"穿云"二字。（50）

（B）当日圣乐一奏，百兽率舞，如今才一牛耳。（41）

以上是文雅的话。

（C）千言万语，嘱托张德辉照管照管。（48）

（D）多一事不如省一事。（45）

（E）一人作罪一人当。（55）

以上是成语。

但若在现代一般人的口语里，就不同了。差不多每一个数目字和它所修饰的人物名称之间，必须有一个表示单位的名称，例如"一个人、一只牛、两件事、几句话"等；"个、只、件、句"一类的字，我们叫作单位名词。"斤、两、升、斗、丈、尺"之类，我们也叫作单位名词。咱们买鸡可以论"只"，不论"斤"，买梨也可以论"个"，不论"斤"，可见"只、个"之类乃是天然的单位。

单位名词也可认为名词之一种。对于数目字而言，它是首品，数目字是次品。但是，它和数目字合成仂语之后，这仂语本身又变为次品，而它所修饰的人物名称又是首品，例如"一碗饭"，"碗"对"一"而言，是首品；但"一碗"对"饭"而言，却是次品。

单位名词大致可分为六种，现在分别叙述于下：

（一）天然的单位

天然的单位，就是凭着自然的个体，作为数量的根据。动植物固然有天然的单位，就是人工物也可说是有它们的天然单位，例如"一座桥"，桥的大小和样子虽然没有一定，但是，只要大家承认它是桥，就有了它的单位，因此也就可以称它为"一座桥"了。天然单位的名称很多，现在只能拣常用的说一说。

个　关于人，普通总称为"个"，例如：

（A）除了老太太、老爷、太太这三个人，第四个就是妹妹了。(28)

（B）每一处添两个老嬷嬷、四个丫头。(23)

小动物、用具、蔬菜、房屋的部分，人体的部分等，也往往用"个"[①]，例如：

耗子（老鼠）　　蜻蜓　虫　蚊子　苍蝇
茶壶（又称"把"）　碗　碟子　笔筒　包袱　风炉　砂锅
核桃　梨　柿子　苹果　橘子　茄子
窗户　门　房间（屋子）　坑　厨房
鼻子　脸孔　头　巴掌
梦　喷嚏　筋斗（跟头）　揖　耳刮子（耳光）

（A）一个耗子便接令去偷米。(19)

（B）刚从屏后得了一个门。(41)

（C）一个蚊子哼哼哼……两个苍蝇嗡嗡嗡。(28)

（D）每日清晨吃这一个梨。(80)

（E）风炉两个，沙锅大小四个。(42)

（F）一个巴掌拍不响。(58)

（G）不觉打了两个喷嚏。(51)

（H）喜的宝玉和紫鹃作了一个揖。(70)

（I）且打他们几个耳刮子。(71)

关于时间，"年"和"日"都照古代的说法，例如"三年、五日"（"五天"），不说"三个年、五个日"。但是"月"和"时辰"却用单位名词"个"，例如：

（A）就赁了他庙里房子住了十年。(63)

（B）惟有前年正月里接了他来，住了两日。(31)

[①] 现在说"两个钟头"，是按现代的说法，带单位名词。若说"两小时"，就是按古代的说法。

（C）凤姐又做情，先支三个月的费用。（23）

（D）顽不了半个时辰。（37）

依北京话的习惯，两个可简称为"俩"lia，三个可简称为"仨"sa，例如：

（A）你们俩来得正好。

（B）昨天买的橘子，他吃了俩，我吃了仨。

位、员、名 称人的时候，如果要表示敬意，就用"位"字代替"个"字，例如：

（A）你家的三位姑娘，每位二枝。（7）

（B）里面不过几位近亲堂客。（13）

从前的时候，官吏称"员"，兵士差役称"名"，现在不大用了，例如：

（A）如今三百员龙禁尉缺了两员。（13）

（B）他部下共有三千名兵士。

只 "只"字大致有两种用途：大多数的动物都称"只"；本来成双的东西，单称曰"只"，例如：

牛　羊　狗　猫　鹿　鹰　老虎　狐狸

喜鹊　鸽子　手　脚　眼睛　耳朵　鞋　袜子

（A）只见那边山坡上两只小鹿，箭也似的跑来。（26）

（B）那头煮着一蹄肘子，又是两只肥鸡。（《儿女英雄传》9）

（C）一只手伸在盒内。（62）

（D）将两只手呵了两口。（19）

"船"称为"只"，用具也有可称为"只"的，例如：

（A）宝玉又一眼看见了……一只金西洋自行船。（57）

（B）又见妙玉另拿出两只杯来。（41）

件、桩 衣裳称"件"，事情和东西称"件"。此外，像新闻、心愿之类，虽可称"个"，也可称"件"，例如：

第四章　替代法和称数法……283

(A) 独李纨穿一件青哆罗呢对襟褂子。（49）

(B) 有一件事要求二位婶娘。（13）

(C) 我有一件东西，你带了去罢。（7）

(D) 众人当作一件新闻传说。（1）

(E) 还有一件心愿未了。（13）

"桩"字就专指事情或心事而言：

(F) 这周大爷先时和我父亲交过一桩事。（6）

把　器物用具可把握者，往往称"把"，例如：

刀子　剪子　槌子　扇子　扫帚　伞　椅子（又称"张"）　钥匙

(A) 便袖内带了一把剪子。（46）

(B) 偏偏他家就有二十把旧扇子。（48）

(C) 然后一把曲柄七凤金黄伞过来。（18）

(D) 你就是你奶奶的一把总钥匙。（39）

张、幅、匹、块、面、片　平面的物品，或其主要部分为平面者，往往称"张"，例如：

桌子　椅子（又称"把"）　茶几　纸　图画（又称"幅"）

状子　凭据

(A) 每人跟前摆一张高几。（40）

(B) 地下两溜十六张楠木圈椅。（3）

(C) 原先盖这园子就有一张细致图样。（42）

(D) 和旺儿商议定了，写一张状子。（68）

弓和嘴，因为是可以张开的，也称为"张"，例如：

(A) 只见画着一张弓。（5）

(B) 为什么单单的给那小蹄子一张乖嘴。（54）

图画可称"幅"，被褥之类也可称"幅"（自然也可称"张"），例如：

(A) 宝玉抬头看见一幅图贴在上面。（5）

（B）裹着一幅杏子红绫被，安稳合目而睡。（21）

匹，专指织物而言，例如：

（A）次日早有雨村遣人送了两封银子、四匹锦缎。（2）

（B）额外赏了两匹官绸。（18）

方形或圆形的东西，和不成匹的织物，往往称为"块"，例如：

（A）另外有一块落草时衔下来的宝玉。（8）

（B）桃花底下一块石上坐着。（23）

（C）端的是块宝砚。（《儿女英雄传》10）

（D）湘云吃了酒，夹了一块鸭肉。（62）

（E）太太递了一块糕给他。（42）

（F）和凤姐姐要一块重绢。（42）

旗和镜子可称为"面"，例如：

（A）每一队有一面红旗。

（B）我看见你文具里头有三两面镜子。（57）

切开成薄块的东西称为片，如"生姜三片"。但是，"片"字还有两种活用法：夸张面积之广（例A、B）；表示完全（例C、D）。这两种活用法里"片"字的前面只能用"一"字，不能用别的数目，例如：

（A）后面便是一片冰山。（5）

（B）一片锦绣香烟，遮天压地而来。（29）

（C）我倒是一片真心为姑娘。（57）

（D）一片酸热之心，一时冰冷了。（113）

棵、枝、根、条、朵　树的单位叫作"棵"，例如：

（A）离了钗、玉两个，到了一棵石榴树下。（27）

（B）那山坡下两棵桂花开的又好。（38）

凡形似树枝或竹枝的东西，往往称为"枝"①，例如：

（A）头号排笔四支。（42）②

（B）即时拨了一枝令箭。（19）

（C）便命取了一枝紫竹箫来。（75）

（D）宝钗挺了一枝梦甜香。（70）

竹木所制长条之物往往称"根"。与此相似者，亦得称"根"。又草亦可称"根"，例如：

棍子　筷子　橡子　劈柴　洋火　毛　头发

（A）沉香拐杖一根。（18）

（B）顺手抓起一根门闩来。（80）

（C）回头向头上拔下一根簪子来。（44）

（D）又有一根五色丝绦，系着一块美玉。（3）

（E）如今多掐一根草也不能了。（62）

狭长形的东西，往往都称"条"，例如：

线　带子　绳子　裤子　板凳　鱼　长虫（蛇）
鳗　黄瓜　道（路）

（A）脂玉圈带一条。（105）

（B）下穿一条玄青缎儿仙鹤腿裤。（《儿女英雄传》6）

（C）本来两条腿跟着四条腿跑，还赶不上。（《儿女英雄传》9）

（D）你们一条藤儿害我。（44）

（E）那一条路定难过去。（12）

（F）宁国府街上，一条白漫漫人来人往，花簇簇官去官来。（13）

"枝、根、条"的界限很不清楚，依意义说，"枝"和"根"相似，"根"和"条"又相似。但"枝"和"条"则相差颇远："枝"是硬而小的东西，"条"

---

① "一枝花"的"枝"，另是一类，见下文。
② "枝"俗写作"支"。注意："支"代"枝"尚可，"支"代"只"则不可。

则可以是软的（绳子），也可以是大的（道路）。总之，这三个字的用法，是该完全依照习惯的。

"朵"字专指花而言，例如：

(A) 说毕便干了酒，拿起一朵木樨来。（28）

(B) 又拣了一朵牡丹花样的。（41）

粒、颗、锭、枚 米称"粒"，珠称"颗"，墨称"锭"（亦称"块"），金银亦可称"锭"，针称"枚"，例如：

(A) 这珠子只三颗了。（21）

(B) 紫金笔锭如意锞十锭，吉庆有余银锞十锭。（18）

(C) 清晨早起丢了一枚针。（《儿女英雄传》4）

挂、架 凡功用在于悬挂的东西（帘子等），往往称"挂"；凡有架子的东西（屏、天平、秋千等），往往称"架"，例如：

(A) 外有猩猩毡帘二百挂，金丝藤红漆竹帘二百挂。（17）

(B) 内中只有江南甄家一架大屏。（71）

盏 灯称为"盏"，例如：

(A) 每一株悬灯数盏。（18）①

(B) 房里没有电灯，只有一盏小洋灯。

味、贴 药称为"味"，膏药称为"贴"（因为是可以贴的），例如：

(A) 横竖这三味药都是润肺开胃，不伤人的。（80）

(B) 言他的膏药灵验，只一贴百病皆除。（80）

间、所、座 房间称为"间"，整个房子称为"所"。山桥、牌坊和房子之类都可称为"座"，例如：

(A) 到了东廊三间小正房内。（3）

(B) 不如园子后门里头的五间大屋子。（51）②

---

① 另一本作"万盏"。

② 北京称房间为"屋子"。

（C）只见窄巴巴的三间小屋子。(《儿女英雄传》12)

（D）买上一所房子及应用家伙。(64)

（E）正走之间，见路旁一座大土山子。(《儿女英雄传》4)

（F）果然好一座大镇市。(《儿女英雄传》4)

（G）门前远远地对着一座山峰。(《儿女英雄传》14)

（H）能仁寺原是一座败落古庙。(《儿女英雄传》11)

门、房 亲事称"门"，媳妇称"房"，例如：

（A）寻一门好亲事。(66)

（B）但是我原想给孩子娶一房十全的媳妇。(《儿女英雄传》12)

层、重 凡层叠的东西，每一层叫作"层"或"重"。由下而上叫作"层"或"重"，由近而远也叫作"层"或"重"，例如：

（A）贾母素来不大喜欢贾赦，那边东府贾珍究竟隔了一层。(107)

（B）进入三层仪门。(3)

（C）过了两层门，转过一层殿去。(85)

（D）将转过了一重山坡儿。(11)

顶、辆、匹、头 轿子、帽子称为"顶"，车子称为"辆"，马驴称为"匹"，骡称为"头"，例如：

（A）堂客也共有十来顶大轿。(14)

（B）又带着四五辆车。(24)

（C）只见一个人，骑着匹乌云盖雪的小黑驴儿。(《儿女英雄传》4)

（D）雇了四头长行骡子。(《儿女英雄传》3)

道、股 凡画成的线纹，往往称为"道"，如"一道线、一道符"，眉亦称"道"。凡盛气或类似盛气的东西称为"股"，例如：

（A）登时竖起两道似蹙非蹙的眉。(23)

（B）他说我这是胎里带来的一股热毒。(7)

（C）忽见一股火光从山石那边发出。（58）

（D）四处凑成一股怨气。（57）

（E）那一股清香也是会令人心神爽快的。（80）

（F）连忙摘下剑来，将一股雌锋隐在肘后。（66）

（二）集体

集体并不是天然的个体，只是人所认为的单位。每一个集体之中，可以包含着许多个体，不过人们把它认为一个单位罢了。

群、班、起、伙　许多人或物的集体，称为"群"①。许多人组织起来像戏子之类，称为"班"。"起"和"伙"有时候是往不好的方面说："起"是不好的"群"，"伙"是不好的"班"，例如：

（A）只见贾母已带了一群人进来了。（40）

（B）林子洞里原来有群耗子精。（19）

（C）那一起懒贼，你不说，他们乐得不动。

（D）王子腾和亲戚家已送过一班戏来。（85）

（E）凡做强盗的……自然三个一群，五个一伙。（《儿女英雄传》11）

（F）那伙贼便抡起器械，四五个人围住包勇。（111）

流、派、行　"流"是流品，"派"是派别，两个字的意思相差不多。"行"是门类。"流、派"专指人而言，"行"兼指事情而言，例如：

（A）知他是自己一流人物。（58）

（B）我就猜着了八九亦就是这一派人物。（2）

（C）入了这一行，都学坏了。（58）

（D）以后那一行乱了，只和那一行说话。（14）

---

① 军队中的"师、旅、团、连、队"等名称，也可认为单位名词，不过它们有一定的人数，和"群"字稍有不同。

第四章　替代法和称数法……289

种、样　"种"是种类,兼指人物及事情。"样"往往指食品或礼物而言,例如:

（A）谁知有一种小虫子,从这纱眼里钻进来。（36）

（B）天生下来这一种刁钻古怪的脾气。（56）

（C）比黛玉另具一种妩媚风流。（28）

（D）有一种汤药,或者可医。（80）

（E）所以今日些微的弄了一两样果子。（90）

（F）丰儿便将平儿的四样分例菜端至桌上。（55）

（G）只有张道士送了四样礼。（62）

双、对　有些东西是天然成对的,例如眼睛、耳朵、手、脚等。有些是必须成对的,如鞋子、袜子、筷子等。有些东西只是人们偶然喜欢以"对"为单位的,例如"一对鸡"等。"双"和"对"的意思差不多,用"双"用"对"完全是凭习惯而定,例如:

（A）瞪了一双似睁非睁的眼。（23）

（B）用十二对提灯。（96）

（C）野鸡野猫各二百对,熊掌二十对。（53）

项、副、套、刀、剂　"项"往往指账目而言,同类账目称为"一项"。"副"和"套",须依习惯而定,例如:

（A）这一项银子动那一处的?（16）

（B）把这一项钱粮档子销了。（94）

（C）幸儿昨日见一副对子。（28）

（D）忽见有一副最精致的床帐。（41）

（E）昨日叫我拿出两套（衣裳）来送你。（42）

（F）三姑娘说一套话出来,你就有一套话回奉。（56）①

---

① 编者注:人民文学出版社本中作"横竖三姑娘一套话出,你就有一套话进去"。

若干纸张叠起来作一个单位,叫作"刀"。若干味药配起来作一个单位,叫作"剂",例如:

(A)昨天买了一刀纸,两枝笔。

(B)昨日开了方子,吃了一剂药。(11)

窝、堆 蜂和蚂蚁的集体,叫作"窝"("一窝蜂、一窝蚂蚁")。凡可以堆起来的东西,都可称为"堆",例如:

(A)大家一窝蜂上前。(《儿女英雄传》31)

(B)只可怜甄家在隔壁,早成了一堆瓦砾场了。(1)

包、卷、串、捆、担、把 包起来的集体,叫作"包";穿起来的集体,叫作"串";卷起来的集体,叫作"卷";捆起来的集体,叫作"捆";挑在肩上的集体,叫作"担";把握在手中的集体,叫作"把"①,例如:

(A)又给了一包药末子做引子。(7)

(B)水溶又将腕上一串念珠卸了下来。(15)

(C)羽缎羽纱各二十二卷。(105)②

(D)各色布三十捆。(105)

(E)下用常米一千担。(53)③

(F)忙将鼎内贮了三四把百合香。(41)

带 从某一定的地方到另一些不能确定的区域,称为"一带"。"一带"可认为不能确定的集体名词,但只能用"一"字,不能有别的数目,例如:

(A)稻香村一带……也须得他去,再一按时加些培植。(56)

(B)天天到紫菱洲一带地方徘徊瞻顾。(79)

---

① 注意:这种"把"字和天然单位的"把"不同。
② 编者注:人民文学出版社本中作"羽线绉三十二卷"。
③ 编者注:人民文学出版社本中作"下用常米一千石"。

（三）度量衡及币制

度量衡及币制的单位名词是很容易明白的。现在只举出很少数的例子：

(A) 别说一日二钱人参，就是二斤也吃得起。（11）

(B) 拿着一千两银子，只怕没处买。（13）

(C) 捧上一升豆子来。（71）

(D) 甚至有头家局主，或三十吊五十吊三百吊的大输赢。（73）

度量衡及币制的数目，若有两位以上，末一位的单位名词可以省略，例如：

一丈四　三尺六　五斗半　八斤十四

三钱七　七块六　十块零五　十二丈三尺四

（四）盛物器

盛物器也是一种量，譬如小酒店卖酒可以论"杯"，乡下人卖枣子可以论"碗"。不过这种数量没有严格的规定罢了，例如：

(A) 你也吃一杯酒才好。（2）

(B) 一碗茶也争。（15）

(C) 插着满满的一囊水晶球儿的白菊。（40）

(D) 说着，就唤彩云来，"把前儿的那几瓶香露拿了来"。（34）

(E) 太太那边有人送了四盆兰花来。（86）

有些东西虽不是盛物器，却是载着东西的，也可用作单位名词，例如：

(A) 亲戚来贺的约有十余桌酒。（85）

(B) 众人看上面是一枝杏花。（63）

人体的部分，有可以盛物的（如口、肚子），有可以吐物的（如口），也都可用作单位名词，例如：

(A) 他别着一肚子气。

（B）自己也陪他喝了两口酒。

（C）一见宝玉来了，便长出了一口气来。（43）

（D）直喷出一口血来。（13）

（五）文章中的单位

文章中的单位，有句、行、段、节、篇、本、部等。其中"句、段、节、篇"四字，又可用为语言的单位。诗的单位称为"首"，曲的单位称为"阕"，戏的单位称为"出"，书信的单位称为"封"，例如：

（A）咱们娘儿们坐坐，多说几句话儿。（11）①

（B）后有一行小真字。（41）

（C）公子才把那金凤的一段始末因由……告诉母亲一遍。（《儿女英雄传》12）

（D）又将茯苓霜一节说了。（61）

（E）便添了一篇话，告诉了司棋。（61）

（F）统共数了一数，才有五百六十几篇。（70）

（G）那怕再念三十本《诗经》，也都是掩耳盗铃。（9）

（H）发心要写三千六百五十零一部《金刚经》。（88）

（I）又命探春将方才十数首诗，另以锦笺誊出。（18）

（J）说着，看黛玉的是一阕唐多令。（70）

（K）出场自然是一二出吉庆戏文。（85）

（L）明日写一封书信会票我们带去。（16）

（六）和行为单位同意义的人物单位

有些单位名词，如"阵、顿、番、场"等，本来是指行为而言的（"笑一阵、打一顿、教训一番、大闹一场"之类，见下节），但也可以用如

---

① 编者注：人民文学出版社本中作"咱们娘儿们坐坐，多说几遭话儿"。

事物的单位名词。

阵 风称"阵"（"一阵风"）。因此，凡由空气传达的气味或声音，往往也称为"阵"，例如：

（A）只闻一阵香扑了脸来。（6）

（B）又一阵铃声。（《儿女英雄传》7）

顿 打称为"顿"（"打一顿"），因此挨打之处和所以打之物，也可称为"顿"（"一顿嘴巴、一顿棍子"）。饭，每一餐也叫作"一顿"，例如：

（A）自己打了一顿嘴巴子。（68）

（B）足闹了两三顿饭时。（71）

番 "番"字用以表示行为的单位时，往往是指言语方面（"教训一番"）；转成事物的单位名称，也往往指的是言语（"一番话"）。但是"好意"也可称为"一番"，例如：

（A）姐姐今儿请我，自然有一番大道理要说。（65）

（B）贾珍等也受了一番训饬。（97）

（C）这却得大费一番唇舌。（《儿女英雄传》16）

（D）辜负了一番好意。（120）

场 凡行为历时甚久者，称为"一场"（"相好一场"，见下节），因此凡历时甚久之事也可称为一场，例如：

（A）横竖有一场气生。（25）

（B）也算一场功德。（《儿女英雄传》9）

* * *

称数成分的前置和后置 我们把数词及其单位名词叫作称数成分。称数成分也可放在人物名称前头，例如"二钱人参"，也可放在人物名称的后头，例如"人参二钱"。就普通说，称数成分总是前置的①，只有列举项目的时候才变为后置。下面是一些后置的例子：

（A）原来贾母的是金、玉如意各一柄，沉香拐杖一根，伽楠念珠一串，"富贵长春"宫缎四匹，"福寿绵长"宫绸四匹，紫金"笔锭如意"锞十锭，"吉庆有鱼"银锞十锭。（18）

（B）再要顶细绢箩四个，粗绢箩四个，担笔四支，大小乳钵四个，大粗碗二十个。（42）

人物名称的省略 如果人物的名称已见于上文，下文就可以单用称数成分（数词及单位名词）。这样，称数成分就变了首品，例如：

（A）这珠子只三颗了。（21）

（B）这叫作疗妒汤……一剂不效吃十剂。（80）

（C）因欲择出数人，胡乱凑几首诗以寄感慨……才将做了五首。（64）

（D）必是宝姑娘送来的东西少，所以生气伤心……等我明年叫人往江南去，给你多多的带两船来。（67）

有时候，人物的名称虽省略了，而它的修饰成分却还存在。这样，如果修饰成分在后，那修饰成分该为首品，称数成分仍是次品；如果修饰成分在前，那修饰成分却该认为次品，称数成分认为首品，例如：

（A）家人中有一个眼尖些的看出来了。（111）

"眼尖些的"该认为首品，"一个"是次品。

（B）原来上月贾芸进来种树之时，便拣了一块罗帕……今听见红玉问坠儿……便向袖内将自己的一块取了出来。（26）

"自己的"该认为次品，"一块"是首品。

单位名词的两种活用法 人物的单位名词共有两种活用法，都不是

---

① 凡不合此例的，都是些文言的句子，例如"共用大小络子若干根，每根用珠儿线若干斤"；"用五色纸钱四十张，向东南方四十步送之大吉"（42）；"每一株悬灯万盏"（18）。

为称数而用的。

（1）单位名词前面没有数词，后面又加后附号"子、儿、头"等字，系表示人物的大小。但是，并非每一个单位名词都能如此；通常所用者只有"个子、个儿、只儿、件儿"等，例如：

（A）三个人当中，是他个子大。

（B）我买的鸡，只儿不大，可是很肥。

（C）你瞧不得那件头小，分量够一百多斤呢。（《儿女英雄传》4）

这一种活用法只是北京一带的方言所特有的，别的地方就不大能这样说了。

（2）单位名词紧接着人物名词的后面，没有数词。这样，单位名词失掉它那表示单位的功用，只像一种名词记号。这一种活用法比前一种用的普通多了，许多单位名词都能这样用，而且差不多全国都有这种说法，例如：

军队　　官员　　贼伙　　物件　　地带　　房间
车辆　　马匹　　人口　　牲口①　　船只　　书本
纸张　　钢条　　布匹　　盐斤

（A）荣国府门前车辆纷纷。（29）

（B）见贼伙跑回，大家举械保护。（111）

（C）那牲口倒不必愁。（《儿女英雄传》3）

这种说法，有些是口语里常说的，如"军队、房间"；有些只是文言的说法，如"车辆、马匹、书本、纸张"。在文言里，连度量衡及币制的名称，也可以做名词记号，例如"银两、银圆、盐斤、煤斤、米斤"等。

人物名称后面加单位名词，系一种普通的名称，是没有指定的范围的，

---

① "口"字在文言里原可以做人和某一些家畜的单位名词，例如韩愈文"家累仅三十口"；《红楼梦》七十五回："果然贾珍宰了一口猪。"

所以往往不能加指示代词，像"这车辆、这马匹"等都不成话①；又不能加数目字，像"三辆车辆、四匹马匹、七只船只、十本书本"等，都不成话②。

"尺头"（或"匹头"），形式上是属于第一种活用法，但意义上却近似第二种③，因为"尺头"就是布或绸缎的意思，例如：

（A）遂自作主意，拿了一匹尺头……（7）

（B）老太太叫，想必是裁什么尺头。（24）

定 义

定义八十一：凡名词，非指人、物，只指人、物数量的单位，或行为的次数者④，叫作单位名词。

比较语法

（1）我在上海租了一幢房子。

这是吴语的说法，国语只说"一所"或"一座"。

（2）因为受伤，割了一只腿。

除官话外，"腿"往往可称为"只"。但官话称为"条"。

（3）他吃了一只梨，我吃了两只。

这是吴、粤等语的称数法。若依国语，梨该称"个"，不称"只"。

（4）你去叫两把车子来罢。

这是湖南的称数法。车的单位名词在各地最不一致。长沙称"把"，昆明称"张"，粤语称"乘"，吴语称"部"，国语称"辆"。

（5）我们叫了一张船，回梧州去。

这是粤语的称数法，除粤语外，多数方言总称船为"只"。

---

① 但"这种车辆、这种马匹"是可以说的，因为"种"仍是相当普通的名称。
② 只有极少数的例外，如"两个房间、三根钢条"。
③ 只是近似，不是相同。
④ 见下节。

（6）手里拿着一张大刀。

粤语称刀为"张"，国语称刀为"把"。

（7）那里有三只人。

这种说法非常少见，只有广东西南部和广西南部，有少数方言是这样说的。

练 习

试依国语习惯，填写下面各句的单位名词：

（A）前面有一〇高山。

（B）门前种五〇柳树。

（C）古代的将军有一〇盔甲。

（D）韭菜卖三〇铜子儿一〇。

（E）山后有一〇荒地。

（F）吃了两〇柿子。

（G）路上遇见一〇狗和一〇牛。

（H）天生一〇大鼻子。

第八节　行为的称数法

中国古代语里，凡欲表示行为的次数，就把数词加于动词的前面。《红楼梦》里还有模仿古代的句子，例如：

（A）史太君两宴大观园，金鸳鸯三宣牙牌令。（40）

宴两次，宣三次。

（B）我为芦雪庵一大哭。（49）

大哭一场。

但是，在现代口语里，咱们就不能这样说了；数词须放在动词的后面，而数词的后面又必须有一个单位名词，如"宴两次、宣三次、大哭一场"

等。这样，咱们可以说，非但现代的人物称数法和古代不同（见上节），连行为的称数法也是和古代不同的了。

现代的行为称数法约可分为三类，如下：

（一）纯然表示次数

次 行为单位名词当中，纯然表示次数而用途又最广者，要算"次"字。古代动词前面的数词，若译为现代语，大多数是该加"次"字的。孟母"三迁"，就是"搬三次家"；诸葛亮"六出祁山，七擒孟获"，就是"出六次祁山，擒七次孟获"。下面是近代语的两个例子：

（A）先拿些水洗了两次。（77）

（B）只从那日起，便一连召见了八九次。（《儿女英雄传》40）

遭 "遭"也是"次"，但它的用途却狭得多了。普通只有关于行的事情称"遭"①，而且只用于句末，例如：

（A）他若下世为人，我也同去走一遭。（1）

（B）才不枉走这一遭儿。（6）

趟 "趟"就是"遭"，不过比"遭"更严格地限于行的一方面。近来"趟"字比"遭"字通行些，而且不一定限于句末，例如：

（A）往苏杭走了一趟回来。（16）

（B）我想要到重庆去一趟。

面 关于见面的次数，有"面"字为其单位名词，例如：

（A）若再迟了，恐怕我赶不上见他一面了。（100）

（B）我已会过他一面。（120）

---

① 但"头一遭"却不专指行的事情，例如"你既老远的来了，又是头一遭（编者注：人民文学出版社文中作"次"）见我张口"（6）。又"一遭、两遭"连用，也不专指"行"，例如"为那玉也不是闹了一遭两遭了"（30）。

（二）兼表示历时之久

遍 "遍"字本来和"次"的意思相同①。现在国语里的"遍"字，却往往只指言语方面而言，并且往往是颇多的话（历时颇久），才叫作"一遍"，例如：

(A) 便总依贾母往日素喜者说了一遍。（22）②

(B) 晚间打发人来问了两三遍。（25）

(C) 向这个门生尽情据实告诉了一遍。（《儿女英雄传》36）

(D) 把他叫到案前，问了一遍。（《儿女英雄传》34）

阵 "阵"字是表示行为的集体单位的，譬如笑一笑不叫"一阵"，很多的笑声接连着才叫作"一阵"。必须同一行为接连下去才叫作"阵"，无所谓接连者不能称"阵"，所以咱们不能说"坐一阵"，例如：

(A) 薛蝌此时被宝蟾鬼混了一阵。（91）

(B) 笑一阵，说一阵。（31）

(C) 连忙用手拂落了一阵。（《儿女英雄传》4）

(D) 哭一阵，笑一阵，骂一阵，拜一阵。（《儿女英雄传》8）

顿 "顿"也是表示集体单位的，不过是专指打骂一类的事情而言。但吃一次饭也可称为"一顿"，例如：

(A) 打我们一顿，也是愿受的。（78）

(B) 难道他还打我一顿不成？（75）

(C) 他倒骂了彩明一顿。（45）

(D) 饥了一天，各各饱餐一顿。（《儿女英雄传》9）

番 "番"字也是表示集体单位，而且历时颇久的一次才叫作"番"，例如：

---

① 和"次"字的意思本来相同的还有"回"字，但现代小说里所谓"一回"，只是一会子的意思，故不能认为单位名词。

② 编者注：人民文学出版社本中作"便总依贾母往日素喜者说了出来"。

（A）又将这病无妨的话开导了一番。（11）
开导了又再开导。

（B）忙忙奔至停灵之室，痛哭一番。（13）
哭了又哭。

（C）忙另穿戴了一番。（46）
穿了又穿，戴了又戴。

（D）左右前后，乱找了一番。（49）
找了左右，又找前后。

（E）因又把他方才的话度量了一番。（《儿女英雄传》14）
再三度量。

场 "场"是历时最久的一次，例如：

（A）原来竟是一场大梦。（98）

（B）拿几吊出去给他养病，也是你姊妹好了一场。（77）

（C）日后或有好处，也不枉你跟着他熬了一场。（119）

（D）那时岫烟被那老婆子聒噪了一场……（90）

（E）又被宝钗抢白了一场，心中更加不乐。（115）

"阵、顿、番、场"的用法，总是凭习惯而定，例如"骂一阵、骂一顿、骂一番、骂一场"都可以说（其中要算"骂一顿"和"骂一场"常说些，"骂一阵"的意思不很一样，是自己在那里骂，不一定有被骂的人在场）。但"笑一阵"却只能说成"笑一场"，不能说成"笑一顿"或"笑一番"。

"阵、顿、番、场"又可用为人、物的单位名词，但它们的位置须在那人、物的前面，如"一阵大雨、一顿饭、一番话、一场是非"等（参看上节）。

（三）兼表示历时短或突然

"下"或"下子" "下"又写作"吓"，表示行为的短暂或突然，和"阵、顿、番、场"之类的用途是相反的，所以"打几下"的时间比"打

"一顿"的时间短多了,例如:

(A)打我几下,我都不灰心。(28)

(B)狠命的又打了十几下。(33)

(C)打了平儿两下,问他为什么害我。(44)

(D)接下打妖鞭,望空打了三下。(102)

(E)踢一下子唬唬他们也好些。(30)

(F)那一天不跌两下子?(40)

短时貌的前身　动词重叠,像"坐坐、试试"之类,叫作短时貌,已见于第三章第五节。两个动词之间本来是有"一"字的,并且上一个动词后面还可以加一个"了"字(完成貌和短时貌并用),例如:

(A)宝姑娘坐了一坐。(36)

(B)在窗户外头听了一听。(44)

(C)细细的看了一看。(74)

(D)宝钗想了一想。(37)

(E)王夫人听了,便呆了一呆。(90)

(F)凤姐正是办节礼,用香料,便笑了一笑。(24)

(G)今儿当着人,还是我跪了一跪。(44)

(H)黛玉略自照了一照镜子,掠了一掠鬓发。(94)

"坐了一坐"和"坐了一会儿"的意思差不多,然而在语法上大有分别。"一会儿"是时间末品,"一坐"的"坐"字,却可认为有行为单位名词的用途。"坐了一坐"和"打了三下"在语法的结构上是相同的。

有时候,要特别表示突然,就不用动词重叠,也不用行为单位名词,只用"一"字置于动词之前,例如:

(A)把头一梗,把筷子一放。(23)

(B)贾环把眼一瞅道……(25)

(C)三人吓了一跳,回身一看。(46)

（D）纵身上了山门，往庙里一望。（《儿女英雄传》8）

这是古代语法的残留。只有"一"字能这样用（参看第四章第六节），其他的数词就不能这样用了。"一放"的"放"、"一望"的"望"，都不可认为有行为单位名词的用途，它们只是普通的叙述词而已。

"口、眼、指头"等　"口、眼、指头"之类可以有行为的单位名词的用途，因为那些行为是用口、用眼或用指头之类的，例如：

（A）宝玉听了，啐了一口，骂道……（39）

（B）宝钗忙暗暗的瞅了黛玉一眼。（62）
暗暗的拿眼睛向黛玉瞅了一瞅。

（C）彩霞咬着牙，向他头上戳了一指头。（25）
拿指头向他头上戳了一戳。

（D）我伏侍了奶奶这么几年，也没弹我一指甲。（44）
也没有拿指甲弹我一弹。

（E）教兔鹘捎了一翅膀。（26）
教兔鹘拿翅膀捎了一捎。

（F）只听外面答应了两声。（9）

（G）一面说，一面便嗽了两声。（51）

除了"口"和"声"不能调动之外，其余如"眼、指头、指甲、翅膀"等都可以移至叙述词的前面，再在后面重叠一个动词（如"拿眼睛瞅了一瞅"）。可见这一类的结构是和短时貌很相似的。

"板、棍、杖"等　"板、棍、杖"之类可以有行为的单位名词的用途，因为那些行为是用板或棍或杖之类的，例如：

（A）发狠按倒打了三四十板。（12）
用板子打了三四十下。

（B）明儿叫了他来，打他四十棍。（45）
用棍子打他四十下。

（C）老头子气不过，在他踝子骨上打了一杖。（《儿女英雄传》39）

用手杖在他踝子骨上打了一下。

"板、棍、杖"都可以移至叙述词前面，再在数词后面补一个"下"字，可以见这一类结构是和"下"字一类很相似的。

注意：在上面两类的例子里，"眼、棍"本身既有单位名词的用途，自然不能再带单位名词，所以咱们不能说"瞅了黛玉一只眼"或"打他四十根棍子"，等等。

若从单位名词的性质上分类，则现代的行为称数法可以大别分为三种：

（1）用纯粹的单位名词者，如用"次、遭、趟、面、遍、阵、顿、番、场、下"之类。

（2）不用纯粹的单位名词，只借别的词类来替代单位名词者，这一种又可以细分为三类：

①动词重叠，第二个动词即有单位名词的用途，如"坐一坐、笑一笑"等。

②借用行为所借的身体部分，来替代单位名词的用途，如"瞅一眼、答应一声"等。

③借用行为所借的东西（往往是"棍、板"之类），来替代单位名词的用途，如"打三四十板"等。

（3）将双音的复合词拆开，即以其中的第二成分来替代单位名词的用途者，这一种结构颇为少见，只有"磕头、睡觉"之类，例如：

（A）贾芹又磕了一个头。（93）

（B）闷来睡一觉。（111）①

---

① "头"字本身是名词，故可称"个"；"觉"字本身是动词，故不可称"个"。"磕了一个头"性质近于"跪了一跪"；"睡一觉"性质近于"笑一阵"。因为颇为少见，故上文没有举这类的例子。

* * *

行为称数法和人物称数法有一个大不相同的地方：人物称数法可以适用于任何数目，行为称数有些只限定用"一"字，例如："笑一阵"可以说，"笑三阵"不可以说；"教训一番"可以说，"教训三番"不可以说[①]；"坐一坐"可以说，"坐三坐"不可以说；"瞅一眼"可以说，"瞅三眼"不可以说。

但是，这只是习惯使成，并非在原理上是不可能的事。"笑三阵"和"教训三番"虽不可以说，而"打了他三顿"和"大闹了两场"却可以说；"瞅三眼"虽不可以说，而"答应了三声"和"踢他两脚"却可以说。只有"坐一坐"之类是严格地以"一"字为限制；这种"一"字，很不着重，所以它可以省掉，变为短时貌。

比较语法

（1）他来过三转。

这是吴语的说法。"转"是"次"的意思。

（2）他来过三运。

这是粤语的说法。"运"也是"次"的意思，大约是"回"的音变（但粤语又有"回"的说法）。

（3）他来过三摆。

这是客家话（一部分）的说法。"摆"也是"次"的意思。有些地方的客家话说"会"不说"摆"；"会"大约也是"回"的音变。

（4）我打了他两记。

这是吴语的说法。"记"是"下"的意思。

练 习

试依国语习惯，填写下面各句的空白：

[①] 虽有"三番两次"的说法，但那种"番"和"次"字完全同义。至于表示历时甚久的"番"，就只能用"一"字。

（A）从头到尾数说了一〇。
（B）抬头看了他一〇，又低下头来。
（C）说着把脸〇沉，手〇指。
（D）我索性叫你大悔一〇。
（E）我们家里也来过好几〇。
（F）那样的大风刮了一〇。
（G）我想要到重庆去一〇。
（H）打了好几〇，他还不改。
（I）请你等一〇，我就来。
（J）轻轻的打了两〇，他就哭起来。
（K）只要能看见你一〇，死也甘心。
（L）重重的打了他四十〇。
（M）狠命的咬了他两〇。
（N）白白的喜欢了一〇。

第五章 特殊形式

第一节 叠字、叠词、对立语

一、叠字

相同的两个字连叠起来,叫作叠字,叠字可分为四种:

(1)叠两字共成一名词。这一类名词,大多数只用于人伦的称呼[①],例如:

爸爸 妈妈 哥哥 嫂嫂 弟弟[②] 姐姐 妹妹 爷爷 公公
婆婆 娘娘 太太 奶奶 姥姥 舅舅 伯伯 叔叔

下面是些《红楼梦》的例子:

(A)你叫个人往你婆婆那里问问?(12)

(B)好妹妹,明儿另替我做个香袋儿罢。(17)

(C)别的嬷嬷越不敢说你们了。(19)[③]

(D)怎么我的心就和奶奶一样?(21)

(E)摇车儿里的爷爷,拄拐棍儿的孙子。(24)

(F)舅舅说的有理。(24)

(G)妈妈你听哥哥说的是什么话?(34)

(H)姥姥要吃什么,说出名儿来,我夹了喂你。(41)

---

① 参看第一章第一节。
② 北京不大说"嫂嫂",只说"嫂子",例如"嫂子这话错了"(12);又不大说"弟弟",只说"兄弟",例如"兄弟怎么说,我无不领命"(65)。
③ 《红楼梦》里,"嬷嬷"和"妈妈"的意义不同。"嬷嬷"是下等人而又年纪大的;"妈妈"是母亲。

（Ｉ）太太说是，就行罢了。（74）

（Ｊ）你们姐儿出花儿，供着娘娘。（21）

（Ｋ）你叔叔丢了，还禁得再丢了你么？（119）

注意：这种叠字名词以用于尊辈和平辈为限，卑辈就不能用了，例如"儿子"不能称"儿儿"或"子子"，"女儿"不能称"女女"，"孙子"不能称"孙孙"，"侄儿"不能称"侄侄"，"媳妇"不能称"媳媳"，"外甥"不能称"甥甥"，等等。

此外，还有些叠字名词不用于人伦的称呼，而是用为普通名词的，例如：娃娃、饽饽、窝窝头、蝈蝈儿。

（２）叠两字共成一动词。这一类词非常少见。只有北京话把"痒"叫作"痒痒"，可以归入这一类①，例如：

（Ａ）早起你说头上痒痒，这会子没什么事，我替你篦头罢。（20）

（Ｂ）早已恨的人牙痒痒。（30）

（３）叠两字共成一形容词。这一类又可分为两小类：第一类是叠字形容词用于次品者，例如"小小的花园"之类。这种说法是很少见的，譬如"大大的花园"，就不大有人说。第二类是叠字形容词用于末品者，例如"要大大的庆祝一番"。这种说法就非常之多了，下面是些《红楼梦》的例子：

（Ａ）大大的包一包袱衣裳拿着。（51）

（Ｂ）原该远远的藏躲着。（65）

（Ｃ）香菱听了默默的回来。（48）

（Ｄ）真真一样了。（52）

（Ｅ）等奶奶下来，我细细回明。（6）

（Ｆ）二叔果然度量侄儿或可磨墨洗砚，何不速速作成？（7）

---

① 注意：这和短时貌不同。短时貌不是叠两字共成一动词，而是叠两词以表示情貌。

如果形容词本来已有两个字，若要运用叠字法，则两字皆叠，共成四字。这种合四个字而成的形容词，用于次品和用于末品，都是很常见的，例如：

（A）那一个不是老老实实。（6）

（B）连忙干干净净收着等姑娘吃。（28）

以上是用于次品。

（C）家里唱动戏，我又不得舒舒服服的看。（29）

（D）替我另拿出银子来，热热闹闹给他做个生日。（108）

以上是用于末品。

关于叠字形容词，我们将在本章第三节里再加讨论。

（4）叠两字共成一副词。单用是形容词者，叠用仍该认为形容词，例如"细"字单用是形容词，因此"细细回明"里头的"细细"，该认为形容词末品。单用的时候是副词者，叠用方可认为副词，例如：

（A）刚刚的倒了一个巡海夜叉，又添了三个镇山太岁。（55）

（B）渐渐的神气清爽了些。（111）

（C）贾赦、贾琏在旁苦劝，方略略止住。（64）

（D）这个断断使不得。（52）

（E）众人先听见李纨独办，各各心中暗喜。（55）

（F）奶奶自己每每带回家去。（103）

二、叠词

叠词有时候也是叠字，因为中国一个词往往就是一个字。但叠字却不一定是叠词，因为像"爸爸、痒痒、大大、刚刚"之类并不能认为两个词的结合。在本节里，凡叠字而不成为两个词的结合者，称为叠字；凡叠字亦即叠词者，称为叠词。至于双音词的重叠，自然也称为叠词。

叠词可大别为两种：

（1）名词重叠，表示每一或一切的意思，例如：

（A）因为瓜果之节，家家都上秋祭的坟。（64）

（B）奴才刚才说的字字是实话。（67）

（C）反觉得事事周到，件件随心。（99）

（D）自然色色问他，何等顺利？（48）

（E）种种不妥之处皆置之度外了。（64）

（F）时时劝他少吃酒。（14）

（G）你们天天一处顽。（20）

"家家"一类和"爸爸"一类不同。"家家"可认为一家一家又一家……的省略①，表示每一家的意思；"爸爸"却没有每个爸爸的意思。

（2）动词重叠，表示短时貌（参看第三章第五节），例如：

（A）你去问问你琏二婶子。（53）

（B）咱们也把烟火放了解解酒。（54）

（C）怕人不知道，故意表白表白。（55）

（D）趁便请你回来歇息歇息。（64）

"问问"一类和"痒痒"一类不同。"问问"可称为"问一问"的省略；"痒痒"却并不是"痒一痒"的省略。

如果两个动词叠成四个字，却不是短时貌。恰恰相反，它是表示时间的，例如：

（A）我还听见你天天在园子里和姊妹们顽顽笑笑。（81）

（B）这里接连着亲戚族中的人来来去去，闹闹攘攘。（85）

（C）又这样哭哭啼啼，岂不是自己糟蹋了自己的身子？（67）

（D）说说笑笑，钻钻跳跳，十分亲热。（《儿女英雄传》19）

有一件事实，可以证明叠字和叠词的分别的，就是双音词的叠字法和

---

① 所以"家家"和"一个个"的性质相近，也是表示全都如此，没有例外（参看第四章第六节）。

叠词法。"老老实实"是叠字法，所以"老"和"老"相连，"实"和"实"相连，不能说成"老实老实"；"歇息歇息"是叠词法，"歇息"是一个词的整体，若要叠词，就该把整个的词重叠起来，不能拆开说成"歇歇息息"。

三、对立语

凡意义相反的两个词并在一处，可称为对立语。这种对立语，有时候可认为两个单词的对立，例如：

（A）老少男女，俗语口头，人人皆知皆说的。（51）

（B）就是东西贵贱行情，他是知道的。（48）

（C）那兴儿真个自己左右开弓打了自己十几个嘴巴。（67）

（D）我们有一个伙计被他们打倒了，不知死活。（111）

有时候却该认为复合词。因为它只表示一个意义，而且这意义和原来两词的意义都不同。这样，咱们可把它们认为近代双音词构成法之一种；这种方法是利用对立语构成单词，以表示某一些意义的。

对立语所构成的复合词，大致可分为六种：

（1）复合词的意义，和原来动词的意义相差甚远，例如：

（A）说着，二人来至袭人堆东西的房内。（51）

"东西"不是东边和西边的意思。

（B）他这么利害，这些人肯依他么？（66）

"利害"不是利益和害处的意思。①

（2）借原来相反的意义以表示无论如何或在任何情形之下的意思者，例如：

（A）横竖与自己无干，且藏在心内，不说给人知道。（72）

（B）左右也不过是这样，三日好两日不好的。（64）

---

① 近来有人因为"利害"二字不好懂，就写成"厉害"。

（C）我不管你去不去，反正我不去就是了。

（D）提着影戏人子上场儿，好歹别戳破这层纸儿。（65）

（E）姑娘好歹口内超生，我横竖去赎了来。（74）

"左右"现在不大用了。"横竖"和"反正"意义相同，是说此事不至于受他事的影响而有所变更。"好歹"多用于祈使句，是说无论如何必须请你这样办。

（3）借原来两词相对的意义，以表示人、物的度，如以"大小"表示大的程度，以"长短"表示长的程度等等，例如：

（A）那珍珠都有莲子大小。（72）

不是说都有莲子的大和小，而是说都有莲子一样的体积。

（B）这衣裳长短恰好。

不是衣裳的长、短恰好，而是说衣裳的长度恰好。

有时候，单用"大、长"等字，也可以表示度的意义。像"深、阔、高"一类的字，还比"阔狭、高低、深浅"更合习惯些①，例如：

（A）丈量了一共三里半大。（16）

（B）回手向怀内掏出一个核桃大的金表来。（45）

（C）麝月瞧时，果然有指顶大的烧眼。（52）

（D）原来这梦甜香只有三寸来长。（32）②

（E）接连下了几天雪，地下压了三四尺深。（39）

（F）只见腿上半段青紫，都有四指宽的僵痕高了起来。（34）

（G）见有二尺多高……约莫也有个四五十斤重。（《儿女英雄传》4）

注意："大、长、深、阔、高、重"一类的字表示度的时候，必须跟在度量衡的后面（A、D、E），或跟在比较物的后面（B、C、F），否则仍须用"大小、长短"等，例如"量一量这双鞋子的大小"，就不能单用"大"

---

① 但是，单用"小、短、狭、低、浅"却是不能表度的意思的。

② "三寸来长"是说它很短，但也只能用"长"字，不能用"短"字。

字了。

（4）以"多少"表示疑问的数量①，例如：

（A）这一包银子共多少？（43）

并非问那银子是多是少，而是问那银子的数量。

（B）你认了多少字了？（92）

并非问你所认的字多或少，而是问它们的数量。

（5）以"上下"或"来往"表示大概的数目②，例如：

（A）今年方五十上下。（4）

非但五十之上和五十之下包括在内，连五十也包括在内。

（B）径圆也不过一尺来往。（《儿女英雄传》4）

也可说成一尺上下。

（6）以对立的两种事物表示比这两种事物的范围更广或不同范围的一种事物，例如：

（A）故以寻衅人为由，来视动静。（22）

（B）倘或就因这病上有个长短③，人还活着有甚么趣儿？（11）

以"长短"替代不幸的事。

（C）倘或有人盘问起来，倒又是一场是非④。（60）

以"是非"替代吵闹一类的麻烦。

（D）你往那里去了，这早晚才来？（43）

以"早晚"替代时候⑤。

（E）昨日两处买卖人俱来催讨。（64）

---

① 参看第四章第五节。
② 参看第四章第五节。有些方言里以"左右"替代"上下"。
③ 编者注：人民文学出版社本中作"倘或就因这病上怎么样了"。
④ 编者注：人民文学出版社本中作"倘或有人盘问起来，倒又是一场事了"。
⑤ "多早晚"里面的"早晚"，也是"时候"的意思（参看第四章第四节）。

以"买卖"替代生意,所以"做生意"也可说成"做买卖"。

(F)他始终没有到这里来过。

以"始终"替代永远①。

定 义

定义八十二:凡相同的两个字重叠起来,叫作叠字。

定义八十三:凡相同的两个词重叠起来,叫作叠词。

定义八十四:凡意义相反的两个字连用,叫作对立语。

练 习

(1)下列诸例句中,试分别指出它们哪些是叠字,哪些是叠词(凡可认为叠词者,不再称为叠字):

(A)于是众人方慢慢的散去。(22)

(B)薛蟠见宝钗说的话句句有理。(34)

(C)自然是好的,我们赏鉴赏鉴。(70)

(D)我看他的眼肿肿的,所以我诧异。(71)

(E)慌慌张张的,想必有什么瞒人的事。(75)

(F)略靠着和你们说说话儿。(109)

(G)二哥哥不在家,他两个和和气气的过日子。(114)

(H)要求府里一个人管理管理。(117)

(2)下列诸对立语中,试指出它们是两个单词,还是一个复合词:

(A)以后贾政早晚进来请安。(109)

(B)珍大爷那边给了张家不知多少银子。(67)

(C)过了两天,大奶奶才拿了东西来瞧的。(67)

(D)其日月出入银钱等事,以及诸凡大小所发之物料账目,就令贾蔷整理。(17)

---

① 严格地说,"始终"往往只是直到现在为止的意思,因为将来的事是不能预料的。

（E）人的高下不识，还说灵不灵呢？（3）

（F）多早晚才请我们？（26）

（G）便有女眷来往，也不迎送。（14）

（H）到弄光了，走的走，跑的跑，还顾主子的死活吗？（106）

（I）要管紧了他，倘或再有个好歹儿，或是老太太气着，那时上下不安，倒不好。（34）

第二节　并合语、化合语、成语

一、并合语

并合语是由于吞并作用而成的。现代国语中，某一字的意义渐渐占优势，另一字的意义渐渐被侵蚀了。咱们可以把意义占优势的字叫作强成分；意义被侵蚀的字叫作弱成分。为便于陈述起见，我们姑且把并合语分为六类说明如下：

（1）本系平行的两个名词，例如①：

（A）大爷在这里呢。兄弟来请安。（65）

这里的"兄弟"是"弟"的意思。"弟"是强成分，"兄"是弱成分。

（B）他的妻子脾气很坏。

这里的"妻子"是"妻"的意思。"妻"是强成分，"子"是弱成分。

（C）国家不强盛，人民就到处被人欺负。

这里的"国家"是"国"的意思。"国"是强成分，"家"是弱成分。

（D）又跑出来隔着窗户闹，这是什么意思？（21）

这里的"窗户"是"窗"的意思。"窗"是强成分，"户"是弱成分。

（2）本系平行的两个形容词，例如：

---

① 参看第一章第一节。

（A）我的身子是干净的。（98）

这里的"干净"是"净"的意思；"干"的意思被侵蚀了。

（B）我知道他的太太很贤慧。

这里的"贤慧"是"贤"的意思；"慧"的意思被侵蚀了。

（3）本系平行的两个动词。此类很少，最常见者只有"睡觉、欺负"两个词。"睡觉"本是睡和醒的意思，现在只当"睡"字讲了。"欺负"本是欺诈和对不住的意思，现在只当"欺"字讲了。

（4）本系叙述词及其末品词。此类末品词，最常见者为"相"字和"可"字。

"相"字本有互相的意思；但如下面诸例句中，"相"字已经完全没有意义了：

（A）心里实也相信。（104）

"相信"只等于"信"，并不是互相信任。

（B）或遇开坛诵经，亲友上祭之日，亦扎挣过来，相帮尤氏料理。（64）

"相帮"只等于"帮"，并不是互相帮助。

（C）好容易相看准一个媳妇儿。（72）

"相看"只等于"看"，并不是互相观看。

（D）你没有听见薛大爷相与这些混账人。（86）

"相与"只等于"交接"，并不是古代"相与"的意思①。

依古代语法，"相"字后面的叙述词不能有目的位；现在像B、C、D三例都有目的位，A例的"相信"也有目的位（"我不相信你的话"）。可见"相"字的用途已经消失了。

"可"字本是可以的意思；但如下面诸例句中，"可"字已经完全

---

① 这D例近于化合语，见下文。

没有意义了：

（A）一个病人，也不知可怜可怜。（69）

（B）我很可惜你中途失学。

依古代语法，"可"字后面的叙述词也是不能有目的位的；现在咱们可以说"我可怜他"之类，可见这种"可"字等于废物了。

（5）本系叙述词及其目的语，此类例子不多，常见的只有"讨厌"一词，"讨厌"本是讨人厌的意思，例如"这只狗很讨厌"；但若像下面两个例子，"讨"字却变为没有意义的了：

（A）我很讨厌他。

（B）我知道你讨厌我。

（6）本系名词及其修饰品。此种也只有"笑话"等极少数的形式，例如：

（A）快别说这话，人家笑话。（20）

（B）错一点儿，他们就笑话打趣。（16）

这种"笑话"，都只是"笑"的意思。

（7）本系虚词及其所附着的词。此类最常见者有"虽然"这一个副词。"然"字本来有如此的意思，"虽然"本来该解作虽则如此。后来"然"字的意义被吞并了，于是"虽然"就只等于一个"虽"字了，例如：

（A）虽然如此，一个人既作了女孩儿，这条身子，比精金美玉还更尊贵。（《儿女英雄传》9）

"虽然"之后还加上"如此"二字，可见说话人已经不知道那"然"字本来包含着"如此"的意义了。

（B）那时虽然见了面，这话还是说不成。（《儿女英雄传》10）

二、化合语

化合语和并合语不同：并合语是某一词的意义吞并了另一词的意义；

化合语是原来两个词的意思都保持着，只是溶化为一体，不再能为别的词所隔开。这一类的词不多，最常见的，只有"请教、请示、得罪"等。兹分论如下：

"请教"和"请示" "请教"是请求指教的意思，但习惯上只说"请教他"，不说"请他教"。"请示"是请求吩咐的意思，比"请教"少用，例如：

（A）还要等人请教你不成？（17）

（B）请示老太太，晚饭伺候下了。（88）

得罪 本来是犯罪的意思，是叙述词带着目的位；现在只当"冒犯"讲，就是只当一个叙述词用。但咱们不能说是叙述词"得"字的意义吞并了目的位"罪"字的意义，因为单靠"得"字不能生出"冒犯"的意思来，例如：

（A）若得罪了我醉金刚倪二的街邻，管教他人离家散。（24）

（B）谁又没疯了？得罪他做什么？（20）

此外有"帮忙"和"请安"正在趋向于变成化合语。"帮忙"本该说成"帮他的忙"之类（两个单词），但近年又可说成"帮忙他"之类（化合语）；"请安"本该说成"请老太太的安"之类（两个单词），但近年来也有人说成"请安老太太"的。

化合语在字面上看来是不通，然而咱们不该认为不通，因为它已经由两个词化合为一个词，就不必再加以分析。譬如"请教"，不必再当"请求教诲"讲，只当"问"字讲（很客气的问）；"得罪"不必再当"犯罪"讲，只当"冒犯"讲，就没有什么不通了。倒反是"请他的教"和"我对于他是得了罪"之类该认为不通，因为它们是违反现代国语的习惯的。

三、成语

成语是古语的结晶。它们虽是仿语，却变成了一个不可分离的整体。

古代语法里有些形式本该是死了的，却往往残留在成语里。我们在这里略为谈一谈成语中残留着的古代语法。

（1）现代口语里，就普通说，名词不能用为叙述词；但是成语里却有用为叙述词的，例如：

（A）自相矛盾

（B）莫名其妙[①]

（2）现代口语里，就普通说，形容词也不能用为叙述词；但是成语里也有用为叙述词的，例如：

（A）尊师重道（以师为尊，以道为重）

（B）富国强兵（使国家变为富，使军队变为强）

（3）现代口语里，名词用为末品的非常少见；但是成语里却有这种例子，如"粉碎、瓜分"等[②]。

（4）现代国语里不用"其"字而用"他的"，不用"此"而用"这"，不用"彼"而用"那"；但是成语里却有"其"和"彼、此"的残留，例如：

（A）莫名其妙（不能说"莫名他的妙"）

（B）不分彼此（不能说"不分那这"）

（5）现代口语里，称数法必须用单位名词[③]；但是，若在成语里，单位名词仍可不用，例如：

（A）三教九流

（B）千方百计

以上是人、物的称数法。

（C）三推六问[④]

---

① "名"是说得出来的意思。近来多数人不再了解这个意思，就改用"明"字。
② "粉碎"是像粉一般地碎，"瓜分"是像瓜一般地分割（参看第一章第三节）。
③ 参看第四章第七和八两节。
④ 《水浒传》第十一回："三推六问，却招做一时斗殴杀伤。"

（D）三令五申

以上是行为的称数法。

（6）现代国语里，不用"以"而用"拿"，不用"之"而用"的"，不用"乎（于）"而用"在"。但是，成语里却能有"以、之、乎"等字，例如：

（A）以毒攻毒（不说"拿毒攻毒"）

（B）可恶之至（不说"可恶的至"）

（C）出乎意料之外（不说"出在意料的外"）

这一类的事实很多，不是这里所能详述的。我们只大略地说一说，使大家知道成语在现代语法上也往往有它的特殊形式。至于古今语法的详细比较，就不是本书里的事了。

定　义

定义八十五：凡双音词，本来是一个仂语，后来其中一词的意义侵蚀了另一词的意义者，叫作并合词。

定义八十六：凡双音词，本来是一个仂语，后来两个词的意义化合，等于一个单词者，叫作化合语。

定义八十七：古代的仂语，常为今人所引用者，叫作成语[①]。

练　习

下面诸例句中，试指出哪些是双音词，哪些是两个单词：

（A）父母妻子，皆赖其赡养。

（B）兄弟和睦，家道将兴。

（C）国家的费用，是靠人民负担的。

（D）门窗已破，尚待修理。

（E）路遇不平，拔刀相助。

[①] 注意成语和谚语的分别。不成句的是成语，成句的是谚语，例如"千方百计"是成语，"三十六计，走为上计"是谚语。

（F）可怜他一辈子不曾享过福。
（G）我还有一个小兄弟，才六个月。
（H）他妻子去年生了一个女孩儿。
（I）他最会说笑话。
（J）他平日太恶了，现在倒运，没有人可怜他。
（K）我相信你一定考得进大学。
（L）空气太闷了，请你把窗户开一开。

第三节　拟声法和绘景法

拟声法和绘景法似乎只是修辞学里的事，其实和语法也有关系，因为这两种修辞学上的风格是需要一种特殊的语言形式来表示的，而特殊的语言形式却是属于语法范围的。

一、拟声法

拟声法就是摹仿自然界的各种声音。不一定把声音摹仿得很像，只是习惯上这样说，大家心理上也觉得颇像就是了。就用字的形式而论，拟声法可分为五种如下：

（1）单字法　单字法是只用一个字来摹仿某种声音，这种声音必须是短促的，不连续的，例如：

（A）正呆时，只听得当的一声。（6）
（B）哇的一声，都吐出来了。（29）
（C）彩云打开一看，嗤的一笑。（60）
（D）半日，又拍的一响。（87）
（E）只听唰的一声。（101）

注意：这种拟声字的后面，须加"的"字。

（2）单字两用法　共用两个单字，表示两种声音相连，例如：

（A）宝玉和袭人都扑嗤的一笑。（31）

（B）只听咕咚一声响，不知什么倒了。（42）

（C）只听咯噔的一声门响。（51）

这种拟声字后面加不加"的"字都可以。但这两个字须认为一个词，所么如果重叠起来，必须用叠词法，不得用叠字法，例如：

（D）在砖地上咕咚咕咚碰的头山响。（67）

不是"咕咕咚咚"。

（3）**叠字法**　相同的两个字重叠起来（参看本章第一节），系摹仿连续的声音，例如：

（A）听得吱吱的笑声，薛蝌连忙把灯吹灭了。（91）

（B）便哈哈的笑道："是了！是了！"（116）

（C）那女子见了，不觉呵呵大笑起来。（《儿女英雄传》5）

（4）**单字加叠字法**　单字之后再加叠字，表示前一种声音是短促的，后一种声音是连续的，例如：

（A）哗喇喇一净桶尿粪从上面直泼下来。（12）

（B）只听吱喽喽一声，院门开处，不知是那一个出来。（26）

（C）只听豁啷啷满台的钱响。（53）

（D）坐到三更以后，听得房上滑喽喽一片响声。（87）

（E）做了自己的功课，忽听得纸窗呼喇喇一派风声。（89）

（5）**双叠字法**　前后两个拟声字都重叠起来，叫作双叠字法。此法往往是表示连续不断的一串声音，例如：

（A）只见秋纹、碧痕唏唏哈哈的笑着进来。（24）

（B）口内嘟嘟囔囔的又咒诵了一回。（25）

（C）大清早起，就咭咭呱呱的顽到一处。（70）

（D）凤姐带病哼哼唧唧的说。（105）

双声叠韵和拟声法的关系　声母相同的字，叫作双声；韵母相同的字，叫作叠韵①。中国语里，拟声法有时候不是用叠字法，而是利用双声叠韵②，例如：

（A）又把一溜檐瓦带下来，唏溜哈拉，闹了半院子。(《儿女英雄传》31）

"唏"和"哈"是双声，"溜"和"拉"是双声。

（B）只听得屋内嘻唎哗喇的乱响③。（64）

"嘻"和"唎"是叠韵，"哗"和"喇"是叠韵。

拟声字的叙述词用途　拟声字有时候可以有叙述词的用途，只把它放在叙述词所常在的位置就是了，例如：

（A）宝玉听了"出嫁"二字，不禁又嗐了两声。（19）

（B）觉得疼痛难禁，不禁有嗳哟之声。（47）

（C）什么大事，只管咕咕唧唧的？（72）

（D）听见里头有人喊喊喳喳的，又似哭，又似笑。（101）

二、绘景法

绘景法是要使所陈说的情景历历如绘。为了这个目的，咱们利用下面所说的三种方法：

（1）**叠字法**　相同的两个字相叠，往往有夸张的意思（参看本章第一节），咱们就借这夸张的意思来尽量形容某一种情景。叠字绘景法又可细分为三种：

①附于形容词的后面，用为末品，例如：

（A）乱烘烘的人来人往。（13）

（B）正自胡猜，只见黑魆魆的进来一个人。（12）

---

① 这是大概的说法。严格地说起来，该说同纽的字为双声，同韵的字为叠韵。见拙著《汉语音韵学》第一编第二章第一节。

② 双叠字法也可用双声叠韵，例如"唏唏哈哈、咕咕呱呱"都是双声，"慌慌张张"是叠韵。

③ 编者注：人民文学出版社本中作"只听得屋内嘻嚠哗喇的乱响"。

(C)白汪汪穿孝家人两行侍立。（14）

(D)越发说的人热剌剌的丢不下。（26）

(E)冷清清没有可顽的。（43）

(F)来至王夫人上房，只见乌压压一地的人。（49）

(G)怪道寒浸浸的起来。（54）

(H)一大碗热腾腾碧莹莹蒸的绿畦香稻粳米饭。（62）

(I)脸上红扑扑儿的。（100）

(J)凤姐听了，气得眼睛直瞪瞪的。（111）

这种叠字，在意义上不能加添些什么，然而在修辞上却很重要，譬如"乱烘烘"并不等于"很乱"，而是把乱的情景绘画出来；"热腾腾"并不等于"很热"，而是把热的情景绘画出来。

②附于动词的前面，用为末品，例如：

(A)香菱怔怔答道。（48）

(B)只瞅着嘻嘻的傻笑。（96）①

(C)生生被云丫头作践了。（49）

(D)直把个当槽儿的活活打死的。（99）

(E)巴巴儿的想这个吃。（35）

(F)你好好儿的赔我们的鱼罢。（81）

(G)兴兴头头的往里走着找龄官。（36）

(H)又是急，又是愧，便抽抽搭搭的哭起来。（29）②

(I)便在贾母灵前唠唠叨叨哭个不了。（110）

(J)只许你们偷偷摸摸的哄骗了去。（73）

③用如描写词，例如：

(A)初时黛玉昏昏沉沉，吐了也没细看。（82）

---

① "嘻嘻"只是笑貌，不是笑声，所以该归绘景法，不该归拟声法。

② "抽抽搭搭"也只是形容哭的样子，不是哭声。

（B）这几年看着你们轰轰烈烈。（107）

（C）弯弯曲曲的，回去的路头都要迷住了。（87）

（D）你二哥哥还是那么疯疯癫癫。（108）

（E）这又同才刚学里的八两一样重重叠叠？（56）

（2）骈语法　骈语就是像对对子似的，把性质相似的字，排成对立的形式。骈语法有时候并不是表达思想之所必需。譬如应该只用一个谓语已经可以把意思说完，说话人偏要用上两个谓语形式。就表面上看来，这是繁赘；然而它有一个目的，就是使语言更生动，更有力。再者，除了表达思想之外，它往往还带着多少情绪。这些特性，都不是普通直说的形式所能具备的。

骈语法在意义上又有一个特性，就是不着实，譬如"左右、东西、长短、这那、三四、七八"之类，意义都是很空虚的，并非真有左边、右边……的意思，例如：

左右

（A）左等也不来，右等也不来。（39）

（B）左劝也不改，右劝也不改。（24）

（C）左思右想，忽然想起早起的事来。（26）

东西

（A）说着，又东瞧瞧，西走走。（89）

（B）两个眼睛倒像个活猴儿似的，东溜溜，西看看。（110）

长短

（A）姐姐长，姐姐短，哄着我替你梳头洗脸。（32）

（B）然后又陪笑问长问短。（35）

（C）口里一长一短和坠儿说话。（26）

这那

（A）你们也不必怨这个，怨那个。（34）

三四

（A）把一盘子花横三竖四的插了一头。（40）

（B）那平姑娘又是个正经人，从……不会调三窝四的①。（65）

（C）饶这样，天天还是察三访四。（72）

（D）不必牵三扯四乱嚷。（73）

（E）花了银钱不算，自己还求三拜四的谋干。（100）②

七八

（A）七言八语，指手画脚。（29）③

（B）七手八脚，都忙着拿出来。（70）

（C）你病的七死八活，一夜连命也不顾。（62）

来去

（A）姨太太这几天浮来暂去。（88）

天地

（A）他娘已经欢天喜地应了。（72）

风草

（A）你怎么不怨宝玉外头招风惹草的呢？（34）

有时候，整个绘景部分都是不着实际的，只是譬喻的说法，或甚言之词，例如：

（A）我近来看着云丫头神情，再风里言风里语的听起来。（32）

（B）年轻媳妇子，也难卖头卖脚的。（6）

（C）人家牵肠挂肚的等着。（26）

---

① 编者注：人民文学出版社本中作"那平姑娘又是个正经人，从……不会挑妻窝夫的"。

② "着三不着两"可归此类，例如"那珍大爷管儿子倒也像当日老祖宗的规矩，只是着三不着两的"（45）。

③ "一五一十"可归此类，例如"一五一十的告诉了"（119）。从前数钱的方法是每五个钱一数的，以此譬喻说话从头至尾，说得详尽。

(D) 我也丁是丁，卯是卯的。（43）

有时候却是一实一虚，骈语的上一半是正意所在，下一半都是用作陪衬的，例如：

(A) 人不知，鬼不觉的，不好吗？（31）

"人不知"是正意，"鬼不觉"是陪衬。

(B) 我劝你把脾气改改罢。一年大，二年小。（79）

"大"是正意，"小"是陪衬。

形容别人说话的情景，也可算是这一类。

(C) 大清早起，死呀活的，也不忌讳。（28）

"死"是正意，"活"是陪衬。

(D) 比不得宝姑娘什么金哪玉的。（28）

"金"是正意，"玉"是陪衬。

有时候，比较近于事实，甚至完全是事实。但是，越近于事实，反倒越欠生动，越少力量了：

(A) 只是我愁着宝玉还是那么傻头傻脑的。（99）

(B) 谁家痨病死的孩子不烧了？也认真开丧破土起来？（69）

(C) 众人应了，自去寻姑觅嫂。（31）

(D) 你兄弟媳妇，本来老实，又生的多病多痛。（47）

用骈语时，平常不用的形式也可出现，例如处置式"把"字后面是不用否定语的（见第二章第三节），但是在绘景的骈语却可以用了：

(A) 倒把我三日不理，四日不见的。（28）

单词是不能拆开的，但在绘景的骈语里却可以拆开：

(B) 手里不干不净的，怎么拿？（29）

（3）赘语法 赘语法是绘景部分里头有一两个字是多余的，以致这种成语成为费解的。这种赘语法，无非要凑足四个字，使语意更有力量而已，例如：

（A）王夫人见宝玉没精打彩。（31）

意思是"没精彩"，"打"字赘。

（B）向来是低声静气，慢条斯理的惯了。（《儿女英雄传》4）

这个成语是从"条理"二字来的，"慢"和"斯"都是赘语。

（C）我糊里糊涂吃了下去，也不知道是什么。

"糊涂"是正意，"糊里"是赘语。

（D）他真是胡说八道！

"胡说"是正意，"八道"是赘语。

（E）他的屋子里乱七八糟，也不想清理清理。

"乱"是正意，"七八"和"糟"都是赘语。

准绘景法　"浑身、满面"一类的话，也可算是绘景法。这种话里头没有谓词，然而它们却有谓语的用途，例如：

（A）说到"好"字，便浑身冷汗。（98）

（B）这一天见贾母满面泪痕。（9）

（C）脸上红扑扑儿的一脸酒气。（100）

（D）把个宝钗直臊的满脸飞红。（101）

（E）那五儿早已羞得两颊红潮。（109）

定　义

定义八十八：摹仿自然界的声音，叫作拟声法。

定义八十九：用生动有力的语言，描绘一种情景，叫作绘景法。

练　习

下列句中，试指出哪些是拟声法或是绘景法。若是绘景法，须说明是那一类的绘景法：

（A）你大模厮样儿的躺在炕上。（20）

（B）七手八脚抢上去，一顿乱翻乱掷。（10）

（C）淅淅沥沥下起雨来。（45）

(D) 那湘云只是眼泪汪汪的。（36）

(E) 左一壶，右一壶，并不用人让。（47）

(F) 笑嘻嘻的来了。（50）

(G) 坐了一回，无精打彩的出来了。（81）

(H) 他这懒懒的也不止今日了。（72）

(I) 只是呜咽对泣而已。（18）

(J) 还亏了宝钗嫂子长嫂子短，好一句歹一句的劝他。（100）

(K) 怎么我家这些人，如今七大八小的就剩了这几个？（108）

(L) 下来移席和他一处坐着，问长问短，说东说西。（47）

第四节　复说法

复说法也像绘景法一般地，似乎是繁赘的语言，然而它也有它的用处。各种复说法的用处又各不相同，现在分别叙述于下：

一、意复

意复者，字面上并不重复，只是用代词复指。此类可分为三种：（1）复主位；（2）复目的位；（3）复加语。

（1）复主位　这往往因为主位是很长的首品仂语，所以把它说出之后，就先顿一顿，然后用代词复指，省得一口气说不完，但也有为了加重语势而重复的，例如：

(A) 你珍大嫂子的妹妹三姑娘，他不是已经许给你哥哥的义弟柳湘莲了么？（67）

这是因为主语太长。

(B) 昨儿宝丫头他不替你圆谎①，为什么问着我呢？（28）

---

① 编者注：人民文学出版社本中作"昨儿宝丫头不替你圆谎，为什么问着我呢？"

这是为了加重语气。

（2）复目的位　目的位如果是很长的首品仂语，说起来不很方便，说话人往往把它提在句首，然后在目的位再补上一个代词，例如：

（A）和你素日嬉皮笑脸的那些姑娘们跟前，你该问他们去。（30）

（B）这位年近九十岁的老人家，难道还指望他辛辛苦苦跟了我去不成？（《儿女英雄传》19）①

但也有为了这夸张的语意而倒装（参看本章第六节），然后用代词复指的，例如：

（A）连邢姑娘我还怕你哥哥糟蹋了他。（57）

（B）这个老命还要他做什么？（74）

（C）我想这个人生他做什么？（91）

（D）二嫂子凭他怎么巧，再巧不过老太太。（35）②

（3）复加语③　加语表示领有的意思者，也可用代词复指，例如：

（A）跟宝姑娘的莺儿他妈就是会弄这个的。（56）

（B）以漫画著名的张蕉鹿，我在他家住过两天。

二、词复

词复和叠字、叠词都不相同。叠字和叠词都是紧相连接的，而词复却是有别的词隔开。大致说起来，词复可以有九种方式：

（1）主语和判断语相同　这是在判断句里，表示对于事情应该分别看待，例如：

（A）他是他的，我送的是我送的。（60）
不要把我送的和他自己的混为一谈。

---

① 这"他"字在递系式里，是初系的目的位兼次系的主位（参看第二章第五节）。
② 这"他"字也是目的位兼主位，而且意思很空虚；"凭他"只等于"任凭"或"无论"的意思。
③ 这种加语，许多语法书叫作领位。

（B）这是那里的话？顽是顽，笑是笑！这个事非同儿戏，你可别混说！（94）

不要把顽笑的事和正经的事混为一谈。

表面上看来，主语与判断语相同是没有意义的，例如"孙中山是孙中山"或"好人是好人"都等于没有说话。但是依现代中国语的特殊习惯，这种语式有时候也能有意义，就是叫对话人把事情弄清楚，别瞎缠。所以"我是我，你是你"也可以有意义。上面的两个例子，在逻辑上是不通的，在语法上是通的。

（2）目的语就是主语加"的"字 这是在叙述句里，所复说的是人称代词，表示别的事和这人没有关系，或这事和别人没有关系。这一种意义和上面第一种词复法的意义颇相近似，例如：

（A）咱们只管咱们的。（22）

别的事和咱们没有关系，不必管。

（B）你只管睡你的去。（42）

别的事和你没有关系，不必管。

（C）我死我的，与你何干？（20）

我的事和你没有关系。

（D）你只受用你的就完了。（45）

别的事不必管。

（E）你也不必合他一般见识，你且细细搜你的。（74）

"搜"是你的事，别的事你不必管。

（F）只好尽他闹他的，人家过人家的。（《儿女英雄传》27）

他的事和人家无关，人家的事和你无关。

注意：这种复说的人称代词必须紧粘于叙述词之后。如果那叙述词本来是一个不及物动词，则在形式上变为及物的（"睡你的、死我的、受用你的"等），如果那叙述词本来是一个及物动词，则实际的目的语必须省略（如"搜赃"的"赃"字必须省略），而以"你的、我的"之类替代目的位（如"搜你的"）。

（3）主语就是谓语加"的"字　这也是在叙述句里，所复说的是动词或动词性的仂语，而且必须是一种骈语（两骈或三骈）。这种复说法系表示不是这样就是那样的意思，例如：

（A）陪了过来一共四个，死的死了，嫁人的嫁人。（65）
不是死了，就是嫁了。

（B）走的走，跑的跑，还顾主子的死活吗？（106）
不是走了，就是跑了。

（C）他们姊妹们病的病，弱的弱。（71）
不是生了病，就是身子弱。"弱"字和"病"字相对，也有了多少动词性。

（D）后来大人知道了，打的打，骂的骂，烧的烧。（42）
不是打，就是骂，不然就把书烧了。这是三骈语。

（E）他们以后越发偷的偷，不管的不管了。（61）
不是偷东西，就是不闻不问的。

这种说法，在意义上显然是积累式的变相（关于积累式，见第一章第九节）。但就修辞学而论，积累式却不像复说法有力量。譬如咱们说"陪了过来一共四个，有的嫁了，有的死了"，在语势上就弱得多了。

（4）目的位的修饰品就是主语或主语的修饰品　这种复说法，谓词必须是"有"字，表示和一般人的见解不同，例如：

（A）不知大有大的难处。（6）

（B）穷也有穷的好处。（35）

A、B二例中，上一个"大"字和"穷"字是主语，下一个"大"字和"穷"字是目的位的修饰品。一般人以为大没有难处，穷没有好处，其实不尽然。

（C）不大说话的又有不大说话的可疼之处。（35）

前面的"不大说话"是主语的修饰品，后面的"不大说话"是目的位的修饰品。一般人以为不大说话的人不可疼，其实不尽然。

注意：这种说法总是就价值立论的，所以目的语总不外是"好处、坏处、可疼之处、讨厌的地方"等。

（5）谓语里先提出那将要论及的事情　这好像先来一个小题目，再加论断。此类又可细分为三小类：

①容许式的变相　凡承认或同意某一件事而又有转折的意思者，可用这种复说法。它在意义上和容许式很相近似，所以可认为容许式的变相（关于容许式，见第一章第九节），例如：

（A）妙却妙，只是不知怎么个变法？（19）
你的计策虽妙，但是……

（B）有却有了，只是不好。（37）
虽有了，然而不好。

（C）奴才说是说了，还得太太告诉老太太，想个万全的主意才好。（96）
奴才虽是说了，但是……

（D）雏是雏，倒飞了好些了。（108）①
虽是雏，但也……

（E）我给是给你，你若得了他的谢礼，不许瞒着我。（26）
这件事我同意了，但是有一个条件……

（F）咱们走是走，我就只不舍得那个姑子。（112）
这走的事我同意了，但是……

注意：这种复说法须用一个"是"字隔开，A、B两例也说成"妙是妙、有是有了"；至于"却"字，则必须转折的语意很重才可以用，所以C、D、E、F四例都不能用它。

---

① 这里"雏"字，当谓词用。

②夸张　在夸张的语句里，用得着动词复说，中间往往是用"也不"或"只管"一类的字隔开，例如：

（A）听见秦氏有病，连提也不敢提了。（10）

非但不敢理论，而且甚至于不敢提及。

（B）好妹妹，你去只管去。（75）

意思是你只管去。前面复一个"去"字，更有力量。

③包括"若论……"的意思　先提一两个字，好像小题目，所以包括着"若论……"的意思，例如：

（A）况且我长了这么大，文不文，武不武。（48）

若论文，却不是文；若论武，却又不武。

（B）鬼不成鬼，贼不成贼，那一点儿像个佳人？（54）

若说是鬼，却不像鬼；若说是贼，又不是贼。

（C）才来了几个女人，气色不成气色。（75）

若论气色，实在不成气色。

这和前一类性质很相近，也含着多少夸张的意思。注意：必须用否定语；复说的字可以是形容词（例A），也可以是名词（例B、C）。

（6）及物动词目的位后面复一个及物动词　上面所论的五种复说法，都是修辞学的关系；现在要说的这一种却是语法本身的关系。依中国现代语法，末品补语必须和它所修饰的叙述词紧粘在一起，如果它们被目的位隔开了，就只好复一个叙述词，仍旧使它们相连，例如：

（A）从小儿一处淘气淘了这么大。（54）[①]

不能说"淘气了这么大"，或"淘了气这么大"。

（B）你办事办老了的还不记得，倒来难我们！（55）

不能说"办事老了"。

[①] 编者注：人民文学出版社本中作"从小儿一处淘气了这么大"。

（C）一个个黑家白日挺尸挺不够！（73）

不能说"挺尸不够"。

（D）我因喝酒喝了三个钟头，所以来晚了。

不能说"喝酒三个钟头"。若说"喝了三个钟头的酒"，自然也可以，不过那"三个钟头"都该认为修饰次品，与此不同。

（7）两个句子形式中疑问代词互相照应　例如"谁先得了谁先联"之类，已见于第四章第四节，兹不赘述。

（8）两个谓语形式中末品互相照应　此类常见的只有"也罢"（或"也好"）复说，成为平行的谓语形式，表示无论如何的意思，例如：

（A）正也罢，邪也罢，只顾算别人家的账，你也吃一杯酒才好。（2）

无论别人家是邪是正，你总该喝一杯酒。

（B）亲也罢，热也罢，和气到了儿，才见得比别人好。（28）

无论如何总该和气到底。

（9）"各"和"自己"的复说　在现代中国语的习惯上，"各"（或"各人"）和"自己"，往往是复说的，例如：

（A）各人家有各人的事。（67）

（B）岂不是自己糟蹋了自己身子？（67）

关于"自己"，参看第四章第二节。

定　义

定义九十：凡意思或语言重复，有修辞上或语法上的作用者，叫作复说法。

订　误

（1）我赌钱我的，你管不着。

该说成"我赌我的"，因为复说的"我的、你的、他的"之类只能紧接叙述词，不能被目的位隔离。

（2）强盗也有他们的道德。

这种说法，不算怎样错误。但若依中国现代国语的习惯，该说成"强盗也有强盗的道德"。

练　习

（1）试将下列诸例，改用人称代词复指：

　　（A）这个身长力大的人，我不敢打。

　　（B）你的姑夫的小舅子就在这里做官。

　　（C）你平日所钦佩的张昭云的文章，竟是抄袭人家的。

　　（D）连厨子做的菜大家都说好。

（2）试就下列诸例句，指出它们各属于哪一类的词复法：

　　（A）你去你的，家里的事你不用管了。

　　（B）你赞成也好，反对也好，我一定照我的意思做去。

　　（C）冬天也有冬天的好处，可以踏雪寻梅。

　　（D）谁得罪我，我就骂谁。

　　（E）敌人逃的逃，降的降，都不曾抵抗。

　　（F）老师是老师，朋友是朋友，不能一律看待。

　　（G）各人有各人的心事。

　　（H）你若睡觉睡出病来，倒反不好，不如常出去走走罢。

　　（I）动也不能动，还说走路呢！

　　（J）他在床上躺了几年，死不死，活不活的。

　　（K）蓉儿！你说是说，别只管嘴里这么不清不浑的。（63）

第五节　承说法和省略法

当咱们接着别人的话说下去（如答复、辩论等），或接着自己的话说下去的时候，都比会话刚开始的时候省力些。本该用许多字句的话，因是接着，便可省去那些刚才已说过的部分，甚至可用很简单的形式把它表达出来。接着说，就是承说法；比正常的句子形式所用的词较少，就是省略法。省略法多半是由承说法而来的。

一、承说法

承说法往往可以不遵守造句法所要求的形式；主语的省略，目的位、关系位、表位的省略，甚至谓词的省略，都是承说法所容许的。承说法可分二种：（1）他语承说；（2）自语承说。

（1）他语承说就是接着别人的话说下去，例如：

（A）前面贾母一片声找宝玉，众奶娘丫鬟们忙回说："在林姑娘房里呢。"（17）

本该说"宝玉在林姑娘房里"，但贾母既然指名找宝玉，众人接着说，当然也指宝玉而言，所以"宝玉"二字可省。

（B）又让他同到怡红院去吃茶。香菱道："此刻竟不能。"（79）若不省略，该说成"此刻竟不能到怡红院去吃茶"。

（C）因又问道："你们熬了粥没有？"丫头们连忙去问，同来回道："预备了。"（88）

若不省略，该说成"粥已预备好了"。

（2）自语承说就是接着自己的话说下去，例如：

（A）五日出不得，七日方可。（69）

若不省略，该说成"七日方可出"。

（B）这是什么话，我倒不懂了。（79）

若不省略，该说成"我倒不懂你这话了"。

（C）朝廷还有三门子穷亲呢，何况你我？（6）

若不省略，该说成"何况你我，不是更难免有许多穷亲吗？"

由此看来，承说法可以生出省略法的。但是，它并不一定生出省略法，因为在许多情形之下是没法子省略的。

替代法和承说法的关系　第三人称代词（"他"和"他们"）和指示代词（"这"和"那"）都是靠着承说法才有意义的。除非那人或那物就在眼前，可以用手指出，否则凭空说一个"他"或"这"，都会令人莫名其妙（参看第四章第一节和第三节），例如：

（A）岫烟笑道："我找妙玉说话。"宝玉听了诧异，说道："他为人孤僻，不合时宜。"（63）

"他"字是承着它的先词"妙玉"而来的。

（B）这那里使得！不但没熟吃不得，就是熟了，上头还没有供鲜，咱们倒先吃了！你是府里使老的，难道连这个规矩都不懂了？（67）

"这个规矩"就是"上头没有供鲜不许吃"，不过袭人从反面说出来就是了。

"东西"和"事情"，有时候也能有代词的用途，在这情形之下，也是必须用于承说法里的，例如：

（A）贾芸道："……欲要孝敬婶娘，又怕婶娘多想。如今重阳时候，略备了一点儿东西……"……凤姐道："你把东西带了去罢。"（88）

下一个"东西"是承上一个"东西"而言，指贾芸的礼物。

（B）薛蝌宽慰了几句，即便又出去打听；隔了半日，仍旧进来，说："事情不好。"（105）

"事情"是你所要打听的事情。若没有上文，"事情"二字就没有意义。

称数法和承说法的关系　在承说法里，称数时，可以只说出数量，不说出物名，例如：

（A）这珠子只三颗了，这一颗不是了。（21）

若不省略，该说"这一颗珠子不是了"。

（B）那媳妇便回说："一年学里吃点心，或者买纸笔，每位有八两银子的使用。"探春道："……怎么学里每人多这八两？"（55）

若不省略，该说"怎么学里每人多这八两银子？"

二、省略法

上文说过，省略法多半是由承说法而来的；但是，也有少数是习惯如此，并非由于承说。因此，省略法可以大别为两种：（1）承说的省略；（2）习惯的省略。

（1）承说的省略　就语言的结构而论，承说法所容许的省略，大致可分为五类：

①主语的省略

咱们应该把不用和省略分别清楚。像"下雨了"一类的句子只是不用主语，不是省略（参看第一章第五节和下文"似省略而非省略"一条）；然而若像下面的几个例子，就是省略而不是不用了：

（A）因就回说："管家奶奶们才散了。"小丫头道："散了，你们家里传他去。"（71）

"散了"上面省去了主语"管家奶奶们"。

（B）贾母道："……凤丫头呢？"凤姐……赶忙走到跟前说："在这里呢。"（110）

"在这里呢"上面省去了主语"我"字。

（C）主上又问道："贾范是你什么人？"我忙奏道："是远族。"（104）

"是远族"上面省去了主语"贾范"。

②目的位的省略

中国语里，目的位比主位较少省略，但也不算罕见。凡某人或某物在上文已经提过了的，下文再用它们做目的语，就不妨省略了，例如：

（A）你这遭吃茶是托他两个的福；独你来了，我是不能给你吃的。（41）

若不省略，该说"我是不能给你吃这茶的"。

（B）宝玉道："今儿老太太喜喜欢欢的给了这件褂子。谁知不防后襟子上烧了一块……"麝月道："这怎么好呢？明儿不穿也罢了。"（52）

若不省略该说"明儿不穿这件褂子也罢了"，或"明儿不穿它也罢了"。

③关系位的省略

关系位是处所末品、时间末品之类（见第一章第七节），在承说法里也是可以省略的，例如：

（A）黛玉道："你上头去过了没有？"宝玉道："都去过了。"（82）

这是处所末品的省略。若不省略，该说"上头都去过了"。

（B）我问他今天俱乐部里遇见什么人，他说："遇见了二表兄。"

这是时间末品和处所末品都省略了。若不省略，该说"今天俱乐部里遇见了二表兄"。

④表位的省略

表位是判断语中的首品（见第一章第七节），它是在"是"字的后面的。表位省略，就是"是"字后面没有首品词或首品仿语，例如：

（A）探春笑着问道："可是山涛？"李纨道："是。"（50）

若不省略，该说"是山涛"。

（B）主上又问："苏州刺史奏的贾范是你一家子么？"我又磕头奏道："是。"（104）

若不省略，该说"是一家子"。

⑤谓词省略

谓词的省略是很不容易，一句话里头可以没有主语，却不可以没有谓语（见第一章第五节），而谓词又是谓语的骨干，所以依理是不可省去的。但是，在两种情形之下谓词却有省略的可能：第一是在能愿式里，"能、敢"等字替代了谓词的用途（例A、B、C）；第二是在答语里，"没有（去）"后面的叙述词可省（例D），例如：

（A）又让他同到怡红院去吃茶。香菱道："此刻竟不能。"（79）

"能"字后面省了谓词"去"字及其修饰语。

（B）宝玉……向袭人、麝月道："我心里闷得很，自己吃只怕又吃不下去，不如你们两个同我一块儿吃……"麝月笑道："这是二爷的高兴，我们可不敢。"（89）

"敢"字后面省了谓词"吃"字及其修饰词语。

（C）贾母不时吩咐尤氏等："让凤丫头坐在上面，你们好生替我待东……"尤氏答应了，又笑回说道："他坐不惯首席……酒也不肯吃。"贾母听了，笑道："你不会，等我亲自让他去。"（44）

"会"字后面省了谓词"待"字及其修饰语。

以上是能愿式里的谓词省略。

（D）黛玉道："你上头去过了没有？"宝玉道："都去过了。"

黛玉道："别处呢？"宝玉道："没有。"（82）

"没有"是"别处没有去过"的省略。

承说的省略，普通总是比不省略的好，因为非但简洁，而且顺口，我们说是省略，不过是把平常的句子形式来做标准，切勿误认省略为一种缺点。

（2）习惯的省略　这是和承说法没有关系的。譬如有些地方的人，看见熟朋友就问："你吃过没有？"意思是"你吃过饭没有？"这并不是承说的省略，因为它是可以用于开始第一句话，而且不必是接着别人的话说下去的。下面是一些《红楼梦》的例子：

（A）自古以来，就是你一个伏侍爷的，我们原没伏侍过。（31）

所伏侍的是谁，不必说出。

（B）是谁接了来的？也不告诉！（63）

所要告诉的是谁，也不必说出。

（C）奶奶原该亲自来的，因和太太说话呢。（40）

"因和太太说话，所以不能亲自来"，这里省了一个句子形式。

替代法的习惯省略　在对话时，主位的"我"和"你"不一定因为承说，也往往被省略，例如：

（A）袭人忙回身拦住笑道："往那里去"？宝玉道："回太太去。"（31）

"往那里去"是"你往那里去"的省略，"回太太去"是"我回太太去"的省略。

（B）我也知道了，不用难我。（31）

"不用难我"是"你不用难我"的省略。

称数法的习惯省略　有些称数法在习惯上是可以省去事物的名称的。最常见的是日子的序数和年龄的基数，例如：

（A）二十一是薛妹妹的生日。（22）

若不省略，该说"二十一日是薛妹妹的生日"。

（B）前日四月二十六，我这里做遮天大王的圣诞。（29）

若不省略，该说"前日四月二十六日……"

（C）今年方四十上下年纪。（4）

若不省略，该说"今年方四十岁上下"。

（D）我父亲今年八十七了，那里还指望得定呢！（《儿女英雄传》20）

若不省略，该说"我父亲今年八十七岁了……"

在刑罚上，"打"的数量也可以省去单位名词，例如：

（E）明日再有误的打四十，后日打六十。（14）

若不省略，该说"打四十板子……打六十板子"。

* * *

似省略而非省略　有些句子形式，依一般的结构看来，似乎是有所省略；但是一般人所认为被省略的部分，却永远（或差不多永远）不曾出现过，可见并不是省略，只是本来如此。这一种结构，可以大别为两类：

（1）本来不用谓词的。这一类又可分为两小类：

①是在表示每一或同一的时候。每一物价值几何，每一人分得东西若干，都可以不用谓词表示。又二人或二物以上同在一处，或在同一情形之下等，也都可以不用谓词表示，例如：

（A）一千两银子一把我也不卖。（48）

（B）今年鸡蛋短的很，十个钱一个还找不出来。（61）

这是关于价值的。

（C）宝玉笑道："每人一吊钱。"（17）

（D）你家的三位姑娘，每位二枝。（7）

这是关于分配的数量的①。

（E）我的妹妹和他的妹妹一样。（49）

（F）咱们两个人一样的年纪。（9）

（G）长安都中也有个宝玉，和我一样的性情。（56）

（H）便知宝玉同凤姐一车。（15）

（I）妈妈你也不必和他们一般见识。（74）

（J）逐句评去，却还一气。（50）

以上是关于同一的。

②是在表示年龄的时候。"我今年十八岁"似乎是"我今年有十八岁"或"我今年到了十八岁"的省略；但是，咱们从来不加"有"字或"到"字，可见它本来如此，并非省略，例如：

（A）那一年我才三岁。（3）

（B）若问那赦公，也有二子，长名贾琏，今已二十来往了。（2）

（2）本来是不合逻辑的，如果改为合逻辑，倒反不合中国语的习惯了。

---

① 指名分配，也不用谓词，例如"袭人姐姐一个，鸳鸯姐姐一个，金钏儿姐姐一个，平儿姐姐一个"（31）。

这一类又可分为三大类：

①是关于事物的比较，例如：

（A）怎么我的心就和奶奶一样？（21）

若求其合于逻辑，该说"怎么我的心就和奶奶的心一样？"

（B）眼泪却像比旧年少了些的。（49）

若求其合于逻辑，该说"今年的眼泪却像比旧年的眼泪少了些的"。

②是关于事物的原料，例如：

（A）像你上回买的那柳枝儿编的小篮子儿、竹子根儿挖的香盒儿、胶泥垛的风炉子儿，就好了。（27）

若求其合于逻辑，该说"那用柳枝儿编的……"，等等。

（B）那小牛是木头做的。

若求其合于逻辑，该说"那小牛是用木头做的"。

③是一些成语或类似成语的话，例如：

（A）林姐姐那样一个聪明人，我看他总有些瞧不破，一点半点儿都要认起真来。（82）

"瞧"字后面没有目的位。

（B）何苦来！你砸那哑巴东西！有砸他的，不如来砸我！（29）

"他的"后面没有首品。

定　义

定义九十一：凡接着别人的话或自己的话说下去，叫作承说法。

定义九十二：凡比平常的句子形式缺少某部分者，叫作省略法。

练　习

下列诸例句，试依省略法改为更简洁的句子：

（A）因问林姑娘在那里。贾母道："他在里头屋子里呢。"

（B）有这会子拉着手哭的情分，昨儿为什么又成了乌眼鸡似的呢？

（C）一时黛玉去了，就有人来说："薛大爷请宝二爷说话。"

（D）翠缕将手一撒，笑道："姑娘请看这个。"

（E）我有事去了，回来再打发人来请你们。一个不到酒席上去，我是打上门来的！

（F）今日饭后，三姑娘到这里来，会着要瞧二奶奶去，我们姑娘也去瞧二奶奶。

（G）袭人笑道："我请去。"尤氏笑道："我偏不用你！"

（H）平儿便出去办累金凤一事。那玉桂儿媳妇紧跟在后，口内百般央求……平儿笑道："……既这么样，我也不好意思告诉人。你趁早把那累金凤取了来，把它交给我，我就一字不提。"

（I）我因为往四姑娘房里找我们宝二爷去了。谁知我去迟了一步，四姑娘那边的人说是宝二爷家去了。我疑惑我怎么没遇见他呢？我想要往林姑娘家找去，又遇见她的人，说她也没到那边去。

（J）湘云一面吃，一面说道："我吃这个方爱吃酒；我吃了酒才有诗。若不是这鹿肉，我今日断不能做诗。"说着，只见宝琴……站在那里笑。湘云笑道："傻子！你来尝尝这鹿肉。"……宝琴听了，便过去吃了一块鹿肉，它果然是好吃，她就也吃起它来。

（K）早要来请姑奶奶的安，看姑娘来的；因为庄家忙，所以没有来。

第六节　倒装法和插语法

一、倒装法

目的语、描写语、叙述词等，有时候不居于它们常在的位置。我们把这种变态叫作倒装法。倒装法可大别为两种：（1）必要的倒装；（2）自由的倒装。现在分别讨论如下：

（1）必要的倒装　凡非倒装不可者，叫作必要的倒装。此种又可细分为五类：

① "连……也"式

凡把目的语提至叙述词的前面,目的语前面加一个"连"字,叙述词前面加一个"也"字(或"都"字),叫作"连……也"式。它的次序可由下面的一个公式表示:

"连"+目的语+"也"+叙述词(及其修饰语),例如:

(A)嫂子连我也不认得了?(11)

"我"是目的语,在前;"认得"是叙述词,在后。

(B)你从来不是这样铁石心肠,怎么近来连一句好好儿的话都不和我说了?(113)

"一句好好儿的话"是目的语,在前;"说"是叙述词,在后。

但是,"连……也"式的"连"字往往可以不用,单用"也"字;只要句子里隐藏着"连"的意思,就可以倒装,例如:

(A)一碗茶也争,难道我手上有蜜?(15)

(B)一句也不敢多说,一步也不敢妄行。(16)

(C)院子里花儿也不浇,雀儿也不喂,茶炉子也不弄,就在外头逛。(27)

(D)宝玉因见林黛玉病了,心里放不下,饭也懒去吃。(29)

(E)袭人只觉肋上疼的心里发闹,晚饭也不曾好生吃。(30)

(F)如今文字也都做上来了。(83)

(G)打定了主意,被也不盖,衣也不添。(89)

(H)马也会骑,何况于驴?(《儿女英雄传》10)

注意:这种倒装法往往用于能愿式(例B、C)或能愿式的变相(例A等于说"一碗茶也要争",E等于说"文字也都做得上来",F等于说"被也不肯盖,衣也不肯添"),或与心愿有关的事情(例C、D)。

有时候恰恰相反,是"连"字保存着,"也"字却隐藏了。但这种隐藏的"也"字,必须是在"还"字前面的,例如:

（A）连那些衣裳我还没穿遍了，又做什么？（35）

连那些衣裳我也还没穿过。

（B）这个月的月钱连老太太和太太还没放呢。（39）①

连老太太、太太的也还没放呢。

有时候，甚至"连"字和"也"字都不用，然而也隐藏着"连"和"也"的意思，例如：

（A）人的高低不识，还说灵不灵呢！（3）②

连人的高低也不识。

（B）宝玉见一个人没有。

连一个人也没有。

② "什么……不"式

反诘句里，"什么"和"不"字相应，也必须用倒装法，例如：

（A）这十来个人，从小儿什么话儿不说，什么事儿不做？（46）

（B）你在家里什么事作不得？（88）

③ "一概"式

凡目的语里包含着"一概、一切、一应"之类者，必须放在叙述词的前面，成为倒装，例如：

（A）一切偷安窃取等弊，一概都蠲了。（44）

（B）凡一应事都是他提着太太行。（39）

（C）只用请安，一概仪注都免。（83）

（D）第二次王夫人撵了晴雯，大凡有些姿色的都不敢挑。（92）

有时候，单用"都"字，也可以倒装，例如：

（A）前儿的丸药，都吃完了没有？（23）

（B）前儿二姐姐回来的样子和那些话，你也都听见看见了？（81）

---

① "老太太和太太"下面省了一个"的"字。

② 编者注：人民文学出版社本中作"连人之高低不择，还说'通灵'不'通灵'呢！"。

④"可惜、难得"之类

"可惜、难得"之类，用为描写语，而它的主语又是一个句子形式者，依习惯是倒装的，例如：

可惜

（A）可惜这新衣裳也沾了。（44）

若不倒装，该是"这新衣裳也沾了，可惜"。"可惜"是"这新衣裳也沾了"的描写语。下仿此。

可恨

（B）可恨我小几岁年纪。（16）

可喜

（C）可喜尤氏又带了佩凤、偕鸾二妾过来游玩。（63）

可怜

（D）可怜绣户侯门女，独卧青灯古佛旁。（5）

难得

（E）难得老太太……这样怜贫惜老。（42）

（F）难得你多情如此。（45）

怪不得

（G）怪不得他们拿姐姐比杨贵妃。（30）

（H）怪不得你老爷生气。（82）

少不得

（I）少不得写信来告诉你。（16）

何苦

（J）何苦来操这心？（61）

⑤叙述词后面有"得"字

递系式中，叙述词后面有"得"字（"的"字）者，依习惯不得再带目的语，所以目的语必须放在叙述词的前面，例如：

（A）这谣言说的大家没趣。（9）

（B）他棋下得很好。①

（2）自由的倒装　所谓自由的倒装，乃是可以倒装而又常常倒装的，然而并不是非倒装不可的。此种又可大致分为五类：

① "是……的"式

"是……的"式本来是判断语的形式，然而有时候却有叙述语的用途（见第一章第八节）。当它被用为叙述语的时候，如果包含有目的语，则此目的语非但往往置于叙述词之前，而且往往置于主语之前，而居一句之首，例如：

（A）你就评阅，我们是都服的②。（37）

等于说"我们都服你的评阅"或"我们是都服你的评阅的"。

（B）胡道长我是知道的。（92）

等于说"我知道胡道长"或"我是知道胡道长的"。

注意：目的语如长至四个字以上，往往有一个停顿（文章里须用逗号），如A例。如果短到两三个字，就不能有停顿，如B例。

② 否定语

否定语比肯定语容易倒装，例如"我今天喝酒"不能说成"我今天酒喝"，然而我今天不喝酒却能说成"我今天酒不喝"。下面是《红楼梦》和《儿女英雄传》的例子：

（A）现成主子不做去，错过了机会，后悔就迟了。（46）

不做现成主子去……

（B）没见天日的东西，可惜你们小孩子吃不得。（49）

可惜你们小孩子吃不得没见天日的东西。

（C）依你们这样说，倒是宝玉定亲的话不许叫他知道倒罢了。（90）

---

① 但也可用复说法说成"他下棋下得很好，'（参看第五章第四节）、"你办事办老了"诸例。

② 编者注：人民文学出版社本中作"你就评阅，我们都服的"。

……倒是不许叫他知道宝玉定亲的话倒罢了。

（D）有的说"想必成了家了"；有的说"亲还没有定"。（93）有的说"还没有定亲"。

（E）便是在家，我也一口酒不吃。（《儿女英雄传》33）我也不吃一口酒。

但是，否定词"不"字和"什么"相应，却是必要的倒装，见上文。

③分别语

两种以上的事物须分别处置或分别说明者，此事物虽在目的位，也可提至句首，例如：

（A）荷包你拿去，这个留下给我罢。（42）

等于说："你拿荷包去，留下这个给我罢。"

（B）别的我做不来；若要写经，我最信心的。（88）

等于说："我做不来别的。"

有时候，并不提至句首，只提至叙述词的前面，例如：

（C）我深知你们软的欺，硬的怕。（68）

④无定的"来、去"和"死"

叙述词如果是"来、去"或"死"，往往放在它的主语的前面，但这主语又往往是无定的（不能确指的），所以主语的前面往往带有"一个"一类的字眼，例如：

（A）正自胡猜，只见黑魆魆的进来一个人。（12）

（B）正要问那和尚时，只见恍恍惚惚来了一个女人。（116）

（C）那里来的渔翁？（45）

（D）刚刚去了一个巡海夜叉，又来了三个镇山太岁。（55）①

（E）本来一共七人，去了三个，死了一个，还剩三个。

---

① 编者注：人民文学出版社本作："刚刚的倒了一个巡海夜叉，又添了三个镇山太岁"。

（F）村子里又死了一个人。

专名本该是有定的，然而在倒装法里，仍把它当作无定看待。所以也加上"一个"或"个"，例如：

（G）可巧来了个史湘云。（49）

如果是"走出来、跑出来"之类，可以只把"走出"或"跑出"倒装，"来"字仍旧放在叙述词常在的位置，例如：

（A）歌音未息，只见那边走出一个人来。（5）

（B）可是屋子里跑出青天来了！（16）

本该说"跑出一个青天来"，"一个"二字省略。

⑤其他

自由的倒装，并不及于上述的四种，大致说起来，凡说话人着重在目的语，就可以把它提到叙述词的前面或句首。现在举出几个例子，是不属于上述四种自由的倒装的：

（A）今儿甄家送了来的东西，我已收了。（7）

等于说："我已收了今儿甄家送了来的东西。"

（B）黛玉……听他说"只说一句话"，便道："请说。"宝玉笑道："两句话说了，你听不听呢？"（28）

等于说："假如说了两句话……"

（C）这个小东道儿，我还孝敬起。（35）

等于说："我还孝敬得起这个小东道。"

（D）那灯笼命他们前头照着。（45）

等于说："命他们前头照着那灯笼。"

二、插语法

插语法是在不必需的语言之外插进一些似乎多余的话，但是它能使语言变为曲折，或增加情绪的色彩。插语法大致可分为八种：

（1）呼名法　在一句话的中间，本来没有呼名的必要，而偏要插进一个称呼，目的就在于使这话更富于情绪，例如：

（A）他一翻脸，嫂子，你吃不了兜着走。（59）

（B）若少迟延，哼哼！尹其明！只怕我这三间小小茅檐，你闯得进来，叫你飞不出去。（《儿女英雄传》18）

（2）撇开法　撇开法是先撇开别人或别的（事物），然后说出正意。就意义上说，这种撇开的话乃是费话，省了它也可以；然而加上了它可以使话说得曲折些，有力些，例如：

（A）雨村忙回头看时，不是别人，乃是当日同僚一案参革的张如圭。（3）

（B）抬头看时，不是别人，却是他父亲。（33）

（C）这些事再没两个人，都是宝玉生出来的。（45）

（D）我想的事，不为别的，只想着我们一月所用的头油脂粉又是二两的事。（56）

（E）别的没有，我们家折腿烂手的人还有两个。（57）

（3）推进一层法　就对话人的话或就某一件事，更推进一层而甚言之，使肯或不肯的意思更显得坚决，例如：

（A）好亲姐姐，别说两三件，就是两三百件，我也依。（19）

这是肯的话。

（B）我这一辈子，莫说是宝玉，便是宝金、宝银、宝天王、宝皇帝，横竖不嫁人就完了。（46）

这是不肯的话，结构和A稍有不同。正意只是："我这一辈子横竖不嫁人就完了。"

（4）先自辩护法　有时候，说话人似乎怕对话人批评他，所以在自己的话里先插入一二句替自己辩论的话。其实这也是为加强语势而说出的，例如：

（A）不是我说没了能耐的话，要像这样，我竟不能了。（72）

（B）好姐姐，——不是我说，你又该恼了，——你懂得什么？懂得也不传这些舌了。（20）

（5）断定法　"不用说"三个字插进主语和谓语的中间表示理所当然，例如：

（A）我们大姑娘，不用说，是好的了。（65）

（6）反诘法　句中插入反诘语，则语言更为跌宕有势，例如：

（A）说声恼了，什么儿子，竟是审贼！（45）

（7）统括法　有时候，统括的话不是必需的，只是帮助语势的，例如：

（A）若论这些丫头们，共总比起来，都没晴雯生得好。（74）

（8）感喟法　感喟的语词或呼声也可以插进句子里，例如：

（A）倒是这个和尚道人，阿弥陀佛，才是救宝玉性命的。（81）

（B）老太太太太不在家，这些大娘们，嗳，那一个是安分的？（64）

准插语　有些语式，认为插语或不认为插语，都可以说得通；但若认为插语则觉得语意贯串些。此类最常见者为"不知"二字，用于疑问句里，例如：

（A）明日不知是谁带匠人来监工？（24）

这句话如果不是疑问句，"不知"自然不当认为插语，因为"是谁"以下就是"不知"的目的语；但现在实际上是疑问句，说话人不是要说明他的"不知"，而是要询问"是谁"，"不知"二字可有可无，就变为插语的性质了。

（B）宝二爷不知还有什么说的？（37）

这一个"不知"比 A 例更显得是插语，因为"不知"并不是宝二爷不知，而是说话人"不知"，若不是插语，不该在"宝二爷"的后面。

此外，关于看的动作也常常可认为插语，例如：

（A）说着抢了镜子，眼看着他飘然去了。（12）

假如不承认这里有插语，就该解释为"那跛足道人抢了镜子，代儒眼看着他飘然去了"，自然也通；但若以"眼看着他"为插语，则"抢了镜子，飘然去了"，语气非常紧凑。

以上所说各种插语法，都有一个共同之点，就是：若把插入的话去掉，并不因此丧失了那一句的意思。这种插语似乎是一个赘疣，然而对话人（或读者）并不觉得讨厌，就因为插语往往能使语言生动有力的缘故。

倒装和插语都不是造句的常态，所以我们把它们并在一节里讨论。

定 义

定义九十三：凡句中的某一部分不居于它常在的位置，叫作倒装法。

定义九十四：凡在必需的语言之外，插进一些话，叫作插语法。

练 习

试按照倒装法自造十个句子，又按照插语法自造八个句子，最好是各类都有。

第七节 情绪的呼声和意义的呼声

这里所谓呼声，如"唉"和"哦"之类，并不是语言，只算是语言的附属品。它们固然也能表达情绪或意义，然而表达得很不够明白，不够周全。假使咱们没有其他的语言形式，仅仅有一些呼声，就和牛狗猴虎的呼声差不多，可以说是没有语言了。

呼声是存在于句子之外的，它们既不是首品，也不是次品或末品，又不是黏附于实词的记号，或黏附于句子的虚词。它们是永远独立的，自成一体的，似乎可认为一种特殊的短句；然而它所表示的情绪是那样不清楚，有待于语言的说明，则又不该认为短句了。

呼声可分为情绪的呼声和意义的呼声两种，现在分别讨论于下：

一、情绪的呼声

情绪的呼声是表现各种情绪的。自然,极微妙的情绪绝对不是呼声所能传达;它只是表示一种大概的情绪,未尽之处是须待下文整句的话来说明的。此种大致可分为十一小类:

(1)感喟　此类用"唉"(或写作"哎、嗳")、"咳"(音同"害")等字表示,例如:

(A)哎!这也是做奶奶说出来的话!(38)

(B)气的"嗳"了一声,说不出话来。(30)①

(C)咳②!无知的蠢物!你只知朱楼画栋、恶赖富丽为佳。(17)

(D)咳!古人的话再不错,说道是:"天下本无事,庸人自扰之。"(《儿女英雄传》22)

(E)哎!原来如此!(《儿女英雄传》26)

(F)唉!一样的人,一样的事,你还是当日的你,我还是当日的我,他还是当日的他,怎么又当别论呢?(《儿女英雄传》26)

(2)慨叹　此类用"啊"字,例如:

(A)啊!你姑嫂两个,也算得老太太了,当着两个媳妇,还是这等顽皮!(《儿女英雄传》33)

(B)啊!《论语》要这等讲法,亦吾夫子之厄运也。(《儿女英雄传》36)

"啊"字这种用法,实在和"唉、咳"差不多。但是,"啊"字另有一种特别的用途,就是黏附于一个称呼的后面,例如:

(A)儿啊!不要这样。(《儿女英雄传》7)

(B)爹娘啊!你女儿空山三载,受尽万苦千辛。(《儿女英雄传》

---

① 这是借呼声为叙述词的例子,是呼声的活用法。下仿此。

② 编者注:人民文学出版社本中无"咳"字。

22）

　　（C）列位呀！照这话听起来，你我都错了。（《儿女英雄传》21）

　　（D）天哪！这一定是没了命了。（《儿女英雄传》7）①

既然粘在称呼的后面，自然不能算是纯粹的呼声；然而它是可以算入情绪呼声的一类的，因为这上头并没有思想在内。

　　（3）急叫　　一个人急起来就会叫出一种声音，像"阿呀呀、啊呀、啊哟、嗳呀"之类，例如：

　　（A）阿呀呀！你二位老人家快快请起，不可折了我的寿数。（《儿女英雄传》7）

　　（B）才得坐下便叫"酒来酒来"！不防这个当儿，张姑娘捧壶，何小姐擎杯，满满的斟了一杯，送到跟前。他连忙道："啊呀！怎么闹起外官仪注来了。"（《儿女英雄传》30）

　　（C）宝玉听了，"啊呀"的一声，哭倒在炕上。（100）

　　（D）忽见安公子"啊哟"了一声，双手把两腿一拍，直跳起来说："了不得了！这事可不好了！"（《儿女英雄传》10）

　　（E）安公子见十三妹扬刀奔了上来，"嗳呀"一声，双手握着脖子，望门外就跑。（《儿女英雄传》10）

　　（4）呼痛　　此类普通用"嗳哟"（或写作"喔唷"二字），例如：

　　（A）觉得疼痛难禁，不禁有"嗳哟"之声。（47）

　　（B）李四"嗳哟"了一声，先把腿蹲了。（《儿女英雄传》4）

但是，呼痛的声音也不只有"嗳哟"，譬如呻吟的声音可用"哼"字，烫手的声音可用"嘘"字等：

　　（C）凤姐带病哼哼唧唧的说。（105）

---

①　"呀、哪"都是"啊"的变相（参看本书附录一）。

"哼哼"是呻吟声，"唧唧"是细语声。

（D）哼啊哼的，哼成一处，嗳哟啊嗳哟的，嗳哟成一团。（《儿女英雄传》3）

以"哼"对"嗳哟"，二者都是呻吟声。

（E）只听得安公子在院子里说："嚄！嚄！好烫！快开门！"（《儿女英雄传》9）

（5）惊愕　惊愕不一定是真的惊愕，有时候是说话人故意装腔作势，使下面他所要说的话更有力量。此类可以借用呼痛的"嗳哟"，又可以单说"哟"字（音同"妖"），例如：

（A）嗳哟！这么说来，这就得三年的工夫。（7）

（B）平儿一面和宝钗、湘云等吃喝着，一面回头笑道："奶奶，别这么摸的我怪痒痒的。"李氏道："嗳哟！这硬的是什么？"平儿道："是钥匙。"（39）

（C）他便嚷起来了，说："姑奶奶……别说锅渣面筋，我连盐酱都不动；我许的是吃白斋。"褚大娘子不禁大笑起来说："嗳哟！我的亲家妈！你老人家，这可是搅了一年到头的不动盐酱，倘或再长一身的白毛儿，那可是个什么样儿呢？"（《儿女英雄传》21）

（D）嗳哟！又招了你这么一车书！（《儿女英雄传》23）[①]

（E）邓九公道："哎哟！他怎的会惹着这位太岁去，合他结起仇来？"（《儿女英雄传》16）

（F）哟！这么些书，也不知有多少本儿，二十天的工夫，一个人儿那儿念的过来呀？（《儿女英雄传》33）

（G）哟——奶奶这袖子上怎么了？回来换一件罢。（《儿女英雄传》3）

（6）诧异　表示诧异的情绪者，有"哦"（念阳平）、"啊"（念上声）、

[①] 是怪安公子咭文的意思。

"咦"（音同"夷"）三字，例如：

（A）凤姐听了十分诧异，因说道："哦！是他的丫头啊！"（27）

（B）宝玉走进来说："哦！这是做什么呢？才吃了饭，这么控着头，一会子又头疼了！"（28）

（C）哦！他小子竟会喝酒不成人吗？（72）

（D）他便吃惊道："啊！我这把刀那里去了？"（《儿女英雄传》19）

（E）咦！师傅今日怎么这样早就吹了灯儿睡了？（《儿女英雄传》6）

（7）恍然　表示恍然的情绪者，普通只用"哦"字（念阴平），例如：

（A）贾芸笑道："求叔叔的事，婶娘别提，我这里正后悔呢。早知这样，我一起头儿就求婶娘，这会子早完了。谁承望叔叔竟不能的！"凤姐笑道："哦！你那边没成儿，昨儿又来找我了！"（24）凤姐恍然的明白了贾芸来找他的原因。

（B）那张金凤听了，定了会神，这才大悟转来，说："哦！我晓得了。你那里是什么劝我？竟是来救我全家儿的性命的。"（《儿女英雄传》7）张金凤恍然大悟。

（8）呵斥　呵斥的呼声颇多，最常见的有"啐、呸、咄"三字，意义各不相同。"啐"是很文雅的呵斥，受斥者不致因此发怒，例如：

（A）啐！我道是谁，原来是这个狠心短命的……（28）

（B）贾母听了，便"啐"了一口。（33）

"呸"字比"啐"字粗野些，受斥者比较难堪些，例如：

（A）灯姑娘乜斜醉眼，笑道："呸！成日家听见你风月场中惯作工夫的，怎么今日就反讪起来？"（77）

（B）县官道："呸！你这么个人，难道连个重赏之下必有勇夫也不知道吗？"（《儿女英雄传》11）

"咄"字最重，是骂人的腔调，例如：

（A）咄！姓尹的，你莫要撒野呀。（《儿女英雄传》17）

（B）咄！你那人听着，我看你也不是甚么尹七明，尹八明，那定是纪献唐那贼的私人。（《儿女英雄传》17）

（9）恫吓　恫吓的呼声，普通用"哼"字，例如：

（A）若少迟延，哼哼！尹其明，只怕我这三间小小茅檐，你闯得进来，叫你飞不出去。（《儿女英雄传》17）

（B）哼！你敢打我吗？

（10）发恨　发恨的呼声有"咦"字，例如：

（A）他一眼看见了那一把酒壶，就发起恨来道："咦！这就是方才那贼秃灌我的那毒药壶。"（《儿女英雄传》8）

（B）咦！我尹其明此番来得错矣。（《儿女英雄传》17）

（11）赞赏　赞赏的呼声有"嗳呀呀（哟哟）、嚄、喏、啧、嗳"等字①，例如：

（A）嗳哟哟！好势派！（16）

（B）嚄！你瞧好一个小黑驴儿！（《儿女英雄传》4）

（C）看的众人齐打声儿的喝彩，就中也有"嚄"的一声的，也有"喏"的一声的。（《儿女英雄传》4）

（D）啧！啧！啧！果然是一对美满姻缘。（《儿女英雄传》10）

（E）啧！啧！啧！你瞧人家，这才叫修了来的哪！（《儿女英雄传》40）

准情绪的呼声　有些字，本来是一个实词，但因为它们所带的情绪色彩太浓了，也就变为情绪呼声的用途。此类最常见的是"好、妙"和"罢"等，例如：

（A）贾母听说道："好！好！让他姊妹们一处顽顽儿罢。"（17）

（B）贾政道："好！好！如猜镜子，妙极！"（22）

---

① "啧"字的读音见本书附录一。

（C）擦了擦眼睛，又细看了一看姑娘说："好！脸面儿胖了。"（《儿女英雄传》24）

以上三例的"好"字是真的叫好。

（D）华忠一听，心里说道："好！我们爷儿们今日也不知是逛庙来了，也不知是拣字来了？"（《儿女英雄传》24）

这里的"好"字是说反话。

（E）众人听了这两句，便都叫"妙！"（78）

（F）罢！罢！我不敢惹爷。（31）

（G）罢咧！罢咧！连你那拉青屎的根子，都叫人家抖番出来了，别的还有甚么怕说的？（《儿女英雄传》21）

二、意义的呼声

意义的呼声是拿简单的呼声来表示简单的意思；这种呼声并不是实词，所以不能表达一种思想，只能表示招呼、答应赞成、否认等。此种大致可分为六小类：

（1）招呼　说话人有时候先招呼对话人一声，唤起他的注意。此类普通用"喂"字（或写作"唯"），例如：

（A）喂！有四百钱的酒钱呢。（《儿女英雄传》4）

（B）喂！你悠着点儿。（《儿女英雄传》38）

（2）答应　答应的声音可分为三种：第一种是恭敬的答应，用"嗻"字（即"是"的变音）；第二种是客气的答应，用"唯"字（念成"伟"）；第三种是家常的答应，用"吭"字（念成"兀"，或写作"哼"），例如：

（A）安公子……听得父亲叫……连忙恭恭敬敬答应了一声"嗻"。（《儿女英雄传》33）

（B）忽听太太这一吩咐，乐得他从丹田里提着小宫调的嗓子，答应了一声"唯"。（《儿女英雄传》37）

（C）公子说："母亲道是谁？就是那日在店中相会的那个女子。"安太太此时也不再说闲话，止有听一句，嘴里"吭"一句。（《儿女英雄传》12）

（3）赞同　当咱们赞同别人的话的时候，往往发出一种赞同的呼声，像是别人"先得我心"似的。此类用"嗳"字（念成ㄝ，声音特别长）：

（A）张老也连忙站起来道："只我们两家六条性命，都是你姑娘救的……你那样大恩，今生今世怎生答报呢？"那老婆儿也在一旁说："嗳！真话么！"（《儿女英雄传》8）

（B）嗳，你这话对啊！

（4）否认　当咱们觉得别人的话说得不合理或不合事实的时候，心里不痛快，就发出一种否认的声音。这种否认的声音既是由于心里不痛快而发出的，就带有情绪的色彩。所以它是意义呼声之带有情绪者。此类用"咻"字（念成"唉"上声，或写作"哈"），例如：

（A）那庄客摇头道："咻！也不是咱庄儿上的呀！是个远路来的。"（《儿女英雄传》17）

（B）咻！岂有此理！（《儿女英雄传》17）

（C）咻！你这孩子是迷了头了？这又与我甚么相干儿呀？（《儿女英雄传》40）

（D）哈！我要那东西做什么呀？（《儿女英雄传》32）

（5）追问　当咱们没有听懂别人的话的时候，用不着追问"你说什么啊？"只消说一声丫（写作"嘎"），别人就知道咱们没有听懂了。注意：这种追问的呼声后面不能再有别的话。

（6）叮咛　祈使句的后面往往附着叮咛的声音；这是恐怕别人不曾特别注意，所以再叮咛一声。此类用ㄝ或丫，可写成"呫"或"嘎"，例如：

（A）你今儿晚上一定得回来，呫。

（B）你可别告诉他，嘎。

准意义的呼声　凡呼唤家畜，或驱使家畜的声音，也都可认为意义呼声之一种，因为这是人们对家畜表示某种意思。不过，语言是人与人之间应用的，对家畜表示意思毕竟不能算是语言，所以只好说是准意义的呼声。

定　义

定义九十五：凡不属于句子的任何部分，在语言中常为独立的声音者，叫作呼声。

定义九十六：呼声之表示情绪者，叫作情绪的呼声。

定义九十七：呼声之能表示极简单的意思者，叫作意义的呼声。

练　习

（1）试就下列各种情绪，每一种造成一个带有呼声的句子：

　　感喟　慨叹　惊愕　诧异　恍然　呵斥　恫吓　赞赏

（2）试就下列各种意义，每一种造成一个带有呼声的句子：

　　招呼　答应　赞同　否认　叮咛

第六章　欧化的语法

第一节　复音词的创造

最近二三十年来，中国受西洋文化的影响太深了，于是语法也发生了不少的变化。这种受西洋语法影响而产生的中国新语法，我们叫它作欧化的语法。咱们对于欧化的语法，应该有两种认识：第一，它往往只在文章上出现，还不大看见它在口语里出现，所以多数的欧化的语法只是文法上的欧化，不是语法上的欧化；第二，只有知识社会的人用惯了它，一般民众并没有用惯。

咱们对于欧化的语法，用不着赞成，也用不着反对。欧化是大势所趋，不是人力所能阻隔的；但是，西洋语法和中国语法相离太远的地方，也不是中国所能勉强迁就的。欧化到了现在的地步，已完成了十分之九的路程；将来即使有人要使中国语法完全欧化，也一定做不到的，咱们不必抱赞成或反对的态度。但是，咱们应该以历史的眼光去看欧化的语法，把它和中国原有的语法分别清楚。《红楼梦》和《儿女英雄传》的语法和现代书报上的语法有什么不同之处，这是很有趣的问题，是值得咱们仔细研究的。

所谓欧化，大致就是英化，因为中国人懂英语的比懂法、德、意、西等语的人多得多。拿英语来比较研究是更有趣的事；但是，这书的主要目的是给中学程度的人阅读，所以极力避免引用英语。本章里除必要外，也是以不引用英语为原则的。

这一节里先谈复音词的创造。凡两个或更多的字合成一个词，叫作复音词（见第一章第二节）。中国本来是有复音词的，近代更多，但是不像现代欧化文章里的复音词那样多。打个很粗的比例，古代、近代和现代复音词数目大约是一、三和九之比。现代文章里这种长句子（见本章第三节），如果不多用复音词，倒反觉得文气不畅。这是复音词大量创造的原因。

大多数的复音词都是在英语里有相当的词的，若说得明白些，也可说是由英语翻译而来的。这种由翻译而来的复音词大致可分为三种，如下：

（一）原有复音词的利用

中国原有的复音词或近似复音词的仂语，有些和西文的词的意义相同或相似者，咱们就利用它们来表达现代的思想。注意：这些词的涵义不一定和它那古代的涵义完全相合，却是和西文里相当的那些词的涵义完全相合。此种又可细分为三类：

（1）与原意相差不远者，如：

名　词：道德　精神　家庭　粮食　价值　生活① 会计
　　　　 生产　功用　习惯　程度　资格　方面　机会
　　　　 文学　小说　机械　态度

形容词：深刻　勇敢　高尚

动　词：休息　维持　观察　启发　扩充　建设　组织
　　　　 劳动　介绍　著作

（2）词性变更者，如：

影响　"影、响"本是两个名词，是影子和回声的意思；但现代通常用为动词，有时候再由动词用为首品。

矛盾　"矛、盾"本是两个名词，古人说"自相矛盾"，是由两个名词变为一个动词。现代的"矛盾"是形容词，有时候再由形容词用为首品。

牺牲　"牺牲"本是一个名词，是祭祀所用的牛羊豕等，现代的"牺牲"是动词，有时再由动词用为首品。

---

① 词类系按现代意义分类，例如"生活"在上古本系动词，现代通常用为名词，故归入名词一类。其余由此类推。

（3）并合语①，如：

结果　本是结成果实的意思，是一个谓语形式。现代所谓"结果"，只等于"因果"的"果"字，结字的意义是消失了。

怀疑　本是怀抱疑念的意思，是一个谓语形式。现代所谓"怀疑"，只是"疑"的意思，"怀"字的意义是消失了。

（4）化合语，如：

卫生　本是自卫其生命的意思，是一个谓语形式。现代"卫生"二字不被别的字隔离，就变为一个单词了。

革命　本是改革天命的意思，是一个谓语形式。现代"革命"二字不能分开来解释，就变为一个单词了。

（二）复音词的创造

现代大多数的复音词，都不是像上项所说，利用中国原有的复音词或仂语造成的，而是完全创造的。此种又可分为二类：

（1）同义复音词　把意义相同或相似的两个词合起来，造成一个新词，叫作同义复音词。此类最多，大约占全数复音词十分之七八。我们还可以把它分为两个小类：

①中国本来没有和西洋某词同意义的词，故须另造。

西洋的思想传入中国之后，中国人有时候不免依照西洋语言去运用思想或发表文章。文章虽是用中文写的，却是西文的影子，所以凡遇着西洋的词义是中国原有的所不能表达者，就不免创造一些新词，例如：

名　词：社会　权利　资本　条件　意识　灵魂　象征

形容词：原始　甜蜜　基本

动　词：崇拜　解放　开始　想象　活动

②由单音词变成复音词。

---

① 参看第五章第二节。

自从白话文盛行之后，原有的单音词不大合用了；词的复音化本来是近代的趋势，所以不知不觉地大家创造了些复音词。这种新复音词还有一种好处，就是表示它接受了一种新的涵义（干脆说，是西文的涵义），或多或少地总与古代中国语里的涵义有些不同，例如：

名　词：　状—状态　　法—方法　　信—书信
　　　　　书—书籍　　业—职业　　情—情感
　　　　　思—思想　　行—行为　　基—基础
　　　　　币—货币　　心—心灵　　奴—奴隶
　　　　　义—意义　　乐—娱乐　　艺—艺术
形容词：　幸—幸福　　善—慈善　　重—重要
　　　　　全—完全　　完—完善　　独—单独
　　　　　苦—痛苦　　美—美丽　　伪—虚伪
　　　　　遍—普遍　　确—真确　　丰—丰富
　　　　　大—广大　　伟—伟大　　健—健康
　　　　　切—密切　　简—简单
动　词：　明—明了　　解—了解　　庆—庆祝
　　　　　保—保存　　离—脱离　　需—需要
　　　　　要—要求　　受—接受　　生—生产
　　　　　消—消化　　灭—消灭　　赞—赞美
　　　　　望—希望　　识—认识　　展—伸展
　　　　　表—表现　　作—工作　　行—旅行
　　　　　记—记忆　　动—动作　　发—发泄
　　　　　染—传染　　助—帮助　　研—研究
　　　　　办—办法　　增—增加　　读—阅读
　　　　　写—书写　　买—购买　　住—居住

复音词还有一种好处，就是可以有更明显的意义，例如"行"字本来有许多意义，若分为"旅行"和"行为"之类，就各只有一个意义了。此外如"义"字变为"意义"，就不至于再令人误会为"仁义"的"义"；"完"字变为"完善"，就不至于再令人误会为"完成"的"完"；"受"字变为"接受"，就不至于再令人误会为"遭受"，都是能使词义一目了然的。但也有单音词本来就只有一个常用的意义，变为复音词并不能使词义更为明显，例如"赞"和"赞美"、"助"和"帮助"、"读"和"阅读"、"写"和"书写"、"买"和"购买"、"住"和"居住"等；这些复音词的用途，就只在于使语言的节奏更加谐和罢了。

词由单音变为复音，对于造句法也有影响。第一章第三节里说过，形容词和动词用为首品者，往往是些双音词；单音的形容词和动词是不大适宜于做首品的。现代欧化的词大多数是双音的，于是差不多所有的形容词和动词，都可用为首品了。下面是从徐志摩《我所知道的康桥》录出的几个例子：

（A）但河上的风流还不止两岸的秀丽。

（B）只远处牛奶车的铃声，点缀这周遭的沉默。

以上是形容词用于首品。

（C）星星的黄花在风中动荡，应和着它们的扫拂。

（D）我心头顿时感着神异性的压迫。

以上是动词用于首品。

（2）复合词　有些复音词，若就中文看来，它们是一个仂语（两个以上的词相结合）；但若拿西文对照，它们却是一个单词。这种复音词，既不是纯粹的单词，也不能认为仂语，我们把它们叫作复合词（参看第一章第一节）。复合词的创造，往往也是因为中国原有的词当中没有适宜于翻译西文的某一些词的，例如：

名　词：哲学　　工具　　银行①字幕　　壁炉　　弹性　　本能
　　　　环境　　水准　　速度　　视觉　　公路　　公司　　发条
　　　　动物　　爱情　　钻石　　作品　　作者（作家）　理想
　　　　单调②主观　　客观③真理　　现实
形容词：相对　　绝对　　国际　　整个
动　词：肯定　　否定　　保险　　改良（改善）　　实现　　利用
　　　　欣赏

（3）音译　凡遇一个西文的词，中国没有相当的词可译，而又不容易（或不喜欢）依照汉字的意义创造新词，于是有音译的办法。音译的新词不算很多，大致可分为三类：

①纯然译音者，如：

　　摩登　模特儿　梵哑铃（怀娥铃、外奥林）　咖啡　可可
　　咖喱　巧古力（朱古拉）　加伦　盎斯　先令　辨士　佛郎
　　马克

②音译之中杂有有意义的汉字者，如：

　　坦克车（唐克车）　冰淇淋

③音译之中似乎兼顾到汉字的意义者④，如：

　　逻辑　幽默

* * *

复音词对于中国语法的影响　中国语向来被称为单音语，就是因为

---

① 有些新名词并不是中国人创造的，而是采用日本语的。但日本人当初创造新名词的时候，也是利用汉字，和咱们后来创造新名词的方法大致相同，所以不必分别讨论。

② "理想"和"单调"兼属形容词，因为 ideal（理想）本有名、形两性，而"单调"则等于 Monotone（名词）和 Monotomous（形容词）。

③ "主观"和"客观"本是名词，但若说成"主观的"和"客观的"则是形容词。

④ 注意：这一类最好也当作纯然译音看待，因为望文生义倒反容易误会了它们的意义。"逻辑"（logic）并不是"逻而辑之"；"幽默"（humor）也不是"幽而且默"。

大多数的词都是单音词；现在复音词大量地增加了，中国语也就不能再称为单音语了，这是最大的一种影响。词由单音变为双音之后，往往因为有西文对比的缘故，一个词似乎可以兼属于两个以上的词类，词类的界限不像从前（欧化以前）那样清楚了，例如：

（A）（1）西人以橄榄树为和平的象征。

这"象征"等于 symbol，是名词。

（2）西人以橄榄象征和平。

这"象征"等于 symbolize，是动词。

（B）（1）他的身体很健康。

这"健康"等于 healthy，是形容词。

（2）他已经恢复了他的健康。

这"健康"等于 health，是名词。

（C）（1）他对于生物学的研究很有成绩。

（2）他喜欢研究生物学。

汉文 study 有名、动两性。

新词有西文为背景，有时候依中文字面上看来是不通的，大家也承认是通的了，例如：

（A）中国动员了几百万的军队。

"动员"在字面上是一个谓语形式，是叙述词及其目的语，现在只当一个动词用，这是中国语的习惯所不容许的。但若把它和英文 mobilize 相比，则又不可认为不通了。

（B）他本能地伸了一伸腰。

依中国语的习惯，名词后面不能跟着末品词尾"地"字。但这里的"本能地"算是等于英文副词 instinctively，则又可通了。

但是，单就中国语本身而论，词类的界限仍是可以分得颇清楚的，例如"象征"和"本能"的本性是名词，"健康"的本性是形容词，"研究"

的本性是动词等（"动员"是不妥的译名，不必论）。这样，中国词的欧化，实际上并没有影响到词类的区分。

不能复音化的中国词　中国词虽倾向于复音，然而有些词实在是不能或不容易复音化的。这一种词可以分为三类来说：

第一类　是本来单音的实物名称，例如：

风　雨　雪　雷　山　水　鸟　鹅　猫　狗　马　牛　羊
鹿　梨　床　笔　墨　纸

第二类　是很普通的动词，也不容易复音化，例如：

打　骂　来　去　起　扔　拾　叫　飞　走　吃　喝　看
念　唱　哭　笑

第三类　是少数的形容词，例如：

高　低　厚　薄　多　少

以上所述，第一类复音化大约是不可能的（如果将来可能的话，也只能加上中国原有名词记号如"子"字之类）；第二、第三两类的复音化虽不是绝对不可能，然而变成复音总有几分勉强，例如"殴打、詈骂、崇高、卑低"之类，即使有人写在文章里，恐怕也是永远不能为一般民众口语所采用的（上面所举的"书写、阅读、购买"，也近似于这一类）。由此看来，中国词的复音化是有限度的；将来也决不至于每词都变为复音，至少在口语里是如此。

练　习

试就下面所引的几个例句里的词，指出哪一些是中国原有的复音词，哪一些是新复音词：

（A）这件事是你的责任，你不应该推托。

（B）他喜欢卖弄他的本领。

（C）今天是他结婚三周年纪念。

（D）这些亲戚们都常常往来。

（E）敌机又来轰炸，但是损失不大。
（F）贾母招待刘姥姥，很有礼貌。
（G）我知道他缺乏诚意，所以没有允许他。
（H）他向来不曾实行过他的诺言。

第二节　主语和系词的增加

受西文影响颇深的人，往往不知不觉地或故意地，采用了一些西洋语言的结构方式。如果那结构方式是西洋语法的重要部分，越发容易影响到中国现代的文章里。本节里我们将讨论西洋语言的两个主要成分——主语和系词，看它们对于中国现代语是怎样的影响。

一、主语的增加

西洋每一个句子里，通常必须有一个主语；中国语则不然，当说话人和对话人都知道谓语所说的是谁（或什么）的时候，主语可以不用（见第一章第五节）。近年书报上的文章，因为欧化的缘故，主语的数量渐渐增加了，所以不用的地方也用起来了。当初有意提倡的人，似乎是觉得每句有个主语然后意义更明显些，所以才这样做；但是现在一般不满三十岁的青年，受了现代书报的影响，自然地多用主语，无所谓提倡欧化了。

提倡欧化的人虽主张尽量用主语，但他们对于无主句（如"下雨了""是我害了他"之类，见第一章第五节），也不勉强添上一个主语。通常中国语可以不用而欧化文章一定要用的主语只有两种：第一，是承说的省略和习惯的省略；第二，主语该是一般人，并不限于某一个或某一些人。现在分别讨论于下。

（1）可省而不省的主语　依中国语的习惯，主语可以因承说而省略（如"他、他们"之类），也可以因习惯而省略（如"我、你"之类）。关于这一点，第五章第五节已经说过了。这些省略法，在提倡欧化的人是觉得不妥的,因为他们以为每一个句子形式里必须包含着一个主语。像下面所引《红楼梦》的两个例子,若改为欧化的语言,大致可添上不少的主语。现在我们替它们添上,并用〔 〕号为记,如下:

(A)王夫人看了,又心疼,又怕明日贾母问怎么回答……宝玉道:"〔我〕有些疼,〔这〕还不妨事。明儿老太太问,〔你们〕就说我自己烫的罢了。"凤姐笑道:"〔我们〕便说是〔你〕自己烫的,〔她〕也要骂人为什么不小心看着……横竖有一场气生的。"(25)

"她"字是承说的省略,其余都是习惯的省略。

(B)(你〕咳嗽的才好了些,〔你〕又不吃药了。如今虽然是五月里,天气热,〔你〕到底也该还小心些。大清早起,〔你〕在这个潮地方站了半日,也该回去歇歇了。(35)

这些"你"字都是习惯的省略。

现在再引现代人的两个例子,可与上面的两个例子参看:

(A)小孩子作事,完全由于他的兴趣。他可以写字,但他并非欲成一书家。他可以画画,但他并非欲成一画家。他更非欲以写字画画得到所谓"世间名利恭敬"。他写字画画,完全是无所为而为。他作某种事,完全是乘兴。他兴来则作,兴尽则止。(冯友兰《新世训》63页)。

(B)我在康桥时虽没马骑,没轿子坐,却也有我的风流,我常常在夕阳西晒时骑了车迎着天边扁大的日头直追。(徐志摩《我所知道的康桥》)

(2)可无而欲其有的主语　有时候,咱们所讨论的事情是关于一般人的,并不是关于某一个人或某一些人的;依中国语的习惯,在这种情形之下,往往用不着主语[①]。但若在欧化的文章里,普通总喜欢加上一个主语,这主语可以用"咱们"(以"咱们"替代一般人)和"我们"(中

[①] 偶然用得着的时候,就用"人"字。

国普通官话里,"我们"可兼用于包括式,等于北京的"咱们"),或"人们"("人们"是新兴的代词,即指一般人而言,参看本章第六节),或"你"(以"你"替代读者,亦即替代一般人),例如:

(A)〔咱们〕若是果有了奇句,连平仄虚实不对都使得的。(48)这虽是林黛玉教香菱做诗的话,却是为一般人说的。

(B)题目倒都拟的是的。只是〔咱们〕要作会试工夫,却比乡试一步难似一步了。乡试中后,〔咱们〕便算交过排场。明年〔咱们〕连捷,固好;不然,〔咱们〕还有个下科可待。到了会试中后,紧接着便是朝考。朝考不取,殿试再写差些,〔咱们〕便拿不稳点那个翰林。〔咱们〕不走翰林这途,同一科甲,就有天壤之别了。(《儿女英雄传》36)

从"只是"以下是安学海泛论科举对于当时读书人的关系。

现在再引现代人的几个例子如下:

(A)客观的批评,同客观的艺术一样的并不存在。那些自骗自的相信不把自己的人格混到著作里去的人们,正是被那最谬误的幻见所欺的受害者。事实是:我们决不能去脱我们自己。……倘若我们能够一刹那间用了苍蝇的多面的眼睛去观察天地,或者用了猩猩的简陋的头脑去思索自然,那么,我们当能可以做到了。但是这是绝对不可能的。我们不能像古希腊的铁勒西亚斯生为男人而有做过女人的记忆。我们被关闭在自己的人格里,正如在永久的监狱里一般。我们最好,在我看来,是从容的承认了这可怕的境况,而且自白我们只是说着自己,每当我们不能再守沉默的时候。①(周作人《文艺批评杂话》)

(B)不说谎包含有两种意义:一、我们所说的话,就恰是我们所想说的话。二、我们所说的话,我们都由肚子说出来了,毫无余蕴。(朱光潜《无言之美》)

---

① 这是翻译法朗士的一段话,所以欧化的程度更高。

（C）你要发见你的朋友的真，你得有与他单独的机会。你要发见你自己的真，你得给你自己一个单独的机会。你要发见一个地方，你也得有单独玩的机会。（徐志摩《我所知道的康桥》）

若拿中国从前批评文章的眼光看去，上面三个例子里，有许多"我们"和"你"是根本用不着的，又有许多"我们"和"你"是可因承说而省略了的。可无而欲其有，可省而不省，都是因为希望每一句话里有一个主语。

二、系词的增加

在西文里，形容词不能单独用为谓词，必须有系词介绍，例如中国话"他的妻子很好"，在英文里该是 His wife is very good，而不是 His wife very good，这种语法也渐渐影响到中国来。现在有些人倾向于用判断句去替代一切描写句（关于判断句和描写句，参看第一章第八节），例如避免"他的妻子很好"一类的句子，而说成"他的妻子是很好的"一类的句子。于是"花红柳绿"变为"花是红的柳是绿的"，"父慈子孝"变为"父亲是慈爱的，儿子是孝顺的"，等等。我们在第一章第八节里说过，这两种形式的意义并不一样。譬如下面的两个例子，就是不能由描写句变为判断句的：

（A）妻贤夫祸少，表壮不如里壮。（68）

（B）贾母因见月至天中，比先越发精彩可爱。（76）

但是，有些人却更进一步，创造一种中国本来没有的形式，求其与西文的形式相当。中国语由描写句变成的判断句，乃是"是……的"式，例如"花是红的"。现在却有人把"的"字也减去了，说成"花是红"之类，这是中国从前所没有的。中国本来虽也有"是"字加描写语而又没有"的"字跟着的形式，但是，那种"是"字并不是真正的系词，而是用来加重承认的语势的。下面是鲁迅《狂人日记》的一个例子：

"这等事问他做什么？你真会……说笑话。……今天天气很好。"

"天气是好，月色也很亮了。可是我要问你：'对么？'"

不过，偶然有些欧化的描写句确也需要一个"是"字，因为形容词前面有欧化的末品，非用"是"字就觉得很不顺，例如：

（A）一丝发抖的声音，在空气中愈颤愈细，细到没有，周围便都是死一般静。（鲁迅《药》）

（B）英国的天时与气候是走极端的，冬天是荒谬的坏。（徐志摩《我所知道的康桥》）

若说"周围便都静得像死一般"和"冬天坏到荒谬的地步"，自然用不着"是"字，现在把"死一般"和"荒谬的"作为末品，若不用"是"字，说成"周围便都死一般静"和"冬天荒谬的坏"，就中不像中，西不像西，令人觉得不顺了。

另有些地方，本来可以不用"是"字的，用了不过是不知不觉地受了西文的影响，例如：

（C）我们都是太匆忙，太没有单独的机会。（徐志摩《我所知道的康桥》）

依中国语法，可说成"我们都太匆忙了，太没有单独的机会了"。

但是，现代文人对于描写句加"是"字，似乎多数只是一种倾向，并未成为一种主张，所以同一个人在同一篇文章里，有时加"是"字，有时也不加"是"字，例如：

（A）这一年的清明分外寒冷。（鲁迅《药》）

（B）花也不很多，圆圆的排成一个圈，不很精神，倒也整齐。（鲁迅《药》）

（C）她们很敏捷。（徐志摩《我所知道的康桥》）

（D）黑啤酒如太浓，苹果酒姜酒都是供你解渴润肺的。（徐志摩《我所知道的康桥》）

在第一章第八节里，我们认为描写句加"是"字是一种错误，因为就中国语法本身而论，是不应该加"是"字的。除了特殊的情形（如"冬天是荒谬的坏"一类的结构）之外，普通的描写句实在没有增加"是"字的必要。尤其是形容词前面带着"很、太、非常"一类的字的，更不适宜于加"是"字。像下面的两个例子，我们仍旧认为是不合中国语法的：

（A）轰炸机头上有两三个发动机，发出来的声音是很沉重。（《朝报》副刊1941年7月1日）

（B）每一架重轰炸机的发动机至少都有两部以上，且在飞行时，其发出的声音是非常大。（《朝报》副刊）

语法只是习惯，并没有一定的形式。西洋语言所要求的形式，并不一定是中国语所要求的。所以描写句用系词在西洋是合语法的，在中国却是不合语法的。假使将来中国一般民众都接受了这种新的语法，自然不必再认为错误了；但是，若以为西洋语法比中国语法更合理，这种错误的观念仍是必须矫正的。

练 习

（1）下面诸例句中，哪一些主语是可以不用的？

（A）咱们不怕别人不了解咱们，只怕咱们不能了解别人。

（B）咱们知道就说知道，咱们不知道就说不知道。这样，可算是都知道了。

（C）人如果没有信用，怎么行呢？

（D）咱们求学应该像赶不上什么似的。这样，咱们还怕求不到学问么？

（E）贾瑞说道："嫂子连我也不认得了？"凤姐儿道："我不是不认得；猛然一见，我想不到是大爷在这里。"

（F）我还有事，改日我再过来瞧姑娘罢。

（G）老太太自然有好酒令，我们如何会呢？老太太安心叫我们醉了，我们都多吃两杯就有了。

（H）你天天又说我不知世务。……如今我发狠，把那些没要紧的都断了，如今我要成人立事，学习买卖，你又不准我了！你叫我怎么样呢？我又不是个丫头，你把我关在家里，何日是个了手。

（2）下面诸例句中，哪一些"是"字是不应该用的？

（A）此人名唤孙绍祖，生得相貌是魁梧，体格是健壮。

（B）谁知城里不但人是尊贵，连雀儿也是尊贵的。

（C）众人闻得宝琴……做了十首怀古绝句，内隐十物，皆说："这自然是新巧。"

（D）如今他藐视李纨是老实，探春是年轻的姑娘。

（E）唯有倚势强索石呆子古扇一款是实的。

（F）我是糊涂的要死！怎么不早来请姑奶奶的安？

（G）待二哥哥也是极尽妇道的，和香菱又是甚好的。

（H）到底女人的心肠是慈悲的。

第三节　句子的延长

试把《红楼梦》一类的书和现代欧化的文章相比较，则见前者的长句子很少，后者的长句子很多。这并不是偶然的。西洋的句子本来就比中国的句子长。中国人如果像西洋人那样运用思想，自然得用长句子；翻译西洋的文章，更不知不觉地用了许多长句子。因此，句子的延长也是欧化文章的一种现象。

句子的延长，就是多用句子形式和谓语形式构成次品或末品。本来，复音词的增加，已经使句子加长了一倍；再多用次品句子形式之类，自然更长了。

《红楼梦》一类的书，也不是绝对没有长句子[①]，例如：

（A）拿绳子、鞭子，把眼睛里没主子的小蹄子打烂了。（44）

[①] 参看第一章第六节及第七节。

（B）弄的潇湘妃子连一座血泪成斑的潇湘馆也立脚不牢。（34）

以上是用句子形式构成次品。

（C）这么胡子苍白了又做了官的一个大儿子，要了做屋里人，也未必好驳回的。（46）

（D）天打雷劈五鬼分尸的没良心的东西！（68）

以上是用句子形式和谓语形式构成次品。

（E）比如袭人、琥珀、素云、紫鹃、彩霞、玉钏、麝月、翠墨，跟了史姑娘去的翠缕，死了的可人和金钏，去了的茜雪，连上你我，这十来个人……（46）

（F）又有八寸来长四五寸宽二三寸高点着山石布满青苔的小盆景。（53）

（G）你那仇人，正是现在经略七省挂九头铁狮子印秃头无字大将军纪献唐。（《儿女英雄传》17）

（H）只叫他在这上不在天下不在地的地方，给我结了几间茅屋。（《儿女英雄传》8）

以上是用谓语形式构成次品。

（I）便心不由己的满口应了出去。（72）

（J）坐定了，便目不转睛的看着安太太。（《儿女英雄传》20）

以上是用句子形式构成末品。

（K）你们两个在这里帮着师父们替我拣佛头儿。（71）

以上是用谓语形式构成末品。

但是，这种长句子还不够多，而且往往不够长。有许多地方，在《红楼梦》里是散漫的几个句子形式，若照欧化的造句法，还可以使它们更紧凑些，例如：

（A）（原式）一个小道士儿，剪蜡花的，没躲出去，这会子混钻呢。（29）

（欧化式）一个剪蜡花的小道士儿没躲出去……

（B）（原式）一天多添几斤香油，点个大海灯。那海灯就是菩萨现身的法像，昼夜不息的。（25）

（欧化式）一天多添几斤香油，点一个昼夜不息的，就是菩萨现身法像的大海灯。

（C）（原式）不如后园门里头的五间大房子，横竖有女人们上夜的，挑两个厨子女人在那里单给他姊妹们弄饭。（51）

（欧化式）不如挑两个厨子女人在后园门里头那横竖有女人们上夜的五间屋子里单给他姊妹们弄饭。

现在我们从现代人的作品里，再看欧化的长句子是怎样的。

（一）欧化的次品

欧化的次品，就是用来修饰首品的次品句子形式和次品谓语形式，咱们平常口语里不这样说的，例如：

（A）它那脱尽尘埃气的一种清彻秀逸的意境可说是超出了图画而化生了音乐的神味。（徐志摩《我所知道的康桥》）

若非欧化，可说成："它那一种清彻秀逸的意境脱尽了尘埃气，那种神味可说是超出了图画，化生了音乐。"

（B）那些自骗自的相信不曾把他们自己的人格混到著作里去的人们，正是被那最谬误的幻见所欺的受害者。（周作人《文艺批评杂话》）

若非欧化，可说成："有些人自己骗自己，相信不曾把自己的人格混到著作里去，这种人实在是被那最谬误的幻见所欺。"

（C）说政府想借此提倡著作，自然是给政府自己都没想到的恭维。（《西滢闲话》）

若非欧化，可说成："若说政府想借此提倡著作，这种恭维，自然是连政府自己都没想到的。"

（D）我每看见一般有些天才而自愿著述终身的朋友在干着种种无聊的事情，我只好为著作界的损失一叹了。（《西滢闲话》）

若非欧化，可说成："我常常看见有些朋友颇有天才，而又自愿著作终身，他们却在干着种种无聊的事情，我只好为著作界的损失一叹了。"

第二章第七节里说过，依中国语的习惯，次品如果很长，总是放在其所修饰的首品的后面。只有那些极度形容语（如"胡子苍白了又做了官的""天打雷劈五鬼分尸的"），才放在首品的前面，使文气更生动些。现在欧化的文章却不然了，不论是否极度形容语，一切的修饰次品都放在其所修饰的首品的前面。因此，如果这修饰次品很长，句子形式也就跟着很长了。尤其是共有两个以上的次品谓语形式（如B、D），就更长了。

（二）欧化的末品

欧化的末品，是末品句子形式或末品谓语形式，咱们平常口语里不这样说的。大约可以分为五种，现在分别叙述于后。

（1）描写词前面的末品谓语形式　依中国原来的语言习惯，描写词的前面只能有单词（如"很好、太坏"），或等于程度副词的仂语（如"十分好、非常坏"），不大会有末品谓语形式①。而现代欧化的句子却往往在描写词的前面加一个末品句子形式或末品谓语形式，例如：

（A）我信生活决不是我们大多数人仅仅从自身经验推得的那样暗惨。（徐志摩《我所知道的康桥》）

这是末品句子形式。

（B）那不可信的玲珑的方庭，谁说不是圣克莱亚的化身。（徐志摩《我所知道的康桥》）

这是末品谓语形式，"不可信"是修饰"玲珑"的。

（C）他这一次考试的成绩，是出乎意料之外的好。

---

① 偶然也有一二个例子，例如："他不像你这样利害。"

这也是末品谓语形式。

（2）进行貌的利用　进行貌用于末品谓语形式里，是中国原有的办法①，例如：

（A）我少不得忍着痛下去取去。（35）

（B）我偏着娘说大爷大娘不成？（46）

（C）贾兰也不言语，只管抿着嘴儿笑。（88）

但是，到了现代欧化的文章里，更大量地应用了。从前往往是三五个字的末品谓语形式，现在常有七个字以上的了；从前只有一个进行貌的谓语形式用为末品，现在常有两个以上的了，例如：

（A）有一次，我赶到一个地方，手把着一家村庄的篱笆，隔着一大田的麦浪，看西天的变幻。（徐志摩《我所知道的康桥》）

句子的主要部分是"有一次我赶到一个地方去看西天的变幻"，其余都是末品谓语形式。

（B）夜里她曳着白衣蓝裳，头上插着新月的梳子，胸前挂着明星的璎珞，翩翩地飞行于海波之上。（谢冰心《往事》）

句子的主要部分是"夜里她翩翩地飞行于海波之上"，其余都是末品谓语形式。

（3）方式末品的欧化　中国原来的方式末品有两种：一种是没有后附号"的"字的，例如"高飞、慢走、拿笔写字、用刀斫柴、闭着眼睛养神"之类；另一种是有后附号"的"字的，例如"细细的赏玩、哼哼唧唧的说、求三拜四的谋干"之类。这样，咱们可以归纳得两个原则：

（甲）末品单词和普通的末品谓语形式不用"的"字。

（乙）拟声和绘景的末品用"的"字。

中国语本来的习惯，普通的末品谓语形式后面加"的"字的，甚为

---

① 参看第一章第六节及第三章第五节。

罕见；但是，现代欧化的文章喜欢用谓语形式构成末品，而又不是常见的末品谓语形式，于是只好加一个"的"字（"地"字），以表示它的性质，例如：

（A）你一定不迟疑的甘愿进地狱本身去试试。（徐志摩《我所知道的康桥》）

若非欧化，可说成："你一定甘愿进地狱本身去试试，毫不迟疑。"

（B）有一个白胡子的船家往往带讥讽的对我说。（徐志摩《我所知道的康桥》）

若非欧化，可说成："……往往讥讽我说。"

（C）他不是苟延残喘的活命。（周作人《新希腊与中国》）

若非欧化，可说成："他并不是苟延残喘。"

（D）他们却百折不回的继续奋斗，至两年之久，究竟得申冤狱。（《西滢闲话》）

若非欧化，可说成："他们却百折不回，继续奋斗……"或"他们却继续奋斗，百折不回……"

（4）处所末品的欧化　中国本来是有处所末品的；但是，欧化的处所末品又和咱们原有的不同，例如：

（A）霎那间在我迷眩了的视觉中，这草田变成了……（徐志摩《我所知道的康桥》）

依中国语言习惯，"在"字后面往往是一种实物；视觉不是实物，所以这种处所末品是欧化的。

（B）他们都是急急忙忙的，在时间金钱的限制下采办他们生活所必需的。（林徽因《窗子以外》）

"限制"是一个抽象名词，也不是实物，所以这种处所末品也是欧化的。

（C）这一笔款子的数目，对于我是太大了。

这种处所末品，是限制描写语的。这一笔款子对于别人也许不算大，对于我则是太大了。这种限制描写语的处所末品是中国本来没有的。照纯粹中国的说法，只能说："这一笔款子的数目太大了。"或者再补一句："别人也许不觉得大，我是觉得大的。"

（5）其他　就普通说，西洋人的文章总比中国人的谨严些，周到些。为了要谨严周到，就往往多用些末品语，以免有漏洞。而这种末品语又往往是中国本来所没有的，例如：

（A）就社会说，艺术的功用，像托尔斯泰所说的，在传染情感，打破人与人的界限。（朱光潜《文艺与道德》）

"就社会说"这一个末品指定了立论的范围；"像托尔斯泰所说的"这一个末品注明理论之所由来。

（B）这话表面看去，不通已极。（朱光潜《文艺与道德》）

主要部分是"这话不通已极"，但说话人并非真的以为这话不通，所以补上，"表面看去"是一个末品。

本节里所谓句子的延长，并不是说每一个欧化的句子都比非欧化的长，而是说多数的欧化句子比非欧化的长。句子长的原因是有长的修饰品[①]，而长的修饰品就是西文的一种特色。有时候，若要运用现代的思想，使文章合于逻辑，确有写长句子的必要；但是，勉强把句子拉长仍该认为一种毛病，所以句子的欧化应该是不得不然的，而不应该是勉强模仿的。

练　习

（1）下面两个例句，试改为欧化的句子：

（A）他昨天买了一件，是上海很著名的裁缝做的。

（B）他今天心绪不佳，工作时很不留心。

（2）下面几个例句，试改为非欧化的句子：

（A）我在街上遇见了一个右手抱着小孩左手拿着破篮的女叫化子。

[①]　此外长的等立仂语也可以使句子长，例如"顶头见晴雯、绮霞、碧痕、秋纹、麝月、侍书、入画、莺儿等一群人来了"（27）。

（B）他不问情由地打了他的丫头一顿。

（C）这衣裳对于我是太大了。

（D）他读了一本篇幅不多然而很能令人发生兴趣的书。

第四节　可能式、被动式、记号的欧化

一、可能式的欧化

"可"字的欧化意义　"可"字（"可以"）在中国原来的意义是表示为情况所允许（见第二章第一节）。现在欧化的文章里，有些地方的"可"字（或"可以、可能、可能地"）乃是或者如此或未必不如此的意思，这种意义是"可"字本来没有的，例如：

（A）就逻辑上所谓性说，一个个体可原来无某性而后有，或原来有某性而后无。（冯友兰《新事论》156页）

（B）一个社会如有新性，其有新性可以不合乎其旧情。（冯友兰《新事论》174页）

（C）将来的命运可以是好的，也可以是坏的。

（D）他很可能地不再到这里来了。

尽可能　"尽可能"是能做到什么地方就尽量做到那个地步。这也是新的说法，例如：

（A）你尽可能地早去。

若非欧化，可说成："你能去多么早，就去多么早。"

（B）他尽可能地慢走。

若非欧化，可说成："他能走多么慢，就走多么慢"或"他走路慢的不能再慢"。

可能式的排偶　欧化的可能式可以把"能"和"该"并列为末品，又可以把"能"或"该"和非可能式的句子并列。此类往往是否定语，例如：

（A）我不能，也不该离开他。

（B）你仍然像在特别包厢里看戏一样，本身不曾，也不必参加那出戏。（林徽因《窗子以外》）

可能式的变相　有时候，"可能"和"必要"用为首品，做"有"字的目的语，可认为可能式的变相，例如：

（A）中国没有亡国的可能。

等于说："中国不会亡国。"

（B）他没有回家的必要。

等于说："他不必回家。"或"他不用回家"，或"他用不着回家"。

二、被动式的欧化

我们在第二章第四节里说过，被动式所叙述的是不如意或不企望的事，并非一切的叙述句都可变为被动式。现代欧化的文章里，就不依照这一种习惯了；因为西文里如意的事或企望的事也都可用被动式，于是凡西文能用的，中国人也跟着用（尤其是翻译），许多从前不说的话现在也说了，例如：

（A）他被选为会长。

做会长并非不如意的事。依中国原来说法，可用主动句，说成："大家举他做会长。"

（B）昨天捉着的嫌疑犯，经警察局证明无罪，已被释放了。

"释放"对于那嫌疑犯正是喜事，不是不企望的事。依中国语的习惯，只须说"已经释放了"就是了。

下面是从书报上抄下来的一些欧化被动式的例子：

（A）他们自己恰正了解遵守着这个真理，因此被赋裁判的权威，为他们的批评的根据。（周作人《文艺批评杂话》）

（B）同时，一种新式的赤外线高射炮也被使用。（三十年七月

十一日《朝报》副刊 1941 年 7 月 11 日）

（C）衡山王吴芮、九江王黥布，其后都被刘邦重用。(《星期评论》第三十一期）

（D）希特勒竟不顾一切，冒险进攻向被视为举足轻重的苏联。(《当代评论》一卷一期）

三、记号的欧化

记号也有欧化的。有些是用原有的记号而扩充它们的用途，如"们、的、着"等；亦有借用动词（如"化"字）、形容词（如"上"）、名词（如"性、度、品、家"）、代词（如"者"）者。现在一一讨论如下：

"们"字　"们"字表示复数，本以人伦的称呼为限。近来它的用途渐渐扩大了，不是人伦的称呼也可以用了，例如：

（A）爱热闹的少年们携着他们的女友……（徐志摩《我所知道的康桥》）

（B）诗人们的性情，往往和常人不一样。

《红楼梦》里许多地方，依欧化语法是应该用"们"字的：

（A）众清客在旁笑答道："老世翁所见极是。"（17）欧化则该说"清客们"。

（B）编这样书的人，有一等妒人家富贵的……（54）欧化则该说"编这样书的人们"。

注意："们"字的用途虽扩充了；但只以关于人的为限。多数的苹果不能称为"苹果们"；多数的椅子不能称为"椅子们"。

"的"字　"的"字在翻译英文的时候，有三种用途：

（甲）用来译英文的 of 及做领格的记号，如 the son of my friend 译为"我的朋友的儿子"。

（乙）用来做形容词和次品句子形式的记号，如 a beautiful girl 译为"一个美丽的少女",The man who came here this morning was my school friend 译为"今天早上到这儿来的那人是我的同学"。

（丙）用来做末品（副词）的记号，如 He works carefully 译为"他很留心的工作"。

注意：丙类的欧化程度最深，这种说法是中国本来不大听见的（参看上节）。

有人认为这三种"的"字有分别的必要，因此把甲类"的"字仍写作"的"，乙类写作"底"，丙类写作"地"。这只是文法的欧化，和语法没有关系，例如：

（A）照刘姥姥的看法，贾母、凤姐等都本来是聪明能干底，天生应该享福底，而他自己及板儿都本来是愚鲁拙笨底，天生应该受罪底。贾府的鸡蛋天然地比刘家的鸡蛋精致小巧。这看法完全是错误底。（冯友兰《新事论》43—44页）

（B）理智底活动与理智的活动不同。理智底活动是人的活动受理智的指导者。理智的活动，是理智本身自己的活动。例如人见天阴而出门带伞，是理智底活动，算算学题是理智的活动。（冯友兰《新世训》23页）

按：理智底活动是 reasonable activity，理智的活动是 activity of reason，这种分别，更显得是欧化的。

但是，"底"字在现代文章里尚不多见；普通只用两分法，甲、乙两种"的"字仍写作"的"，丙种写作"地"，例如：

（A）但路上的沙土仿佛已是闪烁地生光。（鲁迅《示众》）

（B）胖大汉就在槐荫下看那很快乐地一起一落的狗肚皮。（鲁迅《示众》）

"一起一落的狗肚皮"不写成"一起一落底狗肚皮"。

（C）一个人如果要真是一个大好人，必须能深刻地广阔地想象。（朱

光潜《文艺与道德》）

（D）孔子有一天突然地很高兴地对他的学生说："予欲无言。"（朱光潜《无言之美》）

（E）推广地说，美术作品之所以美，不是只美在已表现的一小部分。（朱光潜《无言之美》）

"已表现的一小部分"不写成"已表现底一小部分"。

"着"字　"着"字本是表示进行貌的；但是现代欧化文章里有些"着"字和原来的进行貌既不相同，它们似乎只是一般动词的后附体[①]，例如：

（A）挟洋伞的长子也已经生气，弯下了一边的肩膊，绕肩疾视着肩后的死鳊鱼。（鲁迅《示众》）

（B）胖大汉和巡察都斜了眼研究着老妈子的钩刀般的鞋尖。（鲁迅《示众》）

（C）他用着山西口音告诉你。（林徽因《窗子以外》）

（D）关于这问题，还是留待以后再讨论。同时希望着别人能有新款的意见发表。（林徽因《窗子以外》）

像这些"着"字都是可以不用的。用它，乃是现代的一种风气。

"化"字　在英文里，由名词或形容词变成的动词，词尾为 ze 者，译成中国文，往往加一个"化"字做记号，例如：

europeanize 欧化　　generalize 普通化　　standardize 标准化

materialize 物质化　　militarize 军事化　　mechanize 机械化

idealize 理想化　　vulgarize 大众化

下面是现代作品中的两个例子：

（A）美术家对一种境遇，未表现之先，先加一番选择，选择定的材料还须经过一番理想化。（朱光潜《无言之美》）

[①]　最近几年来，这种倾向厉害了。"有"字向来不和"着"结合的，现在也有人写成"有着"，例如："这句话是有着很深的意义的。"这太违反中国的口语习惯了，也没有什么好处。

（B）苏方今日发表战报称：在两星期内，已将希特勒之机械化部队歼灭达一百万人。（莫斯科，1941年7月8日《国际电》）

"性"字　　凡英文由形容词转成名词，词尾为 -ty、-ce 或 -ness 者，译成中文，往往加一个"性"字做记号，例如：

possibility 可能性　　probability 或然性　　potentiality 可能性
importance 重要性　　mysteriousness 神秘性　　exactness 确切性
clearness 明显性

下面是一个现代作品的例子：

世界有缺陷，可能性（potentiality）才大。（朱光潜《无言之美》）

"度"字　　凡英文由形容词变为名词，表示高大一类的程度者（词尾多数为 -th），译成中文，就加"度"字，例如：

height 高度　　depth 深度　　strength 强度
length 长度　　breadth 宽度　　width 阔度

依中国原来的习惯，是不用"度"字的，只用"大小、长短"或单用"大、长、高、深、宽、阔"等。见第五章第一节。

"品"字　　"品"字和"化、性、度"颇有不同。"化、性、度"往往等于英文的词尾；"品"字并不等于英文的词尾，只是中文里把它和动词合成一个名词，去翻译英文的某一名词，例如：

作品 work　　　　食品 food①
出品 product　　　刺绣品 embroidery

"家"字　　凡专门研究一种学问的人称为专家，如"艺术家、哲学家"等。中国本来有所谓"道家、儒家"，但那是仂语，意思是说道的一派、儒的一派，和现代所谓"家"不尽相同。现代所谓"艺术家、哲学家"等，在英文往往不是仂语，只是一个单词，于是"家"字便可认为名词后附

---

① 但 beverage 普通只译为"饮料"，不译为"饮品"。

号之一种，等于英文词尾 -ist、-ian 或 -er 等，例如：

artist 艺术家　　　　philosopher 哲学家　　physiologist 生理学家
psychologist 心理学家　chemist 化学家　　　linguist 语言学家
grammarian 语法学家　astronomer 天文学家

下面是现代作品中的两个例子：

（A）艺术虽是"为我自己"，伦理学家却不应轻视它在道德上的价值。（朱光潜《文艺与道德》）

（B）真正艺术家创造时的最初动机也许是心有所感。（《西滢闲话》）

"者"字　"者"字本来是一个代词（见第四章第二节）；但是，在翻译的文章里，"者"字往往和动词合成一个名词，去翻译英文的某一些名词，后来即在非翻译的文章里，也用成习惯了，这一类的名词在英文里往往是以 -er 或 -or 为词尾的，"者"字在这种情形之下，也颇像那 -er 或 -or，所以可认为名词后附号之一种①，例如：

author 作者　reader 读者　worker 工作者　worshiper 崇拜者

下面是现代作品中的几个例子：

（A）但即使宇宙害了他，人总比他的加害者还要高贵。（周作人《散文钞》）

（B）我是一个生命的信仰者。（徐志摩《我所知道的康桥》）

（C）二三流作者……他看到了怎样的写法可以引起读者的兴趣……（《西滢闲话》）

有时候，不用"者"字而用"人"字、"员"字，如"发言人"（speaker）、"演员"（player）等。

科学上的名词后附号，还有"质"字（如"蛋白质"）、"素"字（如"元素"）、"子"字（如"因子、原子"），等等。这不能详细讨论了。

---

① 若就中国语言本身而论，仍可认为代词。

练 习

（1）下面的一些欧化被动式，试改为纯粹中国式：

(A) 他偷东西的事已经被证实了。

(B) 他被校长赞赏。

(C) 他被我指示一幅图画。

(D) 一年之内，这房子必须被造成。

（2）试依欧化文法，把下面诸例句中"的"字分别改为"底"和"地"，其不该改者仍旧不改：

(A) 姑娘做了王妃，自然皇上家的东西分的了一半子给娘家。（83）

(B) 他倒把我的钱都抢了去了。（85）

(C) 横竖慢慢的自然明白了。（88）

(D) 我悄悄的告诉了他。（88）

(E) 奴才告诉他，说是府里收租子的车。（93）

(F) 把一盘子花横三竖四的插了一头。（40）

(G) 自己回来，闷闷的坐着。（89）

(H) 岂知早有那些游手好闲的人揭了去了。（95）

(I) 还亏了宝钗嫂子长嫂子短，好一句歹一句的劝他。（100）

(J) 看见这样，只是呆磕磕的发怔。（97）

(K) 越显出靛青的头，雪白的脸来了。（78）

第五节　联结成分的欧化

欧化的文章里，就普通说，联结成分总比非欧化的文章里多。所谓联结成分，是包括联结词（见第三章第八节）、关系末品（见第三章第八节），以及近似联结词的动词而言的。大致说来，欧化的文章对于联结成分，可以有三种办法：

（1）扩充中国原有的联结成分的用途，如"和、而且、或、因、虽、纵、若"等，都比从前更为常用。

（2）借中国本来的动词去抵当英文的联结词，如以"在"和 in 相当、以"当"和 when 相当等。

（3）以中国动词和联结词合成一体，去抵当英文的联结词，如以"对于"或"关于"和 to 或 for 相当等。

现在分别讨论如下：

"和"字　在英文里，两个以上的名词相联结，必须用 and 字作为联结的工具，例如"父子"必须说成 the father and the son，不能说 father son。在中国现代的文章里，像"父子"这样极短的联结虽不一定加一个"和"字（"与"字），但稍长的结合总是倾向于加上一个"和"字的，例如下面这几句《红楼梦》，依欧化的文法，"和"字是应该加上去的[①]：

（A）手里都捧着茶盘〔和〕茶钟。（7）

（B）宝玉的月钱〔和〕我们的月钱多早晚才领？（55）

（C）这会子大嫂子〔和〕宝姐姐心里自然没有诗兴的。（49）

在英文里，三个以上的名词相联结，只用一个 and 字，放在末一个名词和倒数第二个名词的中间。现在也有许多人模仿这一个办法。下面这两句《红楼梦》，系依欧化的文法而增改的：

（A）就连菱角、鸡头、苇叶〔和〕芦根，得了风露，那一股清香也是令人心神爽快的。（80）

原文没有"和"字。

（B）凤姐、李婶娘〔和〕平儿又吃了两杯酒。（50）

原文"和"字在"凤姐"和"李婶娘"之间，不合欧化文法。

而且　在英文里，两个以上的形容词相联结，也必须用 and 字。在欧

[①] 参看第三章第八节。

化的文章里，偶然也看见有用"而且"联结两个以上的形容词或形容性仂语的；但是，这种风气并没有像用"和"字联结名词那样普遍。下面试增改《红楼梦》两句，以见欧化的文法：

（A）贾母……便命速作一架小巧〔而且〕精致〔的〕围屏灯来。（22）

（B）那丫头……却十分俏丽〔而且〕甜净。（24）

英文两个以上的动词或谓语形式相联结，依理也该用 and 字。下面试增改《红楼梦》两句以示中、西语法之不同：

（A）当差之人，关门〔而且〕闭户①，起早〔而且〕睡晚；〔当〕大雨〔或〕大雪，姑娘们出〔或〕入，〔须得〕抬轿子，撑船，〔而且〕拉冰床。（56）

（B）一时李嬷嬷来了，看了半日，〔而且〕问他几句话〔他〕也无回答；用手向他脉门摸了摸，〔而且〕〔在〕嘴唇人中上着力掐了两下……〔他〕竟也不觉疼。（57）②

英文两个以上的句子形式相联结，如果是积累式（见第一章第九节），也一定用 and 字。下面也是由《红楼梦》增改的两个例子：

（A）须得衣冠整齐，〔而且〕奠仪周备，方为诚敬。（78）

（B）你是头一个出了名的至善至贤的人，〔而且〕他两个又是你陶冶教育的，焉得还有孟浪该罚之处？（77）

"而且"还有一些极其欧化的地方。现在只说两种情形：

第一，是能愿式里的"而且"（参看上节），例如：

（A）我能够，而且愿意帮你的忙。

（B）你不能，而且不必到英国去。

第二，是时间的表示，例如：

---

① "关门"和"闭户"的意义相同，这里加"而且"，只是说英文文法上该如此，不管意义上是否说得通。

② 这种地方，自然也可用"又"字，但是不能用"和"字。

（A）我过去是，现在是，而且将来也还是你的忠实朋友。

（B）我爱，而且将永远地爱你[①]。

"或"字 中国原来的"或"字，普通只用于平行的动词，或用于谓语形式，而且至少要两个"或"字相照应（参看第三章第八节），例如：

（A）因文官等一干人，或心性高傲，或倚势凌下，或拣衣挑食，或口角锋芒……（58）[②]

（B）快带了他去，或打，或杀，或卖，我一概不管。（74）

因此，像下面的两个例子，乃是纯粹中国语里所罕见的：

（A）他每天早晨吃麦片粥或面包。

这是用"或"字联结名词的。依从前一般的说法，该是："……有时候吃麦片粥，有时候吃面包。"

（B）菊花的颜色是黄，红或白的。

这是用"或"字联结形容词的。依从前一般的说法，该是："菊花有黄的，有红的，有白的。"

"因"字 "因"字是中国原有的关系末品，但是用的地方不像欧化文章里多，譬如下面两个《红楼梦》的例子，许多写欧化文章的人是喜欢加"因"字或"因为"的：

（A）你〔因〕见我疼你姐姐你伤心，不知我心里更疼你呢！（57）

（B）司棋……〔因〕心内怀着鬼胎，茶饭无心，起坐恍惚。（72）

"虽"字和"纵"字 中国语里的"虽"和"纵"，有时候是隐藏着的；若依欧化的文法，"虽"和"纵"无论如何必须说出，例如：

（A）玫瑰花儿〔虽〕可爱，刺多扎手。（65）

（B）亲戚们〔虽〕好，也不必要死住着才好。（75）

[①] 这种地方也可以用"也"字，例如林徽因《窗子以外》："大半你是不明白，也不会明白的。"不明白是指现在，"不会明白"是指将来。

[②] 严格地说，A例的"或"字只等于"有些"的意思，并不是真正的联结词。

(C)〔纵然〕刀搁在脖子上,我也不出去了。(19)

(D)我〔纵然〕饿死,冻死,〔又纵然〕一千银子一把,我也不卖。(48)

"若"字 中国的条件式,不用"若、倘、如"一类的字的,最为常见(参看第一章第九节);在欧化的文章里,"若"一类的字是条件式里所必需的关系末品,因为英文里的条件式也不能缺少关系词 if。下面是《红楼梦》的几个例子,本来没有"若"字的:

(A)姨妈〔若〕不打他,我不依。(57)

(B)姑娘〔若〕不信,瞧那火上。(61)

(C)你〔若〕出去提一个字儿,提防你的皮!(67)

(D)〔若〕叫人知道了,我就吃不了兜着走了。(23)

试拿它们来比较下面所举现代作品的两个例子,就知道欧化条件式是不能缺少"若、倘、如"一类的字的了!

(A)你如果不相信,等一回巡察就要来,你自己看好了。(丁燮林《压迫》)

(B)如果过几天没有家眷来,怎样?(丁燮林《压迫》)

"在"字 就中国语言而论,"在"字当然是十足的动词。但是,当咱们用中国现代语去翻译英文 in、on 一类的关系词的时候,没有恰当的字可用,就只好借用动词"在"字了。有些关系位的首品仿语,依中国习惯是可以直接地黏附在谓语之上的,然而依英文习惯却必须加一个 in 或 on,于是欧化的文章在这种情形之下,也觉得非用"在"字不可了。下面的两个《红楼梦》的例子,若要欧化,就得加上"在"字(参看第一章第七节):

(A)咱们〔在〕雪下吟诗。(39)

(B)凭你〔在〕主子前辩去。(61)

现在再举现代作品里的几个例子:

(A)在从前主义派别支配文艺界的时代,这样的事确是有过……

但在现代这种办法已不通行。(周作人《文艺批评杂话》)

依中国语法,这两个"在"字可以不用。

(B)在文学作品中,语言之先的意象,和情绪意旨所附丽的语言,都要尽美尽善,才能引起美感。(朱光潜《无言之美》)

依中国语法,"在"字可以不用。

(C)谁不想住在极乐园?(朱光潜《无言之美》)

这是依英语语法,把"住"认为不及物动词,故须加"在"字。若就中国语法本身而论,"住"字可以是及物动词,例如这句话也可说成:"谁不想住极乐园?"

(D)我要超脱现实,去在理想界造成理想的街道房屋来。(朱光潜《无言之美》)

这里的"去在"是拿来抵当英文的 go to 的,不合中国口语的习惯。依中国语法,可说成"……到理想界去创造理想的街道房屋"。

"在"字又可用来翻译英语的 when,见下面"当"字条。

"当"字 英文的 when 在中国语里没有适宜的字可以翻译,只好勉强用一个"当"字或"在"字;同时,又依照中国语的老习惯,在时间修饰的后面加上"时"字或"时候"二字。这样,咱们可以说,when 等于"当……的时候"或"在……的时候"。下面《红楼梦》的例子,是按欧化文法加上"当"字或"当……的时候"的:

(A)〔当〕他们做到那里的时候,自然有了。(14)

(B)〔当〕我再问他两句家常过日子的话〔的时候〕,他就连眼圈儿都红了。(32)

现在再举现代作品的一个例子:

……而且自白我们只是说着自己,每当我们不能再守沉默的时候。(周作人《文艺批评杂话》)

"关于"和"就……说" "关于"和"就……说"都是用于范围修饰的,

中国本来没有这种说法①，例如：

(A) 关于文学方面，这本书说得很少。

(B) 诸位，我现在将要说我自己，关于莎士比亚，关于拉辛，或巴斯加耳，或歌德了。（周作人《文艺批评杂话》）

(C) 作事恰到好处之好，可就两方面说：一方面就道德说，一方面就利害说。（冯友兰《新世训》84页）

(D) 就实际生活方面说，世间最深切的莫如男女爱情。（朱光潜《无言之美》）

对于　"对于"也是用于范围限制的，但是它和"关于"不同。"关于"是指关涉到某一方面或事情的某一点，"对于"则往往指某事情对于某人或某物是怎样的②，例如：

(A) 我们并不想对于逻辑中之层次论，有什么论列。（冯友兰《新事论》22页）

(B) 精神足以制服物质，这话大体上是可信的，但对于肚皮，却是例外。（《朝报》副刊1971年7月12日）

由上文看来，联结成分的欧化，又可以有两种情形：

（1）中国本来有这种联结成分，但它们的应用往往是随便的；至于现代欧化的文章里，它们是必需的，例如"和、而且、或、因、虽、纵、若"等。

（2）中国本来没有这种联结成分，欧化文章里借中国原有的某一些动词来充数，例如"在、当、关于、对于、就……说"等。

练　习

下面诸例句，试指出哪一些是欧化了的，哪一些是未经欧化的：

---

① "关于"和"就……说"等于英文什么，这里不能谈（因为比较不容易了解）。读者如欲知道，可参看《中国语法理论》。

② 关于"关于"和"对于"，参看本章第三节论"处所末品的欧化"一条。

（A）关于前儿的事，竟是姑娘太浮躁了些。

（B）公子也不必隐讳，或藏在家，或知其下落，早说出来，我们也少受些辛苦。

（C）今日再有人来劝我，我把这冠带家私一应就交与他和宝玉过去。

（D）薛姨妈忙扶他睡下，又问他："想什么，只管告诉我。"宝玉笑道："当我想起来的时候，自然和姨娘要去。"

（E）我才碰见林姑娘、史大姑娘。他们进来了吗？

（F）小红便走向潇湘馆去，在他到了翠烟桥的时候，抬头一望。

（G）看见宝玉所续之处，不觉生气而且笑起来。

（H）都是你们素日调唆着，逼他念书而且写字，把胆子唬破了。

（I）二则花和叶繁茂，上下俱被枝和叶隐住，刚露着半边脸儿。

第六节　新替代法和新称数法

一、新替代法

文法上的"他、她、它"　英语人称代词第三身单数有阳性、阴性和中性的分别，阳性用 he，阴性用 she，中性用 it，在现代欧化的文章里，大家也模仿英语这种分别，以"他"字当 he，另造"她"字当 she，又借"它"字当 it（有些人不用"它"字，另造"牠"字）。英语第三身复数没有性的分别，阴、阳和中性一律说成 they；欧化的中文比英语更进一步，第三身复数也有性的分别，说成"他们、她们"和"它们"①。

然而咱们须知，这只是文法上的分别，和话法没有关系。在口语里，

---

① 最近又有人造"妳"和"妳们"，这在西文里没有根据，而且也没有用处，因为对话人是男是女，是绝对不会误会的。

"他、她、它"仍是同音的,听起来一点儿分别都没有。

"他、她、它"的分别大约是1918年以后的事①。以前,中国的书报里是没有这种分别的②,例如:

(A) 林姑娘生的弱,时常他吃药,你就和他要些来吃,也是一样。(26)

这里两个"他"字,都是指林黛玉,但是没有写作"她"。

(B) 最嫌的是杨树。那么大笨树,叶子只一点子;没一丝风,他也是乱响。(51)

这里的"他"字是指杨树,但是并没有写作"它"或"牠"。

但是,现代"他、她、它"的分别却非常普遍了;在白话文里,如果阴性不写作"她",或中性不写作"它(牠)",一般人竟觉得是一种错误似的,下面是现代作品中的两个例子:

(A) 有一天,一个衣裳褴褛的老太婆走进了那爿寄售所,要求柜台里面的太太们拿些女大衣出来给她看。她们起初迟疑了一会,但毕竟还是取了一件下来,满以为把价钱说给她听了,就可把她吓走。(《星期评论》第二十七期)

(B) 确定了民族文学的理论与性质,我们便可更进一步,从而论及它的创作内容。……当然,民族文学包括一切文学。不过,我们所提到的几种文学,大多未为前代的或今日的作家所注意,而同时它们的性质内容与其对于国家的贡献,又都非常重大。(《星期评论》第二十五期)

不分阴、阳的"他" 有时候,第三人称代词所替代的名词是不分阴、阳性的。这样,在理论上,用"他"也不妥,用"她"也不妥,但是在

---

① 根据林语堂《开明英文文法》(113页)。

② 注意:现在许多翻版的旧小说有"她"字,甚至有"它"或"牠",都是翻版的时候改的。有些教科书里所录1927年以前的白话文,也把许多原来的"他"字都改为"她"和"它、牠"了。

习惯上可以用"他"①。例如：

（A）一个人对于他的事业，如常有自觉不足的意思，他的事业即可继续发展进步，无有止境。（冯友兰《新世训》111页）

这里泛论人，自然是包括男女而言。

（B）有许多中年、老年，虽比青年多吃了许多年饭，但是他们的作事能力，却不见得比一般青年高多少。（冯友兰《新世训》14页）

这里所谓"中年、老年"，自然也包括男女而言。

阴阳合成的复数　如果上文说及男性和女性，下文的人称代词须得兼指男女而言，这就是阴阳合成的复数。在理论上，用"他们"也不妥（因其中有女的），用"她们"也不妥（因其中有男的）；但是，在习惯上可以用"他们"，例如：

（A）我们请张先生和他的太太吃饭，他们不肯答应。

（B）顾小姐和陆先生都是苏州人，他们是同乡。

"咱们"和"我们"的活用法　在文章里，凡指一般人而言，连读者包括在内，可用"咱们"。但是多数地方的官话，没有"咱们"这一个代词，所以多数人只用"我们"，不用"咱们"（参看本章第一节），例如：

（A）从大自然，我们取得我们的生命。（徐志摩《我所知道的康桥》）

（B）我们处世有两种态度，人力所能做到的时候，我们要竭力征服现实。人力莫可如何的时候，我们就要暂时超脱现实。（朱光潜《无言之美》）

"我们"还有另一种活用法，就是替代单数的"我"。在文章里，有些著者不自称为"我"，而自称为"我们"。这种"我们"，虽可勉强解释为"我和那些和我意见相同的人"，其实是指著者自己。注意：著者自称的时候，只能用"我们"，不能用"咱们"，因为这是不包括

---

① 也有人写成"他或她"，这太烦了，可以不必。

读者在内的①,例如：

（A）照我们的看法，不但所谓民族性是习不是性……（冯友兰《新事论》161页）

（B）我们于上文说，合乎中道底行为，是可以成为社会上底公律的。（冯友兰《新世训》94页）

人们 有时候，说话人想说一般人，但是不想把自己包括在内，于是不用"咱们"或"我们"，而用"人们"，例如：

人们看见他这样，都觉得很奇怪。

依中国旧习惯，这种地方只用"人"字，不用"人们"，例如：

（A）况且咱们家的无法无天的人，也是人〔们〕所共知的。（47）

（B）怪道人〔们〕说热身子不可被风吹。（51）

"它"和"它们" 中性的第三人称代词，中国语里本来极少极少。把一张桌子叫作"它"，已经是很少见的了；至于把一种无形的物叫作"它"，尤其是绝无仅有②。因此，"他、她"二字虽在文字上欧化，实际上尚合中国语原来的习惯，至于"它"字则竟可以说是新创造的一个代词，它的许多用途都不是中国所原有的，例如：

（A）我们常说，科学能战胜自然。就一方面说，它是能战胜自然，就又一方面说，它之所以能战胜自然，正因为它能服从自然。（冯友兰《新世训》106页）

（B）这是个很好的办法。现在教学国文，应该采取它。（叶绍钧、朱自清《精读指导举隅》21页）

---

① 本书里所用的"咱们"和"我们"是有分别的。"咱"是指一般人而言，包括读者在内；"我们"是著者自称。

② 古代"之"字用途最广，故有人于目的位用"之"不用"它"，较合中国习惯，例如冯友兰《新世训》105页："这些道理或原则，他名之曰'常'。他以为人若知道了这'常'，而遵照之以行，则即可以得利免害。"

《红楼梦》许多地方，若依欧化的语法，都该加上"它"字：

（A）这是什么爱物儿？〔它〕有甚用呢？（6）

（B）这是他们各人传道的法器，都愿意为敬贺之礼。〔它们〕虽不稀罕，哥儿只留着〔它们〕顽耍赏人罢。（29）

（C）原来是个小匣子，〔它〕里面装着四副银模子。（35）

（D）只见乌压压的堆着些围屏、桌椅、大小花灯之类。虽不大认得〔它们〕，只见五彩炫耀，〔它们〕各有奇妙。（40）

但是，在多数情形之下，"它"字实在太不合中国的习惯了；凡是可以不用的地方，还是不用的好，例如：

（A）散步可以说是我日常的功课。无论怎样忙，在饭后也要为它牺牲半个钟头……它在富兰克林和爱迪生的养生秘诀里，也占有很重要的地位。它不独在理论上是合法，而且实用起来，也的确够味。（朱自清《文病类例》所引）

这几个"它"字说起来都很生硬。前两个可以改为"这件事"，后一个可删。

（B）它们(指道法和体格的修养)是需相当长久的时间。(朱自清《文病类例》所引)

这个"它们"可改为"这些事"。

有时候简直没法子欧化，因为有些目的位的"它"字，在英文是必需的，而在中国语里向来不用的，例如：

（A）稻香老农快写上续下去。（50）

若勉强欧化，该是："稻香老农快写上它，续下去。"

（B）凤姐道："过来！我还有话呢。"兴儿赶忙垂手敬听。（67）

若勉强欧化，该是："兴儿赶忙垂手敬听它。"

（C）生恐叫喊出来，使众人知觉，更不好。（71）

若勉强欧化，该是："使众人知觉它。"

（D）这种遮人眼目儿的事，谁不会做？（75）

若勉强欧化，该是："谁不会做它？"

所以，有些地方依欧化语法本该用"它"字的，然而咱们也只好用别的说法，例如：

（A）这件事我以为一定办得到的，谁知道是这样的困难？

欧化则是："……谁知道它是这样的困难？"

（B）他脸上有一个小黑痣，我早已注意到了。

欧化则是："……我早已注意到它了。"

（C）你这样待我好，我是永远忘不了的。

欧化则是："……我将永远忘不了它。"以上 A、B、C 三例，"它"字是习惯上的省略。

（D）你喜欢自由，现在你已经自由了，还不幸福吗？

欧化则是："……现在你已经得了它……"

（E）我每天看报；我受报纸的影响最深。

欧化则是："……我受它的影响最深。"以上 D、E 两例，是利用复说法。

人称代词所替代的名词在后头　人称代词所替代的名词，本该在它的前头（所以叫作先词），但是在西文里，如果末品语放在主要句子形式的前面，人称代词恰在那末品语里。那么，它可以在它所替代的名词的前面。这种欧化语法至今尚不多见，偶然见于翻译的文章里。这种人称代词往往是"他"或"他们"，例如：

（A）但即使宇宙害了他，人总比他的加害者还要高贵。（周作人《散文钞》）

这是翻译 Pascal 的话。"他"字替代"人"字，却在"人"字的前面。

（B）为了他的名誉，史可法牺牲了他的生命。

"他"字替代"史可法"，却在"史可法"的前面。

人称代词的多余　所谓多余，是就中国习惯上看来是多余；若就西洋语法看来，却正是应该有的，例如：

（A）中国人的毛病就是他们太聪明了。(《西滢闲话》)

依中国习惯，可说成："中国人的毛病就是太聪明了。"

（B）他（真正艺术家）与寻常二三流以至八九流的作家不同的地方，不在他们创作的动机，而在他们创作的态度。(《西滢闲话》)

依中国习惯，可说成："……不在创作的动机，而在创作的态度。"

（C）爱热闹的少年们携着他们的女友……（徐志摩《我所知道的康桥》）

依中国习惯，可说成："……携着女友。"

人称代词前面有修饰品 依中国语的习惯，人称代词的前面是不能有修饰品的；现在书报上却常见有这种说法了，例如：

（A）有了四千年吃人履历的我，当初虽不知道，现在明白，难见真的人！（鲁迅《狂人日记》）

（B）素来多病的她，怎么禁得起这一番辛苦呢？

"前者"和"后者" 当咱们同时陈说两件事物的时候，若用替代法，则第三身人称代词很不合用（因为容易混乱），因此有"前者、后者"的说法。"前者"系指刚才说在前面的一件事物，"后者"系指刚才说在后面的一件事物，例如：

（A）"基罗格兰姆"又称为"公斤"。前者是音译，后者是意译。

"前者"指"基罗格兰姆"，"后者"指"公斤"。

（B）《示众》描写的主要对象是人，《我所知道的康桥》描写的主要对象是物。前者是人生的解剖，后者是自然的赞颂。（余冠英《比较的读文法示例》）

"前者"指"《示众》"，"后者"指"《我所知道的康桥》"。

名称替换法 名称替换法是拿不相同然而意义相等的一个名称，去替代另一个名词，这样省得复说，例如：

（A）但即使宇宙害了他，人总比他的加害者还要高贵。（周作人《散

文钞》）

本可说成："即使宇宙害了人，人总比宇宙还要高贵。"但这里拿"他的加害者"替代"宇宙"，一则省得重复，二则语言更有力量。

（B）有一天，颜渊、季路侍坐在孔子的旁边，"你们的志愿是什么？"那老师说。（翻译《论语》一段）

依中国习惯，该说"孔子说"。

二、新称数法

新度量衡 现代中国的度量衡，受西洋的影响颇大。除了"公尺、公升、公斤"之类外，最常用者还有下面的几种名称：

　　码　　哩（英里）　　磅　　吨

"打" 同类的物件，十二件称为一打，这是英文 dozen 的音译。以十二为整数，并且给它一个特别的名称，这是中国称数法的一大演变。

照读数码 自从中国用阿剌伯数目字记数之后，就有人把它们照译成中文，如 14.2851 也可写成"一四.二八五一"。在口语里，也有人省去"万、千、百、十"等字，单照数码说出的，例如叫电话号码。

"零"字最值得注意：从前"零"字只补中间的缺位，如"一百零八"。现在照读数码，于是"零"字也可居于末一位，如 1940 念成"一九四〇"。

无定冠词 英文名词的前面，在多数情形之下，须有一个冠词（the article）。冠词共有两种：第一种是有定冠词（definite article），就是 the 字；第二种是无定冠词（indefinite article），就是 a 和 an。咱们翻译英文的时候，遇到 the 字往往没法子翻译它，因为中文里没有一个字和它相当。至于遇到 a 或 an 的时候，咱们却处处可以用"一"字翻译。又依现代中国语法，"一"字后面往往带着单位名词，"一个、一种"之类。

由于西文的影响，现代中国的书报，多数是不知不觉地运用着无定冠词，凡是西文里该用无定冠词的地方，一般人就用"一个、一种"之类。

像下面这些《红楼梦》的例子，若依欧化的文法，都是应该加上无定冠词的：

（A）姑娘又是〔一位〕腼腆小姐。（55）

（B）你只带口说我带了你进来做〔一个〕伴儿就完了。（48）

（C）鸳鸯已知这语俱被宝玉听了，只伏在〔一块〕石头上装睡。（46）

（D）方得了个小门，门上挂着〔一张〕葱绿撒花软帘。（41）

（E）我便叫琏儿来写出〔一张〕赏格，悬在前日经过的地方。（95）

（F）包些家去，给他们做〔一个〕花样子去倒好。（41）

尤其是对于无形之物，更显得欧化语法和中国原有的语法的分别，例如：

（A）这不过是一时飞灾。（25）

若依欧化语法，该说："这不过是一种暂时的飞灾。"

（B）他自己也怕成了大症。（55）

若依欧化语法，该说："他自己怕成了一种大症。"

（C）真真膏粱纨绔之谈！（56）

若依欧化语法，该说："真是一种膏粱纨绔之谈！"

（D）耳内隐隐闻得箫管歌吹之声。（43）

若依欧化语法，该说："……一种箫管歌吹之声。"

（E）这也是理。（46）

若依欧化语法，该说："这也是一种道理。"

关于单位名词的运用，如果中国本来有单位名词的，就依照本来的说法，如"石头"称"块"、"椅子"称"把"等；如果中国本来对于那些事物不大用或永远不用单位名称，在欧化文章里，咱们是大致依照下面的两个原则：

（1）对于有形的东西，称为"个"。

（2）对于无形的东西，称为"种"。

下面是现代作品中的例子：

（A）一个人如果要真是一个大好人,必须能深刻地广阔地想象。(朱光潜《文艺与道德》)

（B）中国现代之缺乏文艺批评,是一件无可讳言的事实。(周作人《文艺批评杂话》)

（C）而且写得好时也可成为一篇美文,别有一种价值。(周作人《文艺批评杂话》)

（D）艺术是人性中一种最原始最普遍最自然的需要。(朱光潜《文艺与道德》)

（E）嗜美是一种精神上的饥渴。(朱光潜《文艺与道德》)

（F）譬如我们想造一所房屋,这是一种意志。(朱光潜《无言之美》)

（G）而这种消极的人生观甘心让现实把意志征服了,是一种极懦弱的表示。(朱光潜《无言之美》)

之一 中国人口里说的"孙中山是世界的伟人",或"孙中山是世界的一个伟人",到了西洋人口里就变了"孙中山是世界伟人之一"。因为世界上的伟人不止一个,而孙中山只是其中之一。现代欧化文章里,也有采用这种说法的,例如:

（A）事实是：我们决不能脱去我们自己。这是我们最大不幸之一。(周作人《文艺批评杂话》)

若依中国旧习惯,只说："这是我们的最大不幸。"

（B）按"星期六晚饭"系该公司出版品之一。(《星期评论》第二十五期)

若依中国旧习惯,只说："……该公司的出版品。"

练 习

（1）下面诸例句中的空格,试分别填入"他、她、它"：

（A）一个人为了○的前途,暂时吃苦也是甘心的。

（B）汉朝有班超、班固和班昭,○们是兄妹三人。

（C）当○的哥哥班固逝世之后，班昭续成○所著的《汉书》。

（D）从前的人也有崇拜金钱的，○们以为○能通神。

（2）下面诸例句中，试依欧化语法，补上"一个、一种"之类；但其中有几个地方是不必加上无定冠词的，应该仍旧不改：

（A）我倒有这个心，只是没这样的能干人。（25）

（B）黛玉正眼儿也不看，各自出了院门，一直找别的姊妹去了。（27）

（C）从贾母这里出来，往西走过了穿堂，便是凤姐的院落。（30）

（D）真真有负天地钟灵毓秀之德了！（36）

（E）毕竟要他有些实学，日后可以混得功名才好。（84）

（F）便问宝玉吃了饭还看书不看。（85）

（G）鸳鸯拿上眼镜儿来戴着一瞧。（95）

（H）我也知道你是大家子的姑娘出身。（74）

附　录

本书所讲的语法，凡话法或文法的片面事实都不大提及。不过，我们得承认话法与文法都是语法的一部分，语法并不能脱离话法、文法而单独存在。因此，我们在这里把口语所特有的形式——语音——与文章所特有的形式——文字和标点格式——分别叙述，作为附录。这样，话法与文法的片面事实可以顾到，同时也不至于淆乱了语法的范围。

一　语音

国语既以北京语为标准，则国音亦当以北京音为标准。若以音段为单位，则北京语里大约有411个音段。今试于每音段举出一个单字为代表，如下：

巴、波、白、杯、包、般、奔、邦、崩、逼、鳖、标、边、宾、兵、逋；

爬、坡、排、培、袍、剖、盘、盆、旁、朋、披、撇、飘、偏、贫、平、蒲；

麻、磨、嚜、埋、梅、毛、谋、瞒、门、忙、蒙、迷、灭、苗、谬、眠、民、名、墓；

发、佛、飞、否、翻、分、方、风、夫。

答、德、呆、得（应当也）、刀、兜、丹、当、登、低、爹、雕、丢、颠、丁、督、多、堆、端、敦、冬；

他、特、胎、韬、偷、贪、汤、疼、梯、贴、桃、天、听、秃、拖、推、团、吞、通；

拿、讷、乃、内、脑、耨、南、嫩、囊、能、尼、捏、鸟、牛、年、您、娘、宁、奴、傩、暖、农、女、虐；

拉、咯、勒、来、雷、劳、楼、兰、狼、冷、离、俩、列、僚、流、连、林、良、伶、卢、罗、鸾、伦、龙、驴、略、李、淋（淋湿）。

嘎、哥、该、给、高、勾、干、根、冈、庚、姑、瓜、锅、乖、归、官、棍、光、公；

卡、科、开、考、口、堪、垦、康、坑、枯、夸、阔、快、窥、宽、昆、匡、空；

哈、喝、孩、黑、豪、侯、含、痕、杭、恒、乎、华、活、怀、回、环、魂、皇、红。

基、加、皆、交、鸠、肩、今、江、京、居、决、捐、君、扃；
欺、恰、切、敲、丘、牵、钦、枪、轻、区、缺、圈、群、穷；
希、虾、些、消、休、先、欣、香、兴、须、靴、宣、熏、兄。

支、渣、遮、斋、这（"这一"）、招、州、占、珍、章、征、朱、抓、桌、拽、追、专、准、庄、中；
痴、叉、车、钗、超、抽、搀、琛、昌、称、初、欻、戳、揣、吹、川、春、窗、充；
诗、沙、赊、筛、谁、烧、收、山、申、伤、生、舒、刷、说、衰、水、拴、舜、双；
日、热、绕、肉、然、人、让、仍、如、若、瑞、软、润、戎。

资、杂、则、哉、贼、遭、走、赞、怎、脏、增、租、作、嘴、钻、尊、宗；
雌、擦、侧、猜、操、凑、残、岑、仓、层、粗、错、窜、村、聪；
私、撒、色、腮、塞（语音）、骚、搜、三、森、桑、僧、苏、唆、虽、酸、孙、松。

啊、哦、饿、诶、哀、欸、熬、欧、安、恩、昂、（哼）、儿；
衣、鸦、唷、耶、崖、妖、忧、烟、因、央、英；

污、蛙、我、外、威、弯、温、汪、翁；

迂、曰、冤、云、雍。

关于这四百余个音段的详细说明，自有音韵学的专书。但是，在中国语里，非但音值的不同可以影响到意义的不同；连声调的不同也可以影响到意义的不同。北京语共有四个声调，即：

1. 阴平声，如"衣"； 2. 阳平声，如"移"；

3. 上声，如"椅"； 4. 去声，如"意"。

拿四个声调乘 411 个音段，可能的语音单位共有 1644。然而实际上某音与某调拼合时不一定能生意义，所以真正有意义的语音单位大约只有一千二百余个。

除了四个声调之外，还有一种轻声。其音甚轻，且较常音为短。凡合于下列情形之一者，即有念成轻声的可能：

1. 为词尾者； 2. 为情貌词者；

3. 为语气词者； 4. 为复音词的后一音段者；

5. 为组合虚词者。

依照其音素之变化与否，轻音字可分为三类：

（甲）其音值与平常单念时无异，仅变为较轻较短，略似去声者，如：

葡萄　石榴　萝卜　喇嘛　胡同　暖和　馒头　窗户　先生
来罢　你们　他们　桌子　好吗　姐姐

（乙）其音值小有变化者，大约系依照下列的规律：

1. ai 变 ei——"回来"念像"回累"，"明白"念像"明背"。

2. ia 变 ei——"张家"念像"张界"，"亲家"念像"亲界"。

3. ang 变 eng——"衣裳"念像"衣盛"。

4. iang 变 ing——"丁香"念像"丁杏"。

5. ua 变 uo——"棉花"念像"棉货"。

6. iu变i——"回去"念像"回气","出去"念像"出气"①。

（丙）其韵母变为非常模糊，有时只剩声母，如：

么：甚么、那么、那么办、这么、这么办、怎么、怎么办；

着：瞧着办、闹着玩儿；

了：做了官、吃了饭、他来了、别提了；

的：我的书、红的花、是真的、是的；

呢：香着呢！还说呢！怎么办呢？

声调可分为字调、语词二种：字调系指每字单念时的声调而言，语词系指字入句中以后的声调而言。语词不一定与字调相符：在国语里，如果两个上声字相接触，则上一字改念阳平。下列诸例的上一字皆系由上声变为阳平者：

好酒　老李　百子　整理　小女　讨好　补考　手掌

卷起　挤死　旅长　保姆　勉强　本体　可以　水火

但在"好好儿的"一个仂语里，却是第二个"好"字念阳平。又若下一个上声字已变轻声，则上一个上声字即不能变阳平：

椅子　奶子　李子　姐姐　奶奶　嫂子

上声字只有在句末或一顿之前，才能念像单念时的声调。否则除了变阳平之外，只能念出单念时的一半，叫作半上。下列诸例的上一字，皆系由上声变为半上者：

好人　老树　百科　整个　小河

讨饭　补充　狗叫　马鞍　鸟笼

"儿"字，当其为词尾时，系与实词合成一个音段。其拼合的方式可大别为二种：

（甲）实词的音值不改，仅将"儿"字的元音取消者：

---

① 编者注：iu 即 [y]。

猫儿　狗儿　　小牛儿　小鸡儿

把儿（柄也）　老头儿　哥儿俩

（乙）因受"儿"字的影响，实词的韵母发生变化者，大致系依下列的规律：

1. ua 变 uol——花儿；

2. in，ing 变 il——今儿、明儿、影儿：

3. an 变 al——盘儿、扇儿、伴儿；

4. uan 变 ual——玩儿、小官儿；

5. ian 变 iel——钱儿。

以上所述国语的读音，仅得大略。读者欲知其详，可参看音韵方面的专著。这里不能详谈了。

订　误

1. 他们都还没来呢。

如果"们"念像"门户"的"门"，"都"念像"首都"的"都"，"还"念像"还乡"的"还"，"没"念像"埋没"的"没"，"呢"念像"尼"字阴平，就不合国语习惯。至于应如何念法，可参看上文。

2. 请你好好儿的保养身体，别再辛苦罢。

如果"请"念像"请客"的"请"，第一个"好"字念阳平，第二个"好"字念上声，"保"字念像"担保"的"保"，"养"字念像"养女"的"养"，"体"字念像"体操"的"体"，"苦"字念像"苦死"的"苦"，就都不合。应该把"请"念"情"，第一个"好"字念像半上声，第二个"好"字念阳平声，像"豪"，"保"字念阳平，"养"字念半上声，"体"字念全上声，"苦"字念半上声。

二 文字

中国的文字是全国一致的，并不因方音的分歧而产生文字上的分歧。就其结构而论，文字可分为独体与合体二种。

（甲）独体字都是一些意符，因为它们是只表意义，不表声音的，如：

日 月 山 水 人 木 刀 牛 羊 耳 目 衣 田
母 女 两 川 子 君 臣 鸟 马 象 鹿 鱼 龟
虫 车 竹 门 户 上 下 一 二 永 大 小 八
九

这些独体的意符在篆书时代是可以分为两种的：第一是具体意符，即所谓象形，如"日、月"等；第二是抽象意符，即所谓指事，如"上、下"等。但现在因字体变迁，象形字已不复能象人、物的形，所以也不必再有这种分别。我们只把它们都认为仅表意义不表声音的独体文字就是了。

（乙）合体字可分为二种：

1. 意符与意符组合者，即所谓会意。这种字并不很多，例如：

男 信 初 鸣 昶 章 集 明 闰 社 美 宗

2. 意符与声符组合者，即所谓形声（或谐声）。这种字的数量很大，约占中国文字全数十分之八九，例如：

佃 侣 吩 咐 味 哑 喉 城 址 塘 姨 峰 忍
忠 惜 憎 指 捲 援 搭 揽 晨 枝 植 槽 樟
桥 洋 清 渡 渭 游 灯 熟 猿 猩 簾 篱 網（网）
缎 缝 菊 薪 财 臟（脏） 围 鲤

所谓声符，也是由原有的意符充任的。因此，我们如果不知道原有的意符的读音，则声符亦即失了它注音的作用了。

声符不一定与其所谐的字完全同音，其在声母稍有差别者，例如：

精 愁 姐 痕 板 减 燭（烛） 荡 骄 缤 糟 纵 群

藭 僧 哿 浦 汁 疼 蟹 瞧 陌

其在韵母稍有分别者,例如:

　　嫂 摩 液 眠 窗 筛 结 绿 纛 侩 孤 吞 坑
　　横 萌 媒 隈

其在声调稍有分别者,例如:

　　枉 闷 把 根 村 柚 汪 注 病 符 纷 荷

　　中国字式的形成,远在周秦以前。在此二千余年之间,词义与语音都经过不少的变迁。因为词义的变迁,有些意符变为难懂的了:

　　教 检 权 派 渐 算 精 校 驳 骗

因为语音的变迁,有些声符也难于索解了:

　　等 特 治 懦 儒 松 都 叙 馁 谈

　　中国传统的文字学素来主张保守楷书的字式,大致以历代字书为标准。然而历代碑帖中的字已不能与字书完全相符,于是有所谓帖体。如"定"字下方作"之","節"字上方作草头,"萬"字缺末一点,"吐"字"土"旁加点,等等。

　　此外有所谓俗字,是未经字书正式收录而在社会上颇为通行者。俗字之形成,除了偶然的情形之外,大约有两个原因:第一,是基于爱好分别的心理,如"乾燥"的"乾"左下方作"干",以别于"乾坤"的"乾";"模糊"的"模"左方作"米",以别于"规模"的"模"。这是无意中弄成的错误。但也有文人故意创造,以求分别的,那又不必认为俗字,而该认为一种新字了,例如:

　　哪,疑问代词,以别于指示代词的"那"。

　　唸,读也,以别于想念的"念"。

　　她,代词,第三人称女性;牠,代词,第三人称中性,以别于"他",使"他"专指第三人称男性。

第二,是为求时间的经济,而把字的笔画变为简单,即所谓简体字,或称为省笔字。最早省笔字如"亂、辭"左方作"舌",可称为帖体的省笔字。现代最流行的省笔字则有"難、觀、戲、對"的左方作"又","權"的右方作"又","鷄"字从"又"从"鸟","還"字上方作"不","過"字上方作"寸","懼"字右方作"具","壩"字右方作"贝"或"具"等等。省笔字虽然便利,但在现代的正式文件里还是不能应用的。

俗字之外,还有所谓别字。别者另也,本该写这字而误写另一个字,就叫作别字。写别字当然是不明字义所致:就多数的情形而论,往往因复合词或成语凝结到某种程度,几乎等于单词,青年们只囫囵地了解整个的大意,而没有深究这复合词是哪两个意义组合成功的。这样,字义不明,字式自然会弄错了。在下列诸例中,正字居前,别字居后:

棘手:辣手　床笫:床第　作祟:作崇　截止:裁止
叵测:巨测　针灸:针炙　跌坐:跌坐　摧残:推残
逐渐:遂渐　前提:前题　绝对:决对　附和:付合
间谍:间牒　资料:滋料　成绩:成积　归宿:归缩
烦恼:烦脑　驱使:趋使　恐怖:恐布　骄子:娇子
警报:惊报　熏陶:熏淘　诟病:垢病　警惕:惊惕
驾驭:驾御　裨益:俾益　根柢:根底　扰乱:绕乱
枉然:往然　徵兵:征兵　应徵:应征　一斑:一班
崇拜:从拜　观念:关念　光芒:光茫　崭新:堑新
距离:矩离　短促:短速　垦荒:恳荒　欣赏:兴赏
脉搏:脉波　奴隶:奴棣　尊重:遵重　造就:造究
残忍:惨忍　兴趣:性趣

在这些例子当中,有因形似而误者,如"棘手"作"辣手";有因声似而误者,如"绝对"作"决对";有因形声兼似而误者,如"成绩"作"成积"。

欲求文字的书写没有错误,根本的办法是:(一)深究字式组合的本来意义;(二)深究复合词与成语中每一成分的本来意义。此外,只有硬记之一法。严格地说，文字乃是约定俗成的东西，并非完全可以从逻辑上解释的。譬如"哑"从"口"而不从"言"，"沟"从"冓"而不从"勾"，都是约定俗成，并非在原理上"言"不可为"哑"的意符，或"勾"不可为"沟"的声符。又如"忘"与"忙"、"猷"与"猶"，意符与声符都完全相同，只因组合方式稍有不同，意义也就大不相同，这也是约定俗成，没有道理可讲的。由此看来，即使我们从组合的意义上深究文字的来源，也不能专讲造字的原则。文字的习惯高于一切，像口语的习惯高于一切。因此，欲求不写错字或别字，必须留心细察字式，牢牢地记住。若能如此，即使不深究文字的来源，也可以大致无误了。

订　误

1. 二者迥殊，不可混同。

"迥"当作"迥"。迥，远也。迥殊，谓相差甚远。

2. 余于此事，极感辣手。

"辣"当作"棘"。俗谓事难于办曰棘毛，谓如荆棘之刺人也。

3. 本校董事之责权，早经规定。

"责"当作"职"。此乃吴语区域的别字；别处"职""责"既不同音，就不容易混淆了。

4. 止少须得会员三分之二的同意。

"止"当作"至"。至，最也，极也。"至少"就是最少的意思。

三　标点和格式

甲、标点

文字之替代语言，是很不够用的。非但语言的极细微处，如音高、音强、音长等，不是文字所能描写尽致；即较大而易察的情形，如语音的停顿、语调的表示疑问或感叹，也不是文字所能表示。因此，我们在文语里，除使用文字之外，还运用若干符号，以助文字之所不及。此种符号，我们称为标点。

我们现存的古书，大多数是没有标点的。本书第一节说过，句或分句的终点，除了在意义上辨认之外，有时还须从语音的停顿去辨认它。如果没有符号表示语音的停顿，则句与句之间界限不清，而语意也会因此变为难懂。在上古的书籍里，某一字该连上句读或连下句读，可以引起很大的争端，这就是不用标点的坏处。

宋朝以后，渐用标点，但当时的符号只有句、读二种。《韵会举要》云：

> 凡经书成文语绝处谓之句；语未绝而点分之，以便诵咏，谓之读。

今秘书省校书式，凡句绝则点于字之旁，读分则点于字之中间。及至近代，句号改用圈，读号仍用点，而点于字下。大致说来，句号表示颇长的停顿（句或分句的终点）。读号表示极短的停顿（"如周、国名"）。

1919年，教育部始颁布新式标点符号。实际上，除私名号及书名号外，其余的标点大致都是采用西文符号。不过，因为语言的结构不同，标点的用法也不能完全与西文相同。现在把各种符号叙述如下（凡本书标点与本节所论不符者，概以本节为准）：

（一）句号"。"（西文作"."）

每一个句子的终点，须用句号表示。如：

（A）从前大夫也有说是喜的。（11）

（B）这也不过是撒谎哄人罢了。（28）

（C）倒是三妹妹高雅。我如今就去商议。（39）

（D）怪不得老太太疼你，众人爱你，今儿我也怪疼你的了。（42）

现在一般青年，句号用得太少，是对于句的终点辨认不清，他们往往为了一个关系末品，就把可以分离的两句并成一句，这样，句子就太长了。实际上，关系末品如"因""故""但""且""况""又""也"之类，并不一定能把两句话连成一句；如果本该分为两句的，决不能为了它们而归并起来。如：

（A）张华先退了亲。我们原是亲戚，接到家里是真；并无娶之说。皆因张华拖欠我们的债务，追索不给，方诬赖小的主儿。（69）

（B）若再过几年，又不知怎么样了。故此，越想越不由的人心里难受起来。（81）

（C）如今幸而卖到这个地方，吃穿和主子一样，又不朝打暮骂。况如今爹虽没了，你们却又整理的家成业就，复了元气。（19）

（D）你只管这么想，这那里能好呢？总要想开了才好。况且听得大夫说：若是不治，怕的是春天不好。（11）

（E）见了明星月亮，他便不是长吁短叹的。就是咕咕浓浓的。且一点刚性也没有。（35）

（F）只是他在家里说着好听；到了外头，旧病复发，难拘束他了。但也愁不得许多。（48）

（G）已是来了，也不用多说了。只是茅檐草舍，又窄又不干净，爷怎么坐呢？（19）

（H）说着，也将写的拿出来。也有猜着的，也有猜不着的。太监又将颁赐之物送与众人。（22）

（I）前日娘娘所制，俱已猜着；惟二小姐与三爷猜的不是。小姐们作的，也都猜了，不知是否。（22）

（二）顿号"，"

顿号表示颇短的停顿。它的用途大约可细分七种：

1. 末品仂语或末品分句的终点，用顿号表示：

（A）有事没有，都碍不着什么。（11）

（B）这么大热天，我来了。（32）

（C）宝玉听了，连忙过来接了。（45）

（D）就是干了，一个人干了混帐事，也肯应承么？（94）

2.并行的结构,用顿号隔开:

(A)看他是几个脑袋,几只手?(65)

(B)迎春老实,惜春小。(46)

(C)我也要给亲家太太请请安,瞧瞧二位妹妹。(64)

但若有"和""与"一类的字联结着,则顿点之用不用,须看语句的长不长而定:

(A)然后要治我和四姑娘了。(73)

(B)就是贾府上的琏二爷,和大爷的盟弟柳二爷。(67)

没有"和""与"一类的字联结着的,虽以用顿号为原则,但若此平行的结构系由极短的语言结合而成者,则顿号亦可不用:

(A)命薛蟠款待酒饭。(48)

(B)是送给金花二姑娘的。(54)

(C)这个地方,岂有你叫喊讲礼的?(52)

3.条件式、让步式、申说式、按断式,其中的分句,都用顿号隔开:

(A)如今要放你,我就担着不是。(12)

(B)那怕再念三十本《诗经》,也都是虚应故事而已。(9)

(C)你回去就告诉一声罢,我不打发人说去了。(48)

(D)我既应了你,自然快快的了结。(15)

4.在倒装句里,置于谓词之前的受格,如果系颇长的仂语,亦可用顿号。其有代词复指者,亦同此例。

(A)前儿二姐姐回来的样子,和那些话,你也都听见看见了。(81)

(B)和你素日嘻皮笑脸的那些姑娘们,你该问他们去。(30)

5.主语系由颇长的仂语构成者,尤其是有代词复指者,可用顿号。

(A)你珍大嫂子的妹妹三姑娘,他不是已经许给你哥哥的义弟柳湘莲了么?(67)

(B)况且衙门里头的事,差不多儿也要完了。(88)

（C）这个大老爷，真真太下作了。（46）

（D）连底下伏侍的老小等人，无不喜欢。（54）

6. 呼格，须用顿号：

（A）姑娘，我该死了。（41）

（B）好宝贝，你只管去。（23）

7. 插语，用顿号。

（A）不是我说句造孽话，你们没本事，也难怪。（25）

（B）你听听罢，二奶奶的事，他还要驳两件。（55）

（C）倒是这个和尚道人，阿弥陀佛，才是救宝玉性命的。（81）

（三）分号"；"

分号所示语音的停顿比顿号所示长些，比句号所示短些。其用途可分为三种：

1. 在平行的结构里，其中一部分（或更多）已有顿号，则用分号把这平行的结构分开。

（A）有好差事，派了别人；这样黑更半夜送人，就派我！（7）

（B）贾母因又说及宝琴雪下折梅，比画儿上还好；又细问他的年庚八字并家内景况。（50）

（C）我们庄家闲了，也会弄这个；但不知怎么说的好听。（40）

（D）金桂说他嫌肮脏了；再必是图安逸，怕夜里劳动服侍。（80）

2. 在申说式里，被申说的部分，或申说的部分，已有顿号，则用分号把这两部分分开。

（A）今日晚上，你别在那里了；你在我这房后小过道里那间空屋里等我。（12）

（B）可恨我小几岁年纪；若早生二三十年，如今这些老人家，也不薄我没见世面了。（16）

（C）我说是白走一趟；这样好事，奶奶岂有不依的？（56）

（D）你倒别混想了；养养神，明日好念书。（82）

3. 在"因此""所以"一类的字的前面，如果系颇长的语句，须用分号隔开。

（A）我闻得宝儿说，老太太心上不爽快；因此，今日也不敢惊动。（50）

（B）惟有少几个人，就可以少操些心了；所以今日不但我不出去，此外还要劝姨娘，如今该减省的就减省些，也不为失了大家的体统。(78)

（四）冒号"："

冒号共有四个用途：

1. 下文列举若干事物，则先以冒号表示。

（A）果品有五种：一、红枣；二、栗子；三、落花生；四、菱角；五、香芋。

（B）西洋古代所谓语法，本包含有三部分：一、音韵学；二、形态学；三、造句法。

2. 在引语之前，亦用冒号。

（A）宝玉道："我过那里去？"（21）

（B）这里尤二姐心中自思："病已成势……"（69）

若非引语，则不必用冒号，可用普通的顿号。

（A）奶奶听我说，（：）他有不是，打他骂他，叫他改过就是了。（45）

（B）我没好话，我说，（：）小子呀！别说你是官了，横行霸道的。（45）

3. 在按断式里，"按"的部分颇长时，则用冒号引出断语。

（A）不如趁此机会，以后凡年纪大些的，或有些咬牙难缠的，拿个错儿，撵出去，配了人：一则保得住没有别事，二则也可省些用度。（74）

（B）此刻若跟了进去，一则黛玉不便，二则黛玉嫌疑：倒是回来的妙。（27）

（C）姨奶奶犯不着来骂我，我又不是姨奶奶买的梅香，拜把子都是奴才罢咧：这是何苦来呢？（60）

（D）想到迎春姊姊磨折死了，史姊姊守着病人，三姊姊远去：这都是命里所招，不能自由。（112）

4.用于函件开始时的称呼，如"亲爱的姑母："，"张先生："等。

（五）破折号"——"

破折号共有三个用途：

1.表示语意的突转。

（A）但只任凭着我怎么不好，万不敢在妹妹跟前有错处——便有一二分错处，你或教导我，戒我下次……（28）

（B）我没有钱——有钱也不给他。（44）

2.用于插语的两头，略似夹注号。若插语本宜有顿号句号等，则破折号仅用于其前；顿号句号之前不宜有破折号。

（C）男人只有贾芹贾芸贾曹贾菱四个——现在凤姐靡下办事的——来了。（53）

（D）老爷有事——是件机密大事，要遣二爷往平安州去。（66）

3.用于两个数目的中间，表示从此数至彼数。例如"三十六——四十八"。

凡破折号之前，可以不再加句顿等号。

（六）疑问号"？"

疑问号有两个用途：

1.用于疑问句的终点。

（A）妹妹几岁了？可也上过学？（3）

（B）奶奶不吃药么？（113）

如用并行的谓语以示疑问（如上面A、B二例），或用并行的疑问语（如下面C例），则第一个谓语可以不用疑问号。

（C）在这边外头吃的，还是那边吃的？（14）

（D）姑娘到底是和我拌嘴呢，是和二爷拌嘴呢？（31）

（E）从小儿什么话儿不说，什么事儿不做？（46）

如果整个的疑问转成首品仂语，而为句子的主格或受格时，则不宜用疑问号；应该用顿号或句号。

（A）又见二舅母问他放完了月钱不曾。（3）

（B）用药好不好，我们不知道。（51）

（C）其实倒也罢了；只不知你二姨娘心中愿意不愿意。（64）

（D）又不懂这些话到底是什么意思，只得回头要跑。（116）

但若说话人显然要求一个答复时，即使在形式上整个的疑问已转成首品仂语，也可以用疑问号。

（A）不知你能干不能干，说的齐全不齐全？（27）

（B）你瞧去妨碍不妨碍？（113）

句子里包括两个以上的分句时，如用疑问号，必须用于最后一个分句。纵使疑问代词系在前一个分句里，亦不能将疑问号移前。

（A）刚才姨妈有什么事，巴巴儿的打发香菱来？（16）

（B）什么大事，只管咕咕唧唧的？（72）

反诘语与疑问语同一来源，当用疑问号。

（A）二十年头里的焦大太爷眼里有谁？（7）

（B）为什么都听他的话，说往那里去就去了，也不回一声儿？（44）

（C）何曾不高兴了？（50）

（D）这就是茶了。那里比得咱们的茶呢？（77）

2. 疑问号置于夹注号之中，表示说话人不敢确信所言之真实性。

（A）那时他才十八岁（？）就从军去了。

（B）黄帝即位于民国纪元前二六九七年。（？）

（七）感叹号"！"

感叹号有三种用途：

1. 用于情绪的呼声，或表示赞叹惊讶的仿语。

（A）嗳呀！是你来了。（30）

（B）好大雪！（50）

（C）可惜了！这孩子没福，前年他父亲就没了。（50）

意义呼声如"喂""哼"之类，不必用感叹号。

2. 用于情绪极度冲动时的称呼，或骂人的称呼。

（A）祖宗！这分明是告诉人了。（19）

（B）好娼妇！你偷主子汉子，还要治死主子老婆！（44）

3. 用于生气或不满意的话（没有疑问或反诘的虚词的）。

（A）还不快接了进来！（43）

（B）人家才坐暖和了，你就来闹！（51）

（C）都不是你们这起小娼妇调唆的！（25）

（D）不这样说呢，还有脸先要五十两银子！（50）

滥用感叹号乃是一般人的通病，尤其是滥用于普通的称呼及命令语。例如下面的语句，本该用别的符号，而某《红楼梦》标点者也误用感叹号了。

（A）依我们想来，他是阳间，我们是阴间：怕他亦无益。（！）（11）

（B）焦大太爷跷起一只腿，比你的头还高些。（！）（7）

（G）你别怕；（！）我是不告诉人的。（！）（19）

（D）你可知道一桩奇事？金钏儿忽投井死了。（！）（32）

（E）好妹妹，（！）恕我这次罢。（！）（35）

（F）好姐姐，（！）你把那汤端来我尝尝。（！）（35）

反诘句该用疑问号，不该用感叹号，已见于上文。下面两例的句末某标点者也误用感叹号了。

（A）这点年纪，倘或这病上有个长短，人生在世，有甚么趣儿？（！）（11）

（B）又不叫你管他的事，要伶俐做什么？（！）（74）

（八）引号""''

引号共有三个用途：

1. 表示引用话的起结。

　　（A）宝钗笑道："就是为那话了。"（36）

　　（B）贾母道："这么着，还不请人赶着瞧？"（84）

2. 表示特别提出的词句。

　　（A）有了一副了。左边是"长三"。（40）

　　（B）请你这"诗疯子"来瞧，再把我们"诗呆子"也带来。（52）

3. 表示"所谓"的意思；凡说话人不承认的称谓，皆可用引号表示。

　　（A）他是一个"诗人"。

　　（B）到会的都是"文学家"和"艺术家"。

凡引号之中仍用得着引号者，则以""''并用。

　　（A）宝玉笑道："所谓'病急乱投医'了"。（57）

　　（B）忽见宝玉在梦中喊骂说："和尚道士的话，如何信得？什么'金玉姻缘'？我偏说'木石姻缘'！"（36）

在引用的话里，引号与其他符号（句号、顿号、疑问号、感叹号等）相连时，其他符号应置于引号之内；

　　（A）众人都道："好了！有马必有人。"（47）

　　（B）贾政陪笑道："他能的。"（75）

但若系表示特别的词句，或"所谓"的意思，则其他符号可置于引号之外。

　　（A）亏了有我这凤丫头，是我个"给事中"。（85）

　　（B）他写了一首很长的"史诗"。

有时候，引号内的疑问号或感叹号也算是被引用的部分，与普通的疑问号或感叹号不同。它们并不表示一句的终点，因此，引号之外还有再加句号顿号的可能。

（A）便"嗳哟！"一声，仍旧倒下。（34）

（B）他每天照例问我一声"昨天晚上睡得好吗？"。

（九）夹注号（ ）

凡插语非句子的结构所必需，仅以为注释之用者，须用夹注号使它与正文隔开。

（A）他（妙玉）为人孤癖，不合时宜。（63）

（B）奶奶（指金桂）这些闲话，只好说给别人听去。（83）

夹注号所注的语句，如果原有句号、顿号、分号、冒号、疑问号、感叹号等，一律须移至夹注号之后。但若夹注号内系注明出处者，不在此例。

（C）况这里自老太太太太起，那个不疼姑娘（指黛玉）？（82）

（D）二姐姐（指凤姐），你们巧姐儿怎么了？（84）

夹注号之内仍可用各种标点；但夹注终结之处，括号之内，以不用句顿诸号为常。但夹注号之前已有符号者，不在此例。

（E）一则贾环羞口难开，二则贾环也不在意（不过是个丫头，他去了，将来自然还有），遂迁延住不说。（72）

（F）现在把各种符号叙述如下：（凡本书标点与本节所论不符者，概以本节为准。）

下面诸例中，其标点与刚才所说的规律相抵触，乃是不对的：

（G）好便赏你，（指宝玉）若不好，明日仔细。（75）

（H）难得你记挂他。（指宝钗）他也常想你们姊妹们。（85）

（十）范围号〔 〕

范围号的用途共有二种：

1. 校勘的人在别人的原文里插入若干字样，以订正版本的错误，或补充原著者的意思。

2.用为特别的标识，如国际音标，及其他特别提出的符号文字，皆可用范围号表示。

（十一）删节号"……"①

删节号有两种用途：

1.替代被省略的部分。

（A）谁这样犯舌？……现这样事也无人知道，如何就都说着了？……（77）

（B）尤二姐滴泪说道："……要作长久之计方可。"（65）

2.表示语句的中止。

（A）我当是谁，原来是这个狠心短命……（28）

（B）薛蟠哼哼的道："好兄弟……"（47）

（十二）私名号"——"②

凡人名、地名、朝代名、学派名、宗教名……一类的专有名词都在字的左边加一条直线。如系横行文字，则直线加于字的下面。

凡类名，附于私名之后者，可认为私名的一部分；私名号可以直贯到类名的左边（或下面）。如"泰山"的私名号可直贯到"山"的左边，"清华大学"的私名号可直贯到"大学"的左边。但若私名之后附加伦常的称谓者，则私名号不宜直贯到此伦常的称谓。如"宝姐姐"的私名号只加于"宝"字之旁，"姐姐"二字之旁不宜加私名号。

（十三）书名号"﹏"③

凡书名或篇名，都在字的左边加一条曲线。如系横行文字，则曲线加于字的下面。

---

① 编者注：删节号今称省略号。
② 编者注：私名号存在于竖版文献中，今横版书籍中已无。
③ 编者注：书名号今在横版书籍中写作"《》"。

乙、格式

现代文章书写的格式，大致也是模仿西文的。现在我们依照中文的特性，参照西文的成规，作大略的叙述。

（一）中文本来是直行的；字的顺序是由上而下，行列的顺序是由右而左。现代多数的书报，还是依照这个规矩。但是，有些书报是采用西文横行的办法了：在引用西文甚多的书报里，横行确是好看些。

中文也有横行的时候，例如招牌、匾额等。但这种横行是由右而左的，与西文的由左而右不同。近年来有些人写招牌、匾额、标语、指路牌之类却是依照西文的办法，由左而右的了。这样，我国文字共有两种的横行法；当我们看一个标语的时候，由右而左看不懂，须得由左而右再看一遍。这是多么不方便的一件事！

当这整个语言文字都在变动中的时候，我们对于文字的格式，不能希望一个完满解决的办法。但是，至少我们应该使紊乱的情形减轻些。下面是我们所提出的办法：

1.书报中不插西文者，最好仍用直行。

2.招牌、匾额、标语、指路牌之类，如系横行，一律仍用由右而左的写法。

3.横直行兼用时，横行的字，切戒由左而右。

4.在同一文件里，切戒横行的办法不一律，时而右行，时而左行。

（二）文章除极短者外，必须分段。每段的开始，必须低两格。每句之末，最好是空一格。标点符号，切戒顶格写，或顶格排印。

引语颇长，或欲令人特别注意时，可另行，一律低三格。每段开始之处，与其他各行同其高低。

举例颇多，或欲令人特别注意时，可使每一个例子占一行，各低三格。若例子非一行所能容，则次行以下低四格。

引语或举例另行低三格之后，若此段的语意未完，则以后的文字仍须顶格写。

引语与举例，最好用较小号字排印，以清眉目。

如果乙段虽写在甲段之后，然而意思上甚少关连，又不欲另立节目者，可用若干星点隔开。例如：

＊　＊　＊

（三）题目须比正文低数格，字形比正文大些。若系横行文字，则题目须在正文的上边正中。

照中国向来的办法，题目是不加标点的。西洋作家则有三派：（一）不加标点；（二）加标点；（三）大题目加标点，小题目不加标点。题目加标点时，办法如下：

1. 普通的单词或仿语做题目者，用句号；

2. 几种事物并为一题者，用顿号及句号；

3. 题下加注者，用破折号及句号；

4. 题目带疑问性或感叹性者，用疑问号或感叹号。

凡本文系与上文同一题目，仅因求每章（或每节）的篇幅匀称而分为两章（或两节）者，则在题下加夹注号，注一个"续"字。如一题而分为三章或三节以上，则可注"上""中""下"或"一""二""三"等字样。

（四）凡注释的文字太长，或因别故，不便插入正文者，可作附注。附注的办法，系先在应注之处，用"（一），（二）"或"1，2"为记（字形须比正文小一倍）；如附注不多，亦可用星点为记，如第一个注用一个星，第二个注用两个星，第三个注用三个星。然后将每页之末保留可容附注的地位，用曲线＿＿隔开，将附注写在上面，每条之首加上"（一），（二）"或"1，2"字样，或星点，使与正文的记号相应。若系横行文字，则附注须写于下边，与正文距离一行（亦可用横线隔开），字形须比正文小一倍。这是西文所谓"脚注"。

此外，附注亦有附于每章（或每节）之后者，又有附于全书之后者。

最要紧的是使眉目清楚，不与正文相混，而又便于查对。

（五）中文里引用西文或夹注西文时，普通都在西文第一字母用大写法，这是不妥的。西文既插入中文里，就算是全文的一部分，除非它居于一句之首，或系专有名词，依西洋文法确须大写（德文则普通名词亦须大写，否则应照西文通例，一律小写。试看法文里所引英文，或英文里所引法文，即可明白这个道理）。

（六）在一部书或一篇颇长的文章的前面，有序言、例言、目录，等等；后面有附录、参考书目、索引，等等。这是涉及著作的体裁方面的，这里不能细谈了。

订　误

1. 你能活了多大？见过几样东西，就说嘴来了。（某书局标点《红楼梦》）

该标点作："你能活了多大，见过几样东西，就说嘴来了？"这与上文所举"什么大事，只管咕咕唧唧的？"同一道理。

2. 大家吃上两杯，今日着实有趣！（同上）

感叹号应改为句号，因为这句话没有感叹的形式（如情绪的呼声），也不是生气或不满意的话。普通的赞叹语或稍带情感的话，是用不着感叹号的。感叹号越多用，越没有力量；正像小孩越多哭，大人越不理会一般。试仔细体察西洋书里的感叹号，就悟得这个道理。

3. 保卫国家

　　族民兴复

这种格式更不妥当，因为时而左行时而右行，不求一致。

4. 我们所谓"谓语"就是西人所谓 Predicate。

这里 predicate 的第一字母不必大写，因为它是插入句中，并非居于一句之首的。

主要术语、人名、论著索引

（《红楼梦》不收入）

B

白话 2，4，5，72，96，110，138，224，228，385，420

包孕句 41，42，56，67，228

被动句 95，98

被动式 45，92—99，123，158，170，404—406，411

《比较的读文法示例》426

表位 52，55，99，104，105，126，128—130，135，160，204，205，354，357

并合语 330，333，384

补语 28，73，80—86，89，97，116—121，123—125，146，174，175，193，351

C

插语（法）363，370，372，373，443，446，450

《朝报》395，406，418

称数成分 309

称数法 223，266，294，312，313，319，335，355，359，419，426，427

成语 141，202，293，294，330，334—336，344，362，438，439

承说（法）44，103，104，160，353—359，362，390，391，393

初系 33，34，99—108，110—112，346

处置式 82，87—93，95，96，99，123，124，148，170，229，343

《窗子以外》402，405，408，409，414

词汇 1，2，4，5，15，16，138

词类 14—18，24，319，383，388，389

词品 14，18，24

词尾 128，148，169，170，173，176，211，388，409，410，433，434

次品 17—29，31，32，35—38，42，46，80—82，97，106，116—121，124，125，127，128，132，136，137，140，147，152，158，159，165，204，205，228，235，238，239，241—243，245，247，249，253—255，259，265，269，278—280，284，295，309，310，323，324，352，373，397—400，407

次系 99-108，110-113，117，130，228，249，346

D

代词 4，13，14，16，18，23，24，28，119，158，165，205，223，224，227—229，231—236，238—241，243，244，247，252—254，256，260—265，311，345—348，352，353，355，392，406，410，419—422，425，426，437，443，447

单词 9，24—29，35，37，41，97，138，140，155，245，326，330，334，336，343，384，386，400，401，410，438，453

单数 165，223，224，226，227，240，242，254，419，422

单系式 108

单音词 7，8，20，21，205，207，385，386，388

倒装（法）105，119，130，237，346，363—369，372，373，443

《当代评论》406

等立句 57，64，69

《滴水珠》88，89

递系句 42，103

叠词 322，324，326，329，337，346

叠韵 338，339

叠字 152，159，163，211，322—324，326，329，337—340，346

丁燮林 416

动词 2，11—18，20—23，27，28，32，33，36，39，40，42—44，47，50，53，72，77，81，82，85，92，94，98，103，104，112，113，118，121，123，132，136，139，147，152，155—159，162—167，170—172，175，176，193，206，208—210，237，284，313，316-319，323，325，326，331，340，348，350，351，383，384，386，388，389，406，408—410，412—414，416，418

短时貌 163，168，175，316—318，320，323，325

对立语 322，326，329，330

多合句 66—69

E

《儿女英雄传》121，154，186，187，193，228，232，233，247，248，251，256，258，259，262，264，272，280，284，290，292，293，297，299—303，305，307—311，313—315，317，318，326，328，333，338，344，346，348，360，364，368，370，374—380，382，392，398

F

法朗士 393

反诘语（气）58，142，182，189，194，196，202，203，255，259，371，447

方言 2，3，90，112，249，259，267，281，310，312，328

冯友兰 391，404，407，418，421—423

否定词 136，137，139—144，170,192，368

否定语 72—77，83，85，88，92，96，134，141—143，149，177，188，

201，202，247，255，264，343，351，367，405

复合词 9，38，184，189，193，319，326，330，386，438，439

复合句 41，56—58，62，66—69，109，110，112，115，116，127，211，221

复数 165，223，224，226，231，240，244，254，406，419，421

复说（法）175，345，347—352，367，424，426

复音词 9，10，382—389，397，433

复音化 385，389

复指 231，235，239，345，346，353，443

副词 12—14，16—18，22，23，28，131，136，139，144—149，152—154，189，190，196，199，202，215，221，272，324，333，389，400，407

G

关系词 415，416

关系位 45—47，51，96—98，123，124，141，149，157，170，171，206，208，209，216，229，245，250，354，357，416

官话 137，139，167，184，226，230，249，259，260，293，312，392，421

冠词 242，427，430

国语 1—3，5，8，25，27—31，41，45，48，52，58，65，80，86，90，94，97，104，119，121，122，125，126，148，168，179，196，224，228，230，239，270，311，312，314，320，330，334，335，338，347，352，356，361，385，387—390，392，394，395，399，401，406，414，415，417，422，423，425，431，433—435

《国语单音词词汇》19

主要术语、人名、论著索引……437

H

后附号 32，105—107，112，119，132，158，160，161，163—166，170，204，208，310，401，410，411

呼声 372—374，377—351，448，454

化合语 330，332-334，336，384

绘景法 160，337，339，340，344，345

J

基数 266，276，278，279，281，359

记号 7，8，13，14，16，23，127，155，156，158，159，161，165，166，169，177，211，310，311，373，389，404，406，407，409，454

加语 26，30，133，147，345，346

兼位 104，105

紧缩式 109，110，112，114—116，166

《精读指导举隅》423

句子 5，12，18，30，31，34，35，37，38，41，42，44，47，50，53—58，61，67—69，79，87，93，94，97，98，103，104，108，119—121，125，126，129，135，144，172，179，185，187，188，193，198，208，220，238，260，282，294，309，313，356，362，364，372，373，381，383，390，393，397，398，400，401，403—405，441，447，450

句子形式 35—37，41，44—46，49，56—60，66—69，106，108，109，128，129，159，166，170，171，175，177，180，210—212，215，221，228，238，260，288，293，352，353，359，360，362，366，391，397—400，407，414，425

K

《开明英文文法》419

肯定语 74，76，83，141，143，188，201，202，367

《狂人日记》394，426

L

仂语 25—31，45，50，79—82，118，127，128，133，138，140，141，144，145，154—157，159，162，166，170，205，232，241，245，256，279，289，291，295，334，336，345，346，348，357，383，384，386，400，403，410，413，416，434，442，443，447，448，453

《狸猫换太子》88

连系式 30，35，41，42，156

联结成分 412，418

联结词 13，14，16，109，203，204，206—209，211—215，246，412，414

林徽因 402，405，408，409，414

林语堂 419

领位 346

鲁迅 394，395，408，426

陆志韦 19

《论语》209，214，374，426

M

《孟子》8

描写词 48，49，51，55，136，144，145，209，340，400

描写句 42，45，48，51—53，55，77，121，122，168，179，181，393—395

描写语 48，49，51，55，72，108，112，120，140，166，216，228，363，366，394，402，403

名词 2，10—19，21—23，38，44，47，49，123，127，128，149，

155—158, 160—165, 167, 207, 223, 239, 242, 244, 256, 268, 269, 273, 278, 290, 291, 295, 296, 303, 306—314, 316—319, 322, 323, 325, 330, 332, 334, 335, 351, 360, 383, 384, 387—389, 402, 406, 409—414, 420, 425—428, 451, 454

末品 18—25, 27, 28, 32, 35, 37—40, 47, 49, 50, 59, 60, 73, 79—86, 89—91, 93, 103, 106, 116, 121—126, 132, 136, 137, 140, 143, 144, 146, 147, 151—154, 158, 159, 163, 165, 169—171, 173—175, 177, 180, 181, 190, 193, 196, 203, 204, 208—212, 215—222, 236, 245—248, 250, 253, 256, 259, 260, 265, 272, 278, 280, 284, 285, 317, 323, 324, 331, 335, 339, 340, 351, 352, 357, 373, 388, 394, 397, 398, 400—403, 405, 407, 412, 415, 418, 425, 441, 442

目的位 2, 33, 36, 37, 43—45, 47, 48, 50, 54, 87, 89—92, 98—106, 111, 132, 146, 148, 170, 171, 174, 175, 181—183, 204, 208, 209, 229, 233, 235, 241, 243, 260, 261, 332, 333, 345, 346, 348, 349, 351, 352, 354, 356, 362, 368, 422, 423

目的语 82, 88, 91, 95, 99, 103, 116—119, 332, 347—349, 357, 363—365, 367, 369, 372, 388, 405

N

能愿式 71, 78, 79, 105, 121, 139, 179, 192, 358, 364, 414

拟声法 160, 337, 338, 340, 344, 345

O

欧化 4, 8, 9, 96, 97, 224, 228, 382, 383, 386, 388—394, 397—409, 411—419, 422—425, 427—430

P

判断句 42, 48, 51—56, 77, 102, 126—130, 132, 168, 181, 288, 347, 393, 394

判断语 52—55，120，126，127，129，140，347，357，367

骈语 88，341，343，348

Paseal　425

Q

前附号 155，156，158，166

《倩女离魂》88

情貌（貌）148，163，166—170，172—178，180，181，195，211，316—318，320，323，325，340，400，401，408，433

S

《散文钞》411，425，426

省略（法）54，56，59，91，200，101，106，119，129，148，157，160，172，186，191，195，244，248，263，290，306，309，325，348，353，354，356—362，369，390，391，393，424，451

《诗经》22，63，219，307，443

实词（实）12—14，17，18，21，22，29，35，132，144，209，229，343，373，378，379，434

使成式 80—86，121，141，174，175

《示众》408，426

首品 17—29，31，35—38，44，45，47，48，52，55，96，98，106，116，117，119，121，123，124，127，128，157，158，160，162，164，165，185，186，204—207，211，228，235，240，241，245，249，250，254，255，259，265，268，269，279，291，295，309，310，345，346，357，362，373，383，384，386，399，400，405，416，447

数词 11，12，14，17—20，224，242，244，256，273，281，309，310，313，317，319

双声 338，339

双音词 7—9，20，21，155，324，326，336，386

T

通名 10，11，127

W

完成貌 168，170，172，176，177，180，181，195，317

《往事》401

谓词 32，33，37，42，45，47，48，50，53，77，102，105，106，112，122，123，144，147，208—212，215，344，349，350，354，358，360，361，393，443

谓语 31，32，34，35，37—42，44，47，48，51，52，55，93，99—101，104—108，112，114，130，146，147，177，185，187，188，196—198，208，211，215，216，245，249，258，341，344，348，349，358，371，390，416，446，455

谓语形式 35，37—42，45，46，56，90，91，128，129，159，169，173，187，188，209—211，245，288，341，352，384，388，397—401，413，414

《文病类例》423

《文献通考》210

文言 2，4，65，110，138，309—311

《文艺批评杂话》393，399，406，416，417，429

《文艺与道德》403，408，410，429

《我所知道的康桥》386，391，393—395，399—402，406，411，421，425，426

《无言之美》393，408，409，416—418，421，429

无主句 34，41，390

X

《西滢闲话》399，402，410，411，425

系词 13，14，42，52，54，55，102，126—131，133—135，138，139，290，390，393—395

先词 223，238，239，244，253，355，425

谢冰心 401

《新世训》391，407，418，421—423

《新事论》404，407，418，422

《新希腊与中国》402

《星期评论》406，420，429

形容词 2，11—14，16—18，20—23，27，28，32，42，44，49，53，55，80，112，113，122，133，147，149，151，152，156，158，162，176，177，209，279，289，323，324，331，334，339，351，383，385—389，393—395，406，407，409，413，415

修饰品 25，26，29，30，32，36，121，136，140，155，157，158，160，332，349，403，425

虚词（虚）4，12—15，17，18，131，132，144，155，179，195，203，204，209，214，221，292，333，343，373，433，448

徐志摩 386，391，393—395，399—402，406，411，421，425

序数 158，266，268，276—279，281，359

叙述词 42—45，47，51，72，73，82，83，86—93，96，98，101，102，104，107，116，117，123—125，133，136，141，143，148，177，182，229，236，238，286，290，317—319，331—334，339，348，351，352，358，363—365，367—369，374，388

叙述句 41，42，47，50，51，53，54，56，60，77，78，93，102，120，122，168，176，181，288，347，348，405

叙述语 42，47，50，51，53，54，107，112，145，173，174，211，216，367

《荀子》210，214

Y

《压迫》416

谚语 336

《药》394，395

叶绍钧 423

音译 387，426，427

余冠英 426

语法 1—6，9，11，13，18，20，24，26，38，44，45，47，48，80，85，86，90，96，125，126，134，143，144，156，159，166—168，208，209，219，223，229，230，239，266，275，281，293，311，317，320，332，334，336，337，346，347，351，352，382，387，390，393—395，406，407，410，413，416，417，423—425，427，428，430，431，445

语气 13，58，119，131，132，153，154，157，165，179—187，189，191—203，205，218，219，264，265，346，372

语气词 13，14，16，132，160，173，179，182，184，185，187，188，192—196，203，204，433

语音 1，2，10，15，16，41，56，68，69，108，109，116，119，135，431—433，437，440，444

Z

《中国语法理论》417

中心词 29，156

周作人 393，399，402，406，411，416，417，425，426，429

朱光潜 393，403，408—410，416—418，421，429

朱自清 150，423

主从句 57，59，60，64，65，69

主动句 95，96，98，405

主动式 93，94，97

主位 44—47，54，96，98，104，126，129，135，204，206，228，235，240，241，243，260，345，346，356，359

主语 2，31，33—35，37，41，42，44，47，51，52，54—57，60，61，79，93—95，97，99—106，108，110—112，117，118，126—130，144，146，147，196，215，228，229，235，236，244，346—349，354，356，358，366，367，369，371，390—393，395，443

助动词 12，14，87，92，94，96

专名 11，235，239，285，292，369

《庄子》209，210

赘语 114，344

准次品 119

准系词 13，126，134

族语 1—5，167，266

组合式 26，29，30，42，156，204，205

图书在版编目（CIP）数据

中国现代语法 / 王力著. -- 北京：北京联合出版公司, 2019.1（2019.9重印）
ISBN 978-7-5502-8435-7

Ⅰ.①中… Ⅱ.①王… Ⅲ.①现代汉语—语法 Ⅳ.①H146

中国版本图书馆CIP数据核字(2018)第278669号

中国现代语法

著　　者：王　力
选题策划：后浪出版公司
出版统筹：吴兴元
编辑统筹：梅天明
责任编辑：孙志文
特约编辑：魏姗姗
营销推广：ONEBOOK
装帧制造：墨白空间·张萌

北京联合出版公司出版
（北京市西城区德外大街83号楼9层　100088）
天津东辰丰彩印刷有限公司印刷　新华书店经销
字数400千字　690毫米×1000毫米　1/16　29印张
2019年1月第1版　2019年9月第2次印刷
ISBN 978-7-5502-8435-7
定价：110.00元

后浪出版咨询（北京）有限责任公司 常年法律顾问：北京大成律师事务所
周天晖 copyright@hinabook.com
未经许可，不得以任何方式复制或抄袭本书部分或全部内容
版权所有，侵权必究
本书若有印装质量问题，请与本公司图书销售中心联系调换。电话：010-64010019